# 燕山论丛

**Yanshan Tribune 2022**

## 第 2 辑

燕山大学文法学院中文系 编

燕山大学出版社

·秦皇岛·

**图书在版编目（CIP）数据**

燕山论丛 . 2022 / 燕山大学文法学院中文系编 . — 秦皇岛：燕山大学出版社，2022.9
ISBN 978-7-5761-0396-0

Ⅰ．①燕… Ⅱ．①燕… Ⅲ．①社会科学－文集 Ⅳ．① C53

中国版本图书馆 CIP 数据核字（2022）第 163848 号

## 燕山论丛 2022

燕山大学文法学院中文系 编

| | | | |
|---|---|---|---|
| 出 版 人：陈 玉 | | | |
| 责任编辑：宋梦潇 | | 策划编辑：宋梦潇 | |
| 责任印制：吴 波 | | 封面设计：刘馨泽 | |
| 出版发行：燕山大学出版社 YANSHAN UNIVERSITY PRESS | | 电 话：0335-8387555 | |
| 地 址：河北省秦皇岛市河北大街西段 438 号 | | 邮政编码：066004 | |
| 印 刷：英格拉姆印刷(固安)有限公司 | | 经 销：全国新华书店 | |

| | | | |
|---|---|---|---|
| 开 本：210mm×285mm 1/16 | | 印 张：14 | |
| 版 次：2022 年 9 月第 1 版 | | 印 次：2022 年 9 月第 1 次印刷 | |
| 书 号：ISBN 978-7-5761-0396-0 | | 字 数：267 千字 | |
| 定 价：56.00 元 | | | |

# 燕山论丛　2022

# 目　录

燕山论丛 2022

【中国文化『走出去』】

# 新中国成立以来对外文化教材编写历程的回溯与反思

于小植

**【摘要】** 新中国成立以来，对外文化教材的编写历程可以以 1980 年为分水岭，1980 年以前是起步期，出版教材的数量极少；1980 年以后，教材的出版逐渐进入了快速发展期，编写的数量和质量都有大幅提升，按照出版数量排序，由多至少，依次为：文化专题教材、以文化项目为纲的系统性文化教材、概况类文化教材、交际类文化教材。这四类文化教材在编写中各有侧重，也各有问题，反思四类教材的优势与不足，有助于我们将中国文化的特殊性与普遍性、中国文化的本体意义和世界价值更好地汇集于后续的教材编写之中，针对不同的国情、语情、宗教、民俗，更好地进行国际理解教育和国际情感沟通。

**【关键词】** 对外文化教材；文化专题教材；系统性文化教材；概况类文化教材；交际类文化教材

**【基金项目】** 本文系国家社科基金重大项目"面向全球孔子学院的中国概况教学创新研究及其数字课程建设"（18ZDA339）的阶段性成果；教育部重大攻关项目"汉语国际教育视野下的中国文化教材与数据库建设研究"（18JZD018）的阶段性成果。

**【作者简介】** 于小植，文学博士，北京语言大学文学院教授，博士研究生导师（北京100083）

文化的定义繁多，分类方式各异，庞朴把文化分为物、心物、心三个层次。"物"指的是马克思称为"第二自然"的对象化的劳动；"心物"指的是自然和社会的理论、社会组织制度等；"心"指的是核心，即价值观念、思维方式、审美趣味、道德情操、宗教情绪、民族性格等。他认为从"物"到"心"有一个过渡，过渡就是制度。[1] 周一良认为文化可以分为狭、广、深三个层次。狭义的文化指的是哲学、文学、美术、音乐以至宗教等与精神文明相关的内容；广义的文化指政治、经济，其中政治指典章制度，经济指生产交换，以及衣食住行、婚丧嫁娶、风俗，包括生产工具、服饰、房屋、饮食、车船等生活用具；深义文化是对所有

---

[1] 庞朴：《文化结构与近代中国》，《中国社会科学》，1986 年，第 5 期，第 81 页。

文化进行综合、概括、提炼、抽象、升华后得出的最为本质、最能体现中国特征的内容。[①] 中国台湾地区学者余英时把文化分为物质、制度、风俗习惯、思想与价值四个层次。[②]

"知识文化"和"交际文化"是对外文化教材编写的两类重点内容。对这两类文化内容的判断可以以文化是否在交际过程中干扰信息的传播和解读、是否引起理解上的误差等为标准，对交际产生直接影响的文化就是"交际文化"，相反就是"知识文化"。需要指出的是，这样分类并不意味着"知识文化"不参与交际，"知识文化"所包含的精神内涵和伦理准则等共识同样存在于交往交流的过程之中，并成为一些文化交流现象的深层原因。新中国成立后，对外文化教材的编写历程可以以 1980 年为分水岭，1949 年至 1980 年是对外文化教材编写的起步期，出版教材的数量极少；1980 年至今则进入了对外文化教材编写快速发展的时期。

## 一、1949 年至 20 世纪 70 年代末对外文化教材的编写情况

中华人民共和国成立至 20 世纪 70 年代末是对外汉语教材编写的起步期。1950 年，清华大学成立了"东欧交换生中国语文专修班"，为了便于这些外国学习者学习，学校启动了教材编写工作，编写的教材以字、词、句型、语法知识为主要内容，文化知识占比很小。1970 年代，对外教材中涉及的文化内容逐渐丰富起来，文化阅读教材也开始出现。1975 年，北京语言学院（现北京语言大学）编写了《汉语简易读物》，介绍北京的劳动人民文化宫、十三陵、天坛回音壁和苏州园林等景点，此外还涉及了工艺美术、中国茶、古代历史、寓言故事等方面，是一部将阅读训练与文化介绍相结合的教材。1979 年，北京语言学院编写的教材《燕京风光》仅限校内的外国学习者使用，这是一本地域文化教材，几乎覆盖了北京所有的著名景点，旨在通过对北京景点的介绍让外国学习者了解北京所承载的文化内涵。这一时期出版的对外文化教材和包含文化元素的汉语教材共有 4 本，详见表 1：

表 1　1949 年至 1970 年代末出版的教材

| 年份 | 书名 | 作者 | 出版社 |
|---|---|---|---|
| 1954 年 | 《汉语教科书》 | 朱德熙、张荪芬 | 保加利亚科学艺术出版社 |
| 1965 年 | 《汉语读本》 | 许德楠、张维 | 北京语言学院出版社 |
| 1975 年 | 《汉语简易读物》 | 北京语言学院 | 商务印书馆 |
| 1979 年 | 《燕京风光》 | 北京语言学院 | 北语内部使用 |

① 周一良：《我对中外文化交流史的几点看法》，《光明日报》，1986 年 6 月 24 日。
② 余英时：《从价值系统看中国文化的现代意义》，《时报文化》，1984 年。

## 二、1980 年至今对外文化教材的编写情况

1980 年至今，随着外国学习者对中国文化学习需求的增加，对外文化教材的出版量也呈现出逐年增长的趋势。对外文化教材可以细分为：文化专题教材、系统性文化教材、概况类教材和交际类文化教材四类。"这四类教材中，文化专题教材数量最多，之后依次是系统性文化教材、概况类教材和交际类文化教材。"① 以下针对这四类教材逐一展开分析。

### （一）文化专题教材

对外文化教材的文化专题教材指的是以某一个文化项目为主题的教材。这类教材的特点是话题集中，内容普遍翔实丰富，为外国学习者深入了解中国文化的某一侧面提供了条件。据笔者统计，1980 年至今，文化专题教材共出版了 137 种（其中系列教材 27 种）。这 137 种文化专题教材中，文学类教材 23 种、历史文化教材 11 种、传统故事教材 21 种、风俗文化教材 15 种、当代文化教材 9 种、科学艺术教材 12 种、饮食文化教材 2 种、地域文化教材 16 种、比较文化教材 3 种、思想文化教材 11 种、汉字文化教材 11 种、非遗文化教材 3 种。

在文化专题教材中，数量最多的是文学类的专题教材。这类教材可以分为文学读本类教材和文学史概述类教材两类。1981—1982 年，北京语言学院把周立波的《暴风骤雨》，巴金的《家》《春》，鲁迅的《阿 Q 正传》，老舍的《骆驼祥子》等经典文学作品进行删改，降低语言难度后作为外国学习者的课外读物出版。李炜、缪小放分别从中国古代诗歌和散文中选取了适合外国学习者阅读的篇章，编写了《中国古典诗词读本》和《中国古典散文读本》，1995 年由中国国际广播出版社出版。文学读本类的文化教材语言生动、意蕴丰富，为外国学习者打开了一个品味中国文学、了解中国文化的窗口。有代表性的文学鉴赏类教材还有 2007 年王双双编写的《中国文学欣赏》，这本教材把适用范围确定为年龄 12—16 岁、掌握 1000 个以上汉字的外国学习者，教材内容既包括中国古代文学作品，也包括现当代的文学作品，目的是使学习者对中国文学有更全面的认识。一个值得关注的现象是：1990 年代末以降，以经典文学作品作为内容的教材数量锐减，原因是，如果不对经典文学作品加以改编就收入教材，则词汇难度过大，难以配适外国学习者的汉语水平；如果为了降低词汇难度而加以改编则难免丧失文学经典的精悍语气，因此这类教材逐渐减少。

2017 年，北京语言大学出版社出版的《中国古代文学简史》是有代表性的文学史概述类的教材。教材按先秦、两汉、魏晋南北朝、唐代、宋代、元代、明代、清代八个历史时段，介绍中国古代文学的发展脉络和不同历史时期的重要作家作品，并配以《中国古代文学作品

---

① 于小植：《怎样的对外文化教材才是好教材》，《光明日报》，2020 年 9 月 30 日。

选读》作为辅助性的阅读材料，使学习者有效把握中国古代文学发展历程。文学读本类教材和文学史概述类教材的缺陷是超纲词汇多，理解难度大。

在文化专题教材中，数量占比第二的是传统故事类文化教材。这类教材的内容包括神话、寓言、成语、名人事迹等，是最具有趣味性的一类文化教材。2005年，北京语言大学出版社出版了"中国古代人物历史故事"系列，收录了辽、宋、西夏、金、元、明时期著名的人物和故事，编写目的是加深外国学习者对中国历史的感性认识。2006年，北京大学出版社出版了王双双编写的《中国成语故事》，教材的适用对象是掌握800个以上汉字的外国学习者，教材选用了16条常用成语向学习者展示四字成语所能包含的丰富的文化内涵，让学习者体会成语的精练和深刻。随后，王双双又编写了《中国神话传说》《中国古代故事》等教材。此外，华语教学出版社出版了"博古通今学汉语丛书"，分为《谚语》《成语》《歇后语》《典故》四册，帮助学习者攻克汉语熟语这一学习难点。

此外，2010年，五洲传播出版社出版的教材"中外文化交流故事"丛书收录了玄奘西天取经、鉴真东渡弘法、穿儒服的传教士、南海一号与海上丝绸之路、丝绸之路的开通、伏尔泰与《中国孤儿》、郑和下西洋、做世界新民、紫禁城里的洋画师等故事，帮助外国学习者了解中外文化交流史。2014年，北京语言大学出版社出版了"中文小书架"系列丛书，这是一套专门为儿童和青少年制定的教材。教材收录的是中国少年儿童经常阅读的经典名著、神话传说、成语故事，语言简单，故事生动，适合低年龄段的外国汉语学习者学习。

以地域文化为专题教材可以分为以下几类：第一类是系统介绍中国的地理人文景观的教材。例如，李富编写的《中国人文地理》2002年由北京语言大学出版社出版，全书分23章，介绍了中国各省区的地理环境和人文景观，重点介绍了被列入《世界遗产名录》的文化与自然遗产。2013年，孔子学院总部组织编写了《中国地理常识》，内容较《中国人文地理》更为详细，依次介绍了中国的地理位置、地形、山川湖泊、气候、资源、交通等方面的内容。纸质教材以外，音像教材的出版同样值得关注。2014年，北京语言大学出版社和中央广播大学音像出版社联合出版了《中国地理常识》，该教材由97个视频短片组成，内容包括中国概览、资源与环境、交通与水利、锦绣河山、中国七大古都、魅力城市和中国之旅7个部分，不仅涵盖中国地理的基本知识，还介绍了列入历史文化遗产名录的著名城市和景点。

第二类地域文化教材以城市为线索和主题编排。2004年，《快乐中国——学汉语》电视节目开播，反响热烈。为此，中央电视台委托北京语言大学出版社分卷出版了《快乐中国——学汉语》的教材和光盘。《快乐中国——学汉语》以北京、香港、深圳、黄山、温州、西安、杭州、景德镇等城市为线索，让学习者感受不同城市的不同风貌和不同文化。类似的教材还有邹胜英、宋业瑾、常庆丰编写的《中高级汉语视听教程——中国城市名片》，2007年由北京大学出版社出版，这本教材同样是由电视系列节目改编成视听教材，分为《旅游篇》《民俗篇》《商务篇》3册，从名胜、风俗、环保、建设和娱乐休闲等方面立体地展示了不同城市的风貌和习俗，这本教材把使用者明确界定为：受过现代汉语基础教育一年的来华留学生或已经掌握了3000个左右常用词的外国学习者。

民俗类文化教材的出版数量也比较可观。1994年，北京大学出版社出版了杨存田主编的《中国风俗概观》，这本教材分为13章，内容涉及中国人的交际、生活、饮食、服饰、建筑居住、交通运输、商业贸易、婚丧嫁娶、家庭家族、民间信仰、传统节日、丧葬、游艺竞技等方面的风俗，教材介绍了不同地域的不同特点，从历史角度阐释了中国风俗形成的过程。2002年，北京语言大学出版社出版了舒燕主编的音像教材《中国民俗》，该教材由5张高清DVD组成，精选了节日庆典、婚礼生肖、风筝灯笼、年画剪纸等30项外国人感兴趣的中国民俗文化项目，采用了视频影像和解说相结合的形式，是民俗类文化教材的一次具有突破性的尝试。

在以传统艺术为主题的文化教材中，比较有代表性的是韩鉴堂编写的《走进中国传统艺术》，这本教材2011年由华语教学出版社出版，教材从物质文化入手，选取了90件具有代表性的艺术精品，分成玉器、陶器、青铜器、瓷器、雕塑、绘画、书法、建筑8个类别，在介绍艺术品的同时讲述中国传统艺术的历史和文化内涵。同年，孔子学院总部组织编写了"中国欢迎你"系列教材，其中包括《学脸谱》《学武术》《学陶艺》等分册，这些教材对所涉主题进行了系统介绍，并且强调实践性。如《学武术》介绍了中国武术的门派、武德、兵器和基本动作等知识，同时还提供了金刚拳和功夫扇两套易学易练的武术套路的标准示范，将文化与才艺学习有机地结合起来，是一套具有趣味性、实践性和针对性的教材。

对于非汉字文化圈国家的学习者来说，汉字历来是汉语教学的难点，汉字难写难记，同时，文化内涵丰富，据笔者统计，1980年以来，出版了11本以汉字文化为主题的文化教材。比较具有代表性的有张美霞编写的《说字释词谈文化》，2000年由北京语言大学出版社出版。这本教材将文字、词汇与其包蕴的文化内容结合起来，共分析了165组汉字，帮助学习者在学习汉字、词汇的同时，了解其包蕴的文化内涵。另外，石定果、罗卫东编写的《汉字的智慧》也是此类教材的代表，该教材2009年由北京语言大学出版社出版，从汉字的起源、流变及构成入手，讲述汉字与自然、人体、生活、建筑、民俗、哲学、艺术之间的关系，选取了50个象形字，录制了配套DVD，展示每个字的读音、注释、笔顺以及从甲骨文到金文、小篆、隶书、楷书的演变过程，在突显汉字特点的同时，展示了中国书法文化的魅力，有助于帮助学习者增强对于汉字学习的兴趣。

以专题方式呈现中国历史的教材有 11 种。具有代表性的是王双双编写的《中国历史》上下册，2007 年由北京大学出版社出版，该教材重点介绍了唐代下半叶至清代末期的历史知识。另外，2014 年，北京语言大学出版社和中央广播大学音像出版社联合出版的《中国历史常识》也是这方面的代表教材，该教材的光盘包含 50 个动画短片，每个短片的时长为 1—2 分钟，描绘了中国封建社会的诞生、发展和盛极而衰的过程，讲述了不同朝代重要的历史事件、历史故事和历史人物，选材注重趣味性，适合外国学习者使用。

以思想文化为专题的教材同样有 11 种，可以归纳为三类。第一类是节选中国古代的诸子百家经典作为教材内容。2006 年，蔡希勤、傅云龙编写的"中国圣人文化丛书"，包括《孟子》（精华版）、《中庸》（精华版）、《论语》（精华版）。第二类是对中国思想史进行梳理和概括的教材。代表教材是陶黎铭、姚萱编写的《中国古代哲学》，这本教材 2010 年由北京大学出版社出版，介绍了中国历史上具有较大影响力的哲学家，清晰地梳理了古代哲学的发展脉络。代表教材还有王传龙编写的《中国人的思想源泉：儒释道》，2016 年由北京语言大学出版社出版，该教材的编写者认为中国古代的文人学者看重"言必有据"，喜欢强调自己的思想是源于先前的某位学者，从而形成了述而不作、贵古贱今的风气，要理解现代中国人的思想，就必须对中国古代的思想文化有所了解，因此这本教材针对中国人的思想源头进行讲解。第三类教材以文化人物为中心进行编写，赵启光编写的《老子天下第一》是这类教材的代表，这本教材 2010 年由北京大学出版社出版，教材主要介绍老子的生平、趣事和主要思想，在保有学理性的同时兼顾了趣味性和生动性。

中国当代文化是外国学习者最迫切想了解的中国文化内容，1980 年至今，以当代文化为主题的文化教材共出版了 9 种。比较具有代表性的是 2000 年靳洪刚编写的《中国社会文化写实》，教材的课文是对话体，配有 16 部有关中国社会、经济、文化等方面视频内容的 DVD 以及单独的练习册。另外，2009 年北京语言大学出版社出版的教材《中国人的故事》也发行了配套视频，视频以写实纪录片的形式向外国人展示当代普通中国人的真实生活和精神风貌。2014 年，华语教学出版社出版了李禄兴、李旺斌编写的"当代中国微记录"系列教材，共 10 册，供 HSK 水平考试 5 级以上的汉语学习者使用，每册教材都以大众视角、平实的语言和故事性叙述着重介绍中国当代社会的一个方面，如饮食、交通、家庭等，在语言难度上，编写者将词汇量限定在 2500—3000 个中文词汇的范围，超纲词汇配有英文注释。2019 年，华语教学出版社出版了杨丹、王新玲编写的《当代中国近镜头》，教材围绕国家外交政策和当下的社会生活编写，目的是与国际社会分享"建设人类命运共同体"等中国的合作共赢理念。有

《中国特色文化》《中国人的多彩生活》《科技改变中国》《走向世界的中国》《中国方案合作共赢》5个分册，这套教材还为学习者提供了近百部微纪录片，便于学习者了解当代中国，是目前与当代中国理念结合最紧密的文化教材。

文化比较类教材是以培养学习者的跨文化意识为目的的文化教材。1994年，北京语言学院出版社出版的蔡振生主编的《中日文化对比》开了此类教材的先河。2010年，北京大学出版社出版的陶黎铭、厉琳编写的教材《中西文化聚焦》同样值得关注。2011年，北京大学出版社出版了舒一兵编写的《中美国别文化比较教程》，教材共30课，大到国家概况、政治社会，小到日常生活、休闲娱乐都有所涉及，每课都在同一主题下展示中美文化的异同，进行国别文化比较，目的在于加深学生对两种文化的理解。比较类文化教材将中国文化和他国文化的异同直观地呈现出来，有助于降低学习者的文化焦虑、提高学习者的跨文化意识。遗憾的是这类教材目前出版量小，涉及的国别也相当有限。

整体来看，专题性文化教材具有针对性强的优势。但大部分此类教材在编写上存在着偏古偏旧、与中国当代社会生活脱离的缺陷。此外，部分专题性文化教材内容过于细化晦涩，收录了大量即使是中国人也不了解的冷僻的文化知识，对于外国学习者来说，实用性不强。有的教材没有配套的练习题，使文化教材变成了文化读本；有的教材设置的练习题集中在语言技能训练方面，无法起到巩固文化知识或者提高学习者的跨文化交际能力的作用。有效落实讲练结合，通过教材提升学习者对于中国文化的理解能力是后续的教材编写需要认真面对和思考的重要课题。

## （二）系统性文化教材

系统性文化教材内容丰富，从中国的物质文化到精神文化、传统文化到当代文化都有所涉及，力图对中国文化进行整体呈现。这类教材1980年代出版了1本；1990年代稍有增多，共出版8本；2000—2010年出版数量呈大幅增长之势，每年都有数本教材出版，10年累计出版了35本；2010年至今又有所回落，出版了13本此类教材。因此，1980年至今以文化项目为纲编写的系统性文化教材出版了57本。

比较具有代表性的教材有：2007年北京语言大学出版社出版的《感知中国·中国文化百题》，这是一套汉语文化教学的视听教材，分为4辑，每辑50个文化点，每个文化点以影像的方式呈现3分钟，整套教材共展示了200个文化点，囊括了名胜古迹、名山大川、民族宗教、美食医药、节日民俗、书画陶艺、文学经典等方方面面，是新媒体时代对教材形式的一次有益探索。

2008年，北京大学出版社出版了何兹烨编写的《中国文化六讲》，这本教材没有逐一介绍中国文化常识，而是阐述了中国传统文化诞生的土壤和环境，以及中国传统文化的特点和发展过程，目的在于使学习者对中国文化的发展脉络有一个整体的把握，教材选取的文化内容和词汇难度高，适用于高汉语水平的学习者。

2014 年，北京语言大学出版社与中央广播大学音像出版社联合出版了由国务院侨务办公室和孔子学院总部主编的《中国文化常识》音像教材，该教材由中国传统思想、传统美德、古代文学、古代科技、传统艺术、文物、古代建筑、工艺美术、民俗和生活 10 个部分组成。短片从多角度阐释了中国文化的丰富内涵，内容生动有趣，是一套由视听材料构成的文化教材。同年，北京语言大学出版社出版了刘谦功主编的《中国文化欣赏读本》，这本教材在编写前经过了广泛调研，然后选取了传统节日、传统习俗、中国艺术、民间工艺、民间运动、名胜古迹、文化符号、生活 8 个方面学习者最想了解的文化内容，并对这些内容进行了分专题编写，教材为每个文化主题设置了"导入""正文""三言两语"和"小链接"四个板块，"导入"部分通过图片、故事、谜语等引入文化点，引起学习者的思考和兴趣；"正文"部分重点解读文化现象和现象背后中国人的价值观念、思维方式；"三言两语"里收录中外人士对该课文化现象的理解和评价，提供不同的理解视角；"小链接"介绍古今中外与当课内容相关的文化现象，启发学习者进行文化差异对比，加深学习者对中国文化的理解。教材内容仍然以传统文化为主，与以往的教材不同的是，这本教材关注了传统文化在现代生活中的发展变化，体现出了一定的时代感。

2013—2020 年，张健、董萃主编的"对话中国"系列教材由北京语言大学出版社出版，这是一套面向汉语学习者全面解读中国文化的系列读物，出版了 4 册，分别是《对话中国：物态文化篇》《对话中国：心态文化篇》《对话中国：行为文化篇》《对话中国：交际文化篇》。编写者通过问卷调查总结出汉语学习者学习中国文化过程中遇到的困惑，教材以对话和案例分析的形式对学习者的困惑进行解答。如《对话中国：行为文化篇》解答了"随礼"是什么，为什么中国人收到礼物时不打开，中国人怎么过春节，中国人的餐桌上有什么礼仪，中国人为什么喜欢敬酒，中国人为什么爱面子等汉语学习者最感兴趣同时也是最困惑的问题，既说明了中外风俗习惯的差异，又展现了行为背后中国人的社会文化心理，有助于减少学习者在跨文化交际中遇到的障碍。《对话中国：心态文化篇》围绕中国人的家国观念以及忠孝礼义等传统的价值观念展开，解答了"家"有多重；"多子"一定"多福"吗；是"生"，还是"死"；何为"君子"，何为"小人"；"和为贵"等问题。《对话中国：物态文化篇》用问答形式展现了中国人的饮食、医药、住房、出行、年节等日常生活形态，通过对"房奴""车奴""蜗居""蚁族""宅男宅女"等新词的讲解帮助学习者了解中国社会的生活方式和社会问题。

除了中国当代文化，教材内容同时包含笔墨纸砚、琴棋书画、瓷器、剪纸等中国传统艺术，4册教材各附有一张 MP3 光盘，录制了教材中的对话和短文，给学习者自学或者课后复习提供了方便。

**（三）概况类文化教材**

概况类文化教材的编写始于 1990 年代，编写目的是全面展示和介绍中国的总体情况，编写内容涉及中国的历史、地理、政治制度、教育体制、经济贸易、民族宗教、传统思想、社会生活、民风民俗、科学技术、文学艺术、城市旅游等方方面面。截至目前，共出版了概况类文化教材 21 种。

1994 年王顺洪编写的《中国概况》被认为是最早出版的一本概况类文化教材，这本教材共 14 章，分别介绍了中国的国土、历史、人口、民族、政治制度、经济、科技、教育、传统思想、文学、习俗、艺术、旅游、国际交往等内容，教材设置了配套的中国基础知识问答题，并为学习者提供了拓展阅读的参考书目，这本教材开创了概况类教材编写体例的先河，后来出版的概况类文化教材大抵都遵循这种体例进行编写。

1999 年，沈治钧、高典编写的《中国社会概览》由北京语言文化大学（今北京语言大学）出版社出版，在内容上与王顺洪编写的《中国概况》差别不大，其创新之处在于将中国文化介绍与口语训练和写作技能训练相结合，在知识文化内容和交际文化内容的安排上寻找平衡点，注重培养学习者的口语表述能力，"输入"与"输出"兼顾。同年，由北京大学出版社出版、刘谦功编著的《话说今日中国》则在教材编排上做了尝试性的改变，这本教材的每一章都分为两个部分，第一部分是供学习者阅读的叙述性文章，第二部分是口语表达训练、语法训练、句型训练等内容，旨在同时提高学习者的阅读能力和口语能力，具有较强的实用性。

2007 年，何瑾、朱彦编写的《中文广角：高级汉语泛读教程》由北京大学出版社出版，这本教材的定位是泛读课的教材或课外辅助自读教材。教材的特色是选篇为当时报刊和网络上具有代表性的文章，时效性和针对性强，反映了当时中国的社会状况和中国人的文化心理。为了兼顾语言技能训练，教材设置了配套的语言练习。同年，北京大学出版社出版了王海龙编写的《深入中国》和《聚焦中国》两本教材，书中设置了两个人物角色，通过他们之间的对话从工业农业、城市发展、百姓生活、世界窗口 4 个角度来谈论中国的概况，在提供丰富语料的同时，又介绍了中国当代社会的方方面面。

2012 年，包文英、刘弘编写的《当代中国概况》由华东师范大学出版社出版，这本教材在课文的设置上做了新的尝试，每个专题先设置了一篇语言较为简单的概述性文章，让学习者对该专题的文化内容有一个大致的了解，接着辅以 3—5 篇难度不同的文章，让不同水平的学习者根据自己的能力进行选择性的补充学习。2019 年，贾益民编写的《中国概况》教材由暨南大学出版社出版，在编写体例上，与上述教材的差别不大。

总的来看，30 余年来，概况类文化教材在项目选择上差别不大，都是有关中国最基本、最有必要了解的文化内容。随着社会的进步和时代的发展，中国的面貌日新月异，因此，与前面出版的教材相比，后面出版的教材在内容上进行了相应的更新和数据上的调整，但整体而言，这类教材的编写范围和编写内容呈现出趋同化的特征。在处理语言学习和文化学习的关系时，最初的编写者偏向于大篇幅介绍中国的概况，而后面的编写者逐渐尝试将语言技能习得和中国概况学习结合起来，兼顾知识文化与交际能力。

已出版的概况类教材存在的一个普遍缺陷是没有对学习者的语言水平作出区分，仅有郭鹏、程龙、姜西良编写的《中国概况》等极少数教材对于学习者的语言水平作出了明确要求，提出学习者的汉语水平应达到 HSK4 级以上。大部分概况类教材对学习者的语言水平仅作了模糊的要求，例如，王顺洪编写的《中国概况》标注为"适合具有中级以上汉语水平的学习者使用"，张胜林编写的《中国概况》标注为"适用于对外汉语专业的学生和汉语言专业的留学生"，王海龙编写的《深入中国》《聚焦中国》标注为"适用于学习过两年汉语的海外学生"。教材含糊的定位不利于学习者选择适合自己的教材，给学习者的学习带来了一定的阻碍。另外，中国概况类文化教材受制于时代的变化，需要编写者及时根据时代作出反应，因此更新需要比其他类型的教材更加频繁。

**（四）交际文化类教材**

交际文化类教材是将文化项目与口语教学紧密结合起来的教材，注重口语训练的同时也对语言背后的交际文化和行为文化给予关注，让学习者了解人际交往表层文化背后的深层文化知识，是实用性较强的一类文化教材。据笔者统计，1980 年至今，这类教材共出版了 16 本。1987 年，杜荣、戴祝、Helen T. Lin 编写的《话说中国》是一本中外合编教材，这本教材把口语训练和文化学习并举，分 7 个单元介绍了中国的地理、历史、政治、经济、社会、教育以及哲学思想。教材下册的前三篇课文以外国人的视角，用访谈对话的形式描述了中国的工业和商业的发展。这本教材的特色是注重学习者的立场，内容聚焦于外国学习者感兴趣的领域。

进入 1990 年代后，对外汉语教学界曾展开了针对文化教学的大讨论，1994 年出版的吴晓露、程朝晖编写的《说汉语，谈文化》被认为是这场大讨论的成果。教材的名字昭示出编者将口语教学与交际文化、行为文化的教学相互结合的意图。教材内容既包含中国人际交往的礼仪和习俗，也包含交往背后的深层文化知识。课后设置了词汇、语法、句型的练习题，理解性阅读题，同时还设置了跨文化交际的讨论题，旨在训练学习者的阅读能力、表达能力，培养学习者的跨文化意识，加深学习者对中国社会交际习俗和文化内涵的了解。1996年，华语教学出版社出版的《在中国》是音像教材，适用对象是学习汉语的外国人和海外华侨子女，教材有 10 课，每课分为电视纪实和语言教学两部分，电视纪实先通过纪实音像直观反映外国人在中国的生活、和中国人打交道的方式以及中国人的衣食住行、风俗习惯等；语言教学部分讲解电视纪实部分中出现的汉语语法、词汇、惯用语和中国文化现象，并配以练习及答案。这套教材既适合课堂教学，也便于学生自学。

2007 年，孙易、孙雪、谷峰编写的《体验汉语 100 句·文化类》由高等教育出版社出版，教材精选了反映中国政治经济、风俗民俗、文学艺术等 100 个常用和地道的汉语句子，让学习者在掌握文化词汇、专门用语和习惯表达方式的同时了解中国文化。2009 年，北京语言大学出版社出版了《快乐北京——实用日常汉语会话》，这本教材主要为在中国短期生活的游客、工作者和学习者而编写，语言简单实用，可以满足短期来华外国人的基本交际需求。为了提高学习者的兴趣和学习效率，这本教材同时发行了配套的 DVD 和 CD。

2012 年，华语教学出版社出版了 Cynthia Y. Ning、Jhon S. Montanaro、李荣珍等人的合编教材《环球汉语：汉语和中国文化》，这套教材包括。高清 DVD 人物剧、剧本、人物剧配套纸质教材和在线学习网站，教材遵循美国外语教学委员会（ACTFL）语言水平大纲要求，从交际文化入手重点培养学生的口语能力，与之前的教材相比，在线学习网站的设置无疑为学习者提供了更多便利。2014 年，北京大学出版社出版了翟艳、魏耕耘、卢岚岚编写的《发现：交际汉语》，这本教材以一个法国三口之家在北京的生活为线索，展现初到中国的外国人需要掌握的基础交际汉语，话题包括饮食、住宿、交通、游玩、社交、购物等，教材分为语言、活动、文化三部分，其中文化部分借助大量实物、实景、照片描述中国的风土人情。

有代表性的教材还有 2016 年北京语言大学出版社出版的"中国微镜头：汉语视听说系列教材"。这套教材出版了两个系列，第一系列包括《公益篇》《梦想篇》《爱好篇》《职业篇》《教育篇》《爱情篇》《家庭篇》《励志篇》《生活篇》《校园篇》，第二系列包括《动漫篇》《文化篇》《综艺篇》《旅行篇》《人物篇》《艺术篇》《职业篇》《家庭篇》《商贸篇》《社会篇》。这套教材有两大特点：一是编写者参照现有的通识性语言及课程大纲，按照语言水平高低分级编写，有效控制了选篇的难易程度；二是教材话题广泛，从商贸社会到家庭爱情都有所涉及，并且紧跟当下热点，对动漫、综艺、人物都作了介绍。基于这两大特点，学习者可以根据自己的语言能力和兴趣点选择适合自己的教材。教材选用的视听素材是从当代中国的热门专题片、新闻、生活情景剧、访谈、娱乐节目、微电影、广告、歌曲里选取出来的，时代感强，解决了以往教材中存在的学习内容与实际生活脱节的问题。除了从视听角度入手，教材的编写者还把视频材料中涉及的词汇、句式、篇章框架、表达方式编写成册，供学习者参阅，避免学习者对于视频教材一听而过或者一看而过。同时，这套教材注重课堂教学与社会实践相结合，设计了大量任务活动，使学习者在完成任务的过程中提高交际能力。

整体上看，交际类文化教材更加注重交际文化、行为文化和当代文化内容，注重为汉语学习者提供日常交流中所需要的文化知识，注重实用性和时效性。在编写上多以对话为主，主张随学随用。大部分交际类文化教材都为学习者提供了配套的视听素材，鲜活生动，有助于激发学习者的学习兴趣。此外部分教材在关注交往中的文化现象的同时，在表层的语言和非语言中引入价值观念、文化心理等深层的交际文化，以求从两个方面更加完整地展示交际文化内容，这种编写理念值得肯定。

## 三、对文化教材编写情况的反思

新中国成立以来，通过不断探索，对外文化教材的编写内容不断丰富和完善，编写理念、编写数量和编写质量也都有大幅提升。有的教材以"排疑解惑"为目标，以外国学习者感到困惑或者感兴趣的文化点作为重要内容；有的教材配套了音频、视频，弥补了纸质教材的局限，丰富了学习者的学习方式，使文化的传播更加生动高效。但从整体上看，现有的对外文化教材尚存在以下不足：

第一，总体上偏重于传统文化，当代文化内容占比不高，体现新的文化理念和时代精神的文化教材不多。对于传统文化以介绍性的呈现为主，缺乏对中国文化本质精神的提炼和阐释。古代文化和当代文化的连接突兀，编写体例上断裂感明显。由于教材中缺乏将中国的传统文化"古为今用"的实例，使学习者感到中国传统文化年代久远、冷僻、实用价值不高，从而降低了学习中国文化的兴趣。如何在传统文化中注入时代精神，赋予传统文化新的活力，是对外文化教材编写中亟待解决的问题。

第二，教材编写中存在归类标准不清晰、章节逻辑不合理、教学重点不突出的问题。文化层次论将文化分为：表层（外在直观事物）、中层（社会规范与价值观）、核心层（文化存在的基本假设）三个层次。表层文化主要以物质形态呈现，容易感知；中层文化和核心层文化不易被感知，却在很大程度上决定着表层文化。文化教材编写应该遵循由浅入深的文化习得顺序，从容易感知的、容易引起兴趣的表层文化入手，再逐渐深入中层文化和核心层文化，但多数教材编写在章节排列上没有注重有序有效的问题。

第三，在编写语言和编写内容上，无论是概况类文化教材，还是系统性的文化教材都存在着词汇偏难、概念偏难的问题，只有适合中高级语言水平的外国学习者使用的教材，而缺乏初级汉语水平的外国学习者适用的文化教材。当下,对外汉语教学界存在的问题是:将中国文化传播的重心放在了文化的两极,一方面致力于传播表层文化,例如为学习者开设大量的文化体验课程;另一方面,依托文化教材向学习者传播"道""天人合一""无为而无不为"等对于外国人而言抽象难解的概念,高深的内容使外国学习者对中国文化望而却步,特别是对于青少年外国学习者来说,更是不易找到适合其系统性学习的文化教材。如何控制难度,并满足不同年龄层次的学习者需求,编写与之相适应的文化教材是值得学界思考的问题。

秉持注重科学性、实用性、趣味性的理念编写,笔者认为,在文化教材编写中,文化项目的选取需要更加精准,应注重基础材料的标准化和内容呈现的时代化。一方面,要对以往的对外文化教材进行严谨的梳理、考辨,总结其优点和不足,确保新编写的教材具有客观性、公正性和合理性,能够经得起学术史的检验;另一方面,要突破和超越现有中国文化教材的现状,将崭新的学术思想融入新教材之中,从而使教材具有时代性和创新性的特征。总的来看,对外文化教材是中国文化跨文化传播的媒介和重要依托,对文化教材发展历史的梳理和差异性的对比,在横向上,可以发现不同文化教材的特色,找到存在的问题和提升改进的方向;在纵向上,可以总结文化教材的发展脉络和基本特征,为编写新的文化教材提供有益的启示。

【百年新诗学案】

# 新诗经典化问题论析

## ——兼及新世纪以来诗歌批评的考察

张立群

【摘要】新诗经典化是新世纪以来诗歌批评的热点问题之一，涉及新诗的历史、现实和与西方经典理论的遇合。从初期的借用、命名到近期的辩证思考，新诗经典化问题研究经历了持续深入的趋势，其特殊性和流动性也得到了共识。明确新诗经典化的内涵、逻辑和呈现，有助于以整体把握的方式，探究其规律和实现的合理途径。

【关键词】新诗；经典化；新世纪以来；诗歌批评

【基金项目】教育部高校人文社会科学重点研究基地重大项目"百年新诗学案"（17JJD750002）

【作者简介】张立群，文学博士，山东大学人文社科青岛研究院教授，博士研究生导师（青岛 266237）

作为新世纪中国诗坛一道重要的风景，"新诗经典化"论题自生成之日起，便引起了研究界和创作界的关注。时至今日，仍有为数众多的诗人、研究者以不同形式致力于其研究、实践与推广，不断推出冠以经典字样的年选、年鉴等选本或合集。"新诗经典化"不仅是一个课题，还隐含新诗研究视域拓展的契机与文学史的焦虑，而围绕此展开的新诗评价、认同与发展，则是一个整体性的问题。

一

如果仅按照严格的字面起源角度看待"新诗经典化"问题，以此为论题进行的研究可从2006 年算起。是年 7 月，笔者的《缪斯的熔铸——关于新诗经典化的几点思考》一文发表在《艺术广角》第 4 期；9 月，《江汉论坛》发表的"'新诗经典化'研究"笔谈，刊载吴思敬的《一切尚在路上——新诗经典化刍议》、王珂的《新诗应该适度经典化》、张大为的《新诗经典化：后经典时代的经典建构》共三篇文章，围绕新诗经典化问题展开的探讨由此拉开了帷幕。之后，围绕新诗经典化的探索集中于学术论文、诗歌选本、诗歌研讨会与纪念活动三个主要方向，且彼此之间时常处于相互交融的状态，并在某些特定的年份，如2017年即新诗诞辰一百年得到凸显。新诗经典化问题虽为新诗研究带来了新的角度和场域，但就知识发生和观念演变的角度来看，却是中国文学特别是中国现代文学经典问题整体发展的结果。新诗经典化是中国文学经典研究的一个具体分支，是现代中国文学经典问题的重要组成部分，同时也是其不断深化、由整体走向局部的结果。其意识的萌生与若隐若现可以追溯到20世纪90年代甚至更早的时间。在此过程中，西方经典理论的引入、传播和接受，本土研究者的回应、转化以及如何为我所用，都对新诗经典化论题的诞生有着重要的意义和推动作用。

结合已有的文献，可以看到新诗经典化问题的发生与发展，主要沿着两条主线发展。其一，是裹挟于西方文学经典研究观点的引入与本土的回应及转化的进程之中。自1993年9、10月间，荷兰著名学者佛克马应邀到北京大学进行为期一个多月的讲学，提出文学的"经典"以及西方和现代中国文学"经典"构成的历史发展等论题之后，文学"经典"的概念便与汉语中的同一词语（汉语义多指"传统的具有权威性的著作"）在相互比照的过程中逐渐开始为本土一批敏锐的批评家所使用，并集中体现在中国现当代文学的视野之中[①]。1996年10月，谢冕主编的《中国百年文学经典》（10卷本）在海天出版社出版；同年12月，谢冕、钱理群主编的《百年中国文学经典》（8卷本）在北京大学出版社出版，这两套丛书（均有诗歌卷）进一步引发了学界对于"经典"的关注。1997年8月至10月间，《文艺报》相继刊发了一系列关于文学经典的文章，推进了关于文学经典问题的讨论。是年底，人民文学出版社开始陆续出版10卷本的"红色经典"丛书，重印五六十年代一批革命历史题材小说（包括《保卫延安》《林海雪原》《暴风骤雨》《太阳照在桑干河上》《山乡巨变》《风云初记》《平原枪声》《新儿女英雄传》《吕梁英雄传》《野火春风斗古城》），该丛书在此后数年间曾多次再版、重印并使"红色经典"一词得到广泛的传播。其后，童庆炳、黄曼君、陶东风等一批知名专家学者在重要学术期刊上发表关于文学经典研究的文章，使之成为学界共同关注的课题。2005年5月27日至30日，由首都师范大学文学院文艺学学科、北京师范大学文艺学研究中心和《文艺研究》编辑部联合主办的"文化研究语境中文学经典的建构与重构国际学术会议"（International Conference on Canon Re-Formation in the Context of Cultural Studies）在北京召

---

① 此次讲学的内容，后列入"北大学术讲演丛书"（第3种），以［荷］D.佛克马、E.蚁布思讲演：《文学研究与文化参与》，俞国强译的形式，于1996年6月在北京大学出版社出版第一版。值得指出的是，该书曾于1997年12月第二次印刷。此外，从日后文学经典研究参考文献可知："北大学术讲演丛书•7"即［加］斯蒂文•托托西讲演：《文学研究的合法化》（马瑞琦译，北京：北京大学出版社，1997年）一书，也因涉及文学经典而被学界多次援引。

开，来自中国、美国、德国、新西兰、澳大利亚、英国、新加坡、荷兰等国家和地区的专家学者 70 多人，就共同关注的"文学经典"问题展开了热烈而富有建设性的讨论。2006 年 4月 26 日至 28 日，由中国社会科学院文学研究所、《文学评论》编辑部和陕西师范大学文学院共同主办的"文学经典的承传与重构"学术研讨会在陕西师范大学隆重举行；同年 10 月28 日至 30 日，由中国社会科学院文学研究所、《外国文学评论》杂志社和厦门大学文学院共同主办了"与经典对话"的全国学术研讨会，与上述三次会议相一致的，是《文艺研究》《文学评论》《文艺争鸣》《天津社会科学》等重要学术刊物以专题的形式刊发会议有代表性的论文，进而推进"文学经典"的研究……在新世纪初数年间，"文学经典"迅速成为学界研究的"热点"和共同关注的话题，不仅推动了文学经典理论问题的探讨，而且逐渐呈现出向各体文学、各个时期文学创作与文学现象拓展的趋势，而有关新诗经典化问题的研究也正是在这一背景下出现的。

其二，是缓释新诗本身的文学史焦虑、落实新诗自身的经典作品。新诗经典化问题研究显然还与新诗本身的处境密切相关。随着 20 世纪 90 年代文学市场化时代的兴起，诗歌逐渐从往日文学精英的地位滑向边缘，诗坛也开始在反思过往之余呈现出一种焦虑意识：从 1993年第 3 期《文学评论》刊载诗人郑敏 3 万余字的长文《世纪末的回顾：汉语语言变革与中国新诗创作》，进而掀起了一场"关于传统与现代"和"文化激进主义和文化保守主义"的论争[①]，到《星星诗刊》于 1999 年 1 月发起，持续一年的"下世纪学生读什么诗？——关于中国诗歌教材的讨论"，再到 2001 年第 1 期《粤海风》刊登郑敏和吴思敬的对话《新诗究竟有没有传统？》，掀起"新诗有无传统"的论争，人们可以明显感受到一个世纪文学的结束和年代的整体感给诗界同人带来的影响，而在其背后，则是新诗面向辉煌古典诗歌时名家力作的匮乏以及难以掩饰的底气不足。是以，当"经典"成为学界共识性话题之后，新诗似乎更加期待借助其建构自己的结构序列：《诗刊》编辑部选编的《中华诗歌百年精华》（人民文学出版社，2002 年版）、杨晓民编著的《百年百首经典诗歌》（长江文艺出版社，2003 年版）、王富仁主编的《20 世纪中国诗歌经典》（北京师范大学出版社，2004 年版）等等，均显示了自身在编选过程中的经典意识和物化追求。新诗需要经典之作来确证自己的身份、地位、成就以

---

① 郑敏文章发表后，在 1994 年《文学评论》上，先后刊登了一批文章，围绕此文展开争鸣。这些文章有范钦林《如何评价"五四"白话文运动——与郑敏先生商榷》（《文学评论》，1994 年，第 2 期）；郑敏的《关于〈如何评价"五四"白话文运动〉商榷之商榷》（《文学评论》，1994 年，第 2 期）；张颐武的《重估"现代性"与汉语书面语论争——一个九十年代文学的新命题》（《文学评论》，1994 年，第 4 期）；许明的《文化激进主义历史维度——从郑敏、范钦林的争论说开去》（《文学评论》，1994 年，第 4 期）；沉风、志忠的《跨世纪之交：文学的困惑与选择》（《文学评论》，1994 年，第 6 期）。

及合法性，尽管结合具体的历史、秉持客观的立场，这样的渴望与实践有些操之过急，但一旦从主体角度和来自诗歌内部的危机意识加以考虑，则不难发现这种焦虑又是合乎情理的。

综合以上所述，我们不难得出所谓新诗经典化是文学经典理论话题与中国文学结合和逐步深化的结果。它既隐含着当代人对于文学历史最高认知、获得稳定性评价的理想，同时也不可避免地在呈现古今之异和进行肯定式指认的过程中带有个性化色彩。它虽为中国现代文学经典研究的一个具体维度，但一经形成，便和自身独特的历史紧紧地结合起来并由此开辟出一个新的领域，而其与中国现代文学经典之间的互文和张力也由此表现出来。

## 二

尽管在新诗经典化问题研究的过程中，研究者都不同程度同时也不可避免地谈到"经典""新诗经典"之类的话题，而确定新诗经典也是新诗经典化问题研究的重要目的，但从研究的整体情况来看，无论从标题还是具体内容，论及"新诗经典化"的比重高于"新诗经典"的结论是成立的。如果将以上所述的现象归纳为使用"如何经典"比"何为经典"的方式或思路更适合目前新诗经典研究的实际，那么，我们是否会更为深刻地理解课题本身乃至新世纪以来诗歌批评的发展呢？

在多年前书写的《缪斯的熔铸——关于新诗经典化的几点思考》一文中，笔者就曾在第一部分"关于新诗经典的一般标准"中借用已有的成果对新诗经典进行过界定。不过，时至今日，我仍清晰地记得当时界定过程中的力不从心——

> 一般而言，经典总是通过这样两种方式予以确立的：即从实在本体论角度来看待经典，经典就会被视为因其内部固有的崇高特性而衍生出来的"第一流的"、"公认的、堪称楷模的优秀文学和艺术作品，对本国和世界文化具有永恒的价值"的一种文本实体；而从关系本体论的角度来看待经典，那么，经典则常常被视为是一个随着时间的变迁而逐渐被确认的过程，是一种需要不断在阐释中获得生命价值的存在。……
>
> 当然，将经典置于不同的文学视野和文学体裁之后，又会产生更为细致的确定标准。以本文所要讨论的新诗为例，作为一种文学体裁，新诗经典的确立无疑同样是一个历史化的过程。同时，从广义的角度上讲，它也无疑应当具有"思、诗、史"的经典特征，即"第一，在精神意蕴上，文学经典闪耀着思想的光芒。它往往既植根于时代，展示出鲜明的时代精神，具有历史的现实的品格，又概括、揭示了

深远丰厚的文化内涵和人性的意蕴，具有超越的开放的品格。第二，从艺术审美来看，文学经典应该有着'诗性'内涵。它是在作家个人独特的世界渗透下不可重复的艺术世界的创造，能够提供某种前人未曾提供过的审美经验。第三，从民族特色来看，文学经典还往往在民族文学史上翻开了新篇章，具有'史'的价值。"[1] 然而，新诗乃至诗歌本身毕竟是一种独特的文学体裁，而在这方面，"诗人"与"作家"在概念上的既可相互联系，又可并行不悖的历史事实似乎也正在说明诗歌本身可以具有的独树一帜的地方。于是，我们在充分确认广义文学经典的标准之外，还应当注意到：诗歌特别是新诗的经典还应当具有自己的一些特征，而这些特征往往是其他文学体裁所不具备的。

首先，从接受美学和新诗自身形式而言，新诗还应当具有适合阅读，能够为广大读者所接受的特点。……其次，新诗必须在充分反映时代气息，现代汉民族语言发展现状的基础上成为经典。[2]

通过"文学经典"推导"20 世纪中国文学经典"，再到"新诗经典"并进行适度的补充，"新诗经典"是一个借助相关理论、以解说形式完成、在参考和比照中得到的概念，它并不具有原发性和原创性。而从更深层次去看待这种归纳，则是缺乏历史的积淀、没有更多公认的经典作品予以支撑以及由此产生的自我存疑。相比较而言，新诗"经典化"的提法就没有这样的负担。"经典化"不必过分纠结于概念，而只强调是一个过程、一种状态。一个"化"字意味着可以将理想中的"经典"交给时间和历史，与经典之"性"源于某种内在的本质不同的是，前者是流动的、变化的、在历史进程中完成的；而后者则是具体的、固定的、稳定的。通过文本呈现出来的"经典"需要充分的历史化，而经典与经典化的意义正是在这样的比较中显现出来的，"经典化"的提法和角度更适合新诗的历史，由此进入问题会更加自由、从容和灵活。

也许只有如此，我们才可以真正理解洪子诚的判断："于我们来说，对新诗史，特别是在处理当前的诗歌现象上，最紧要的倒不是急迫的'经典化'，而是尽可能地呈现杂多的情

---

[1] 张立群：《缪斯的熔铸——关于新诗经典化的几点思考》，《艺术广角》，2006 年，第 4 期。其中，文中的注释①的出处为黄曼君：《回到经典重释经典——关于 20 世纪中国新文学经典化问题》，《文学评论》，2004 年，第 4 期。

[2] 洪子诚：《〈新诗三百首〉中的诗歌史问题》，《新诗评论》，2005 年，第 1 期。

景，发现新诗创造的更多的可能性；拿一句诗人最近常说的话是，一切尚在路上。"①鉴于新诗历史时间短，公认的经典需要历史的积淀，我们不必非要以产生经典的方式看待其历史，同时，也不必非要以经典化的标准要求新诗。是以，做些具体的研究、呈现复杂的内容，有助于我们深刻了解新诗的历史。不过，从长远的眼光来看，上述行为同样可以归结到历史化与经典化的逻辑之中。无论怎样，在历史化的进程中，以经典化的方式认知和记录历史是必然的，也是必要的。经典化追求反映了人们对于文学历史的基本期待和认知态度，在此过程中，与之相关的追求与建构从来都是相辅相成的。

考虑新诗经典的特殊性和经典化的流动性，在探讨新诗相关话题时，以动态描述显然远比概念的界定更具说服力。鉴于在已有的研究中，许多论者曾借助西方文论以"恒态经典"和"动态经典"论述中国新诗经典化，或以"诗歌经典"和"诗歌史经典"（或曰"时代经典"）加以考察可以取得同样的效果②。笔者以为：在新诗经典化研究过程中，以层级和状态的方式区分两种经典是必要的，也是可行的。"恒态经典"（static canon）与"动态经典"（dynamic canon）源于加拿大学者斯蒂文·托托西于20世纪90年代中期到北大讲演后整理出的《文学研究的合法化》。其中，"恒态经典"主要指"神圣化的文本，教学机构课程表上的高雅文学"，"动态经典"主要指"试图通过文学体系的保留节目，将自己确立为创作原则的某种文学模式"③，两者均针对英语加拿大文学的实际并具有普遍意义。与之相比，"诗歌经典"和"诗歌史经典"虽不具有很强的理论性，但却更为直观地指向了新诗："诗歌经典与诗歌史经典是作为百年新诗经典的一个较为突出的现象而提出的"，"诗歌经典"的"经典"取意于文学经典，强调的是经典的本义；而"诗歌史经典"则指任何一部中国新诗史在书写过程中出于对历史真实的记录，且无法回避的诗歌作品。"诗歌经典"在艺术成就上高于"诗歌史经典"，"诗歌史经典"寄托着向"诗歌经典"过渡的趋势，是二者之间的内在规律之一④。

无论是"恒态经典"与"动态经典"，还是"诗歌经典"和"诗歌史经典"，其出场和有效性显然只能依据新诗的历史。在谈论新诗经典问题时，我们必须要将其和中国诗歌的历史

---

① 洪子诚：《〈新诗三百首〉中的诗歌史问题》，《新诗评论》，2005年，第1期。

② 使用"恒态经典"和"动态经典"的文章，可以吴思敬的《一切尚在路上——新诗经典化刍议》（《江汉论坛》，2006年，第9期）、罗振亚的《百年新诗经典及其焦虑》（《文艺争鸣》，2017年，第8期）为例。使用"诗歌经典"和"诗歌史经典"的文章，可以笔者文章《缪斯的熔铸——关于新诗经典化的几点思考》（《艺术广角》，2006年，第4期）为例。

③ ［加］斯蒂文·托托西讲演：《文学研究的合法化》，马瑞琦译，北京：北京大学出版社，1997年，第43页。

④ 张立群：《缪斯的熔铸——关于新诗经典化的几点思考》，《艺术广角》，2006年，第4期。

联系起来，而在此之前，古典诗歌辉煌的成就和悠久的历史早已使之拥有了大量的经典作品并形成了文化传统。在古典诗歌强大的身影之前，新诗作为中国诗歌的晚近阶段，在存在时间和历史沉积方面均难以相提并论。这是谈论新诗经典化问题必须要面对的客观存在，同时也可以成为探讨所有晚近文学经典必须要面对的事实。它不仅再次证明了使用"经典化"作为论题的意义，而且还充分说明历史长短以及参照系统在经典生成中的作用。

## 三

何为新诗经典化？就主观来说，新诗经典化是在时间发展过程中人们渴望凝结出经典的意愿，寄托着人们对于诗歌艺术恒久的、稳定的和最高的追求，而在其背后则是人们对于审美艺术和历史的尊崇以及个体生命的"短促且姗姗来迟"⑤。就客观来说，经典化是一种实现，借用斯蒂文·托托西讲演中的说法，即为"'经典化'（canonized）意味着那些文学形式和作品，被一种文化的主流圈子接受而合法化，并且其引人瞩目的作品，被此共同体保存为历史传统的一部分"。而进一步解释即为经典以及经典性是由多个因素共同作用而成的。作为一个复杂的过程，"经典化产生在一个累积形成的模式里，包括了文本、它的阅读、读者、文学史、批评、出版手段（例如，书籍销量，图书馆使用等等）、政治等等"。⑥当然，在具体生产和实现中，新诗经典化实现的方式是多样的。以文学史无法绕开的 1919、1949、1958、1978等特定年份为例，诸如白话诗的诞生、"新民歌运动"、"朦胧诗"等，显然与文学历史新阶段的开启有关，而其背后则是社会、政治、文化因素为主导。以郭沫若的《凤凰涅槃》、徐志摩《再别康桥》、戴望舒《雨巷》、卞之琳《断章》等耳熟能详的篇章为例，文本艺术性、时代语境、阅读与传播以及课堂教学等因素又起到重要作用。而以近年来颇受诗界关注的穆旦的诗作为例，研究的深入、批评的推动与"再发现"又扮演了重要作用……经典的生成是多个因素合力的结果并在具体实现过程中有一到两个因素的作用凸显与突出，经典化的程度则取决于传播的深度和广度，这使经典必须要最终经过读者阅读、传播才能实现自身的经典性。

结合新诗历史可知，今日之经典作品在特定时代语境下由于种种原因不仅无法成为经典，还成为被批判的对象；还有一些作品则是特定时代的经典，而在今日早已不再被视为经典作品。上述现象表明新诗经典由于文化语境等原因具有鲜明的时代性和可变性的特征。"经典的

---

⑤［美］哈罗德·布鲁姆：《西方正典》，江宁康译，江苏：译林出版社，2005 年，第 21 页。

⑥［加］斯蒂文·托托西讲演：《文学研究的合法化》，马瑞琦译，北京：北京大学出版社，1997 年，第 43—44 页。

确立从来就不是一个纯粹的文化问题，与之相关的还有对经典确立的历史环境及其需要。"① 本世纪初数年关于"新诗经典化"问题的研究，由于时间晚近的原因，难免带有当下语境的色彩。在消费文化语境下，"新诗经典化"一方面由于大众参与意识很容易泛化，很难完全从纯粹的艺术性角度去衡量和界定；另一方面，则是许多诗歌以外的成分，如媒介、趣味、文化政策以及传播方式等对于诗歌标准、写作和鉴赏产生影响，使经典在人云亦云的评价和认知中难以稳定、标准模糊，而新诗公共话语空间的日益萎缩又加重诗歌界对于诗歌经典的焦虑，进而使经典化问题在动态化过程中不够稳定，呈现出"流动"甚至是被解构的状态。

这样的语境在某种程度上与"经典化追求"形成了反比逻辑：经典需要时间的沉淀和认知的历史，这使得在晚近的历史谈论经典难免常常会厚古非今。与此同时，谈论当代经典就变成了一件带有危险性的事情，但越是没有标准、价值多元的时代就越容易使人产生关于经典的焦虑。但无论怎样，经典肯定是具有原创性和陌生性的，这是其成为经典的前提，同时也是其实现经典化过程的资本。"一部文学作品能够赢得经典地位的原创性标志是某种陌生性"，"经典的陌生性并不依赖大胆创新带来的冲击而存在，但是，任何一部要与传统做必胜的竞赛并加入经典的作品首先应该具有原创魅力"。② 当然，在正向肯定经典和经典化的逻辑之余，我们也必须对此做复杂化的考量。在新世纪"新诗经典化"研究中，还有一种观点值得关注，此即为关于新诗的"去经典化"的论断。在结合徐志摩《再别康桥》、戴望舒《雨巷》评价之命运沉浮的同时，吴思敬就曾在文章中指出——

> 实际上，就新诗而言，一部分经典的生成过程往往伴随着另一部分经典的"去经典化"（Decanonization）过程。经典的意义是相对的，经典的权威性、典范性在一定阶段内是稳定的，但放在一个较长的历史阶段中，也处于变动不居之中。从读者来说，不同时代的读者的艺术眼光与审美趣味会有变化，评判诗歌的标准也可能发生偏移，这自然会影响到他们对经典的认同与选择。从批评家来说，他们的阐释也往往受到社会权力和时代的制约，在不同的历史语境中，随着权力的更替和时代的变迁，文本中的曾被遮蔽的意义可能会被重新发现，而原来充分彰显的意义则可能变得隐晦起来，于是一些未被前人看好的作品成了经典，而原先被目为经典的作品则消褪了光环。有些经典文本甚至经历了发掘——埋没——再发掘的曲折过程。③

① 孟繁华：《新世纪：文学经典的终结》，《文艺争鸣》，2005 年，第 5 期。

② ［美］哈罗德·布鲁姆：《西方正典》，江宁康译，南京：译林出版社，2005 年，第 3—5 页。

③ 吴思敬：《一切尚在路上——新诗经典化刍议》，《江汉论坛》，2006 年，第 9 期。值得指出的是，在

"去经典化"作为一个相对的过程，虽从另外的角度呈现新诗经典的时代性与可变性，但如果换个角度思考，它却更为复杂地反映了"经典"与"诗歌史经典"之间的关系。当我们确认何为经典的同时，也就确认了关于经典的标准，并由此将许多作品排除在经典的范畴之外。而一旦如此，我们极有可能会忽视掉一部分作品，因为个体的阅读时间和阅读量毕竟有限，而不能让人反复阅读、体味直至称颂的作品永远无法成为经典，是以，"去经典化"虽是一个"淘汰的过程"，但它却告诉我们新诗经典化建构过程同样是一个解构的过程，在此过程中，发现和解读并由此获得更多人的认可同样是至关重要的。

## 四

在 2019 年 6 月完成的博士论文《中国当代新诗经典化问题研究》中，著者吉林大学博士王文静曾这样写道：

> 文学经典及其经典化问题是学术界始终关注的热点。中国新诗尽管已走过百余年，但是相较历史悠久的古体诗歌，中国新诗面对的价值低估和经典性质疑是无法回避的事实。特别是在中国当代文学发展的波峰浪谷之中，新诗的价值更是受到学理和"非学理"的质疑和否定。就百年中国新诗来说，现代新诗经典的确立及其经典性的合理性在近年来的研究中逐步获得认可，而当代新诗的经典性问题则仍颇具争议。正因如此，当代新诗经典化问题讨论的深入展开，一方面是对目前新诗研究的一种深化和补充；另一方面，当代新诗"经典性"问题的提出，也是确认当代新诗价值、接续中国诗歌美学传统的一条路径。深入新诗经典化问题的研究既考察我们对诗歌传统和经典传统的认同与借鉴，同时也对新诗未来的发展道路具有指引意义。[①]

这是目前就新诗经典化研究问题意义和价值最直接，同时也是最全面的概述，将古典诗歌、现代诗歌、当代诗歌的经典性置于一个序列之中，也有利于新诗经典化特别是当代诗歌经典化研究的展开。"新诗经典化问题"是文化研究语境或曰后经典时代下对于文学经典问题的一次重新思考，在其背后，是文学尤其是当代文学尚未（其实是永远）充分经典化，文学标准多重性的重组与重构，以及现实可能性的探求："经典"如何进入各级教科书和文学教育

---

多年后接受《姑苏晚报》记者刘放采访时，吴思敬再次重申类似的观点，见《新诗经典化的过程崎岖而漫长——吴思敬访谈录》，《吴思敬诗学思想研讨会论文集》，2012 年。

① 王文静：《中国当代新诗经典化问题研究》，博士学位论文，吉林大学文学院，2019 年。

秉持何种标准选择"经典",现当代文学史对于自身经典如何书写与评价,通俗文学与畅销书可否成为经典并由此实现经典的重构,还有大众审美趣味如何影响经典以及经典作品改编成影视后如何"再经典",等等。应当说,今日探讨的经典以及为此采取的类别和层级划分其实是"退缩"的结果,它隐含着对传统经典或曰纯粹经典的解构,但这种行为或曰策略又是我们今日探讨经典必须要面对的事实。

究竟怎样才能实现新诗经典化?这个远比以归纳新诗经典具有怎样特性更有意义的问题,客观上要求我们必须从新诗的实际出发并凸显某种责任感。首先,从诗歌研究的角度,研究者应当有发现的眼光和能力,通过重新发掘、捡拾诗歌历史上有价值的作品为新诗经典化注入新的内容。同时,新诗研究者必须对新诗历史化有充分的认识,历史化意味着许多有价值的作品会随着历史的发展显现其价值并拥有新的阐释空间。新诗研究者当然还对新诗各级教材的篇目选择、文学史书写和教学负责,经典需要反复阅读,而反复阅读的前提在于新诗教学的引导并形成口耳相传的趋势。其次,是诗人的自我提升与理想建构。没有对真善美的追求,对生活和生命的深刻理解,是无法写成好诗的,自然无法达到经典化的程度。鉴于谈及诗人创作总无法回避当代的话题,后经典消费时代的诗人更应当坚守一种关于诗歌的道德伦理,在处理时代、生活、艺术、人性与诗歌的关系中,实现诗歌动态经典向恒态经典的转化,见证历史、叩问生命。再次,建构一种公共交流空间,推动诗歌的良性传播。回顾新诗的历史,各时代的选本,诸如"青春诗会"的诗歌活动、各类诗歌评奖和学术会议,都对诗歌经典化产生推动作用。当代诗歌应当在拓展公共交流空间中强化自身与时代的对话能力,在突破圈子固有界限中增加自身的阅读空间,形成经典化的趋势。最后,新诗经典化还应当同文献史料的整理结合起来,并将自己的视域扩展到华语诗坛。这样的思路和实践不仅有助于诗歌的经典化,更有助于扩容诗歌经典化的区域和受众度,并将不同地域背景读者的接受度充分纳入进来。

"没有经典的时代"并不意味着我们时代的诗歌一无是处,同样,"没有经典的时代"也并不意味我们时代诗歌艺术的退步。相反地,"没有经典的时代"恰恰为经典破土而出铺平着道路。回顾中国诗歌的历史,未产生经典的时代远远超过新诗的历史其实并不少见。正视这样的前提有助于人们不必过于为新诗经典作品少以及新诗经典化过程而焦虑,并以平静舒缓的心态专注于诗歌本身。事实上,我们对于诗歌正在进行的每一项工作,都在建构新诗历史化和新诗经典化的图景、编织着关于新诗的艺术秩序,在此前提下,正视新诗的经典化问题,对其做客观、全面、复杂的思考,会使我们以一种动态的、宽容的眼光认识这一恒久的命题,并最终做出合理的判断与行为实践。

# 从"新的抒情"到"丰富的痛苦"

## ——战争语境下穆旦诗歌考察（1937—1942）

冯跃华

**【摘要】**"战时流动性"重塑了穆旦的历史意识，使穆旦意识到新诗必须具备强大的历史综合能力。抗战初期，借助于对外国诗人与前辈诗人的想象和重构，穆旦提出"新的抒情"的诗学方案，实现了"风景的发现"。但是，在突破新诗自身封闭性的同时，穆旦又难免陷入抽象、外在的困境中。随着抗战后期时代话语及穆旦个人生存语境的转变，"新的抒情"摆脱了想象中的封闭状态，卷入到"犬牙交错"的现实语境，呈现出更为复杂的社会脉络。从"新的抒情"到"丰富的痛苦"，穆旦用诗歌的语言形式回应了不同时代的经验现实，为时代重压下新诗的合法性、有效性打开了一条"生路"。

**【关键词】**穆旦；战争语境；"新的抒情"；"丰富的痛苦"

**【基金项目】**国家社科基金一般项目：新世纪中国现实主义诗歌新变研究（22BZW172）

**【作者简介】**冯跃华，文学博士，河北师范大学文学院讲师（石家庄 050093）

1994 年 10 月，王一川、张同道主编的"20 世纪中国文学大师文库"丛书出版，《诗歌卷》由张同道、戴定南主编，指认"诗的独立美学品格是 20 世纪中国现代诗学的重要课题"，试图"澄清文学史的真面目，为大师重新定位"。在入选的十二位诗人中，穆旦位列第一，并指出"穆旦并不广为人知——这正是中国的悲哀"。① 丛书一经出版，便引发轩然大波。抛开诗人、"排行"这种奇异而扭曲的组合不谈，这一结果实际上是 20 世纪 80 年代以来新诗研究的顺延。能够在新时期以来重新"浮出历史地表"，甚至力压郭沫若、艾青、徐志摩、戴望舒等人，80 年代以来对"文学性"的建构是其中关键一环。复杂之处在于，并非所有具备"文学性"的诗人都能够获得崇高地位。在中国的历史语境中，穆旦能在众多诗人中脱颖而出，修辞的锐度或许仅是穆旦成为著名诗人的条件之一。换句话说，如果只是纯粹的修辞胜利，

---

① 张同道、戴定南：《二十世纪中国文学大师文库·诗歌卷（上）》，海口：海南出版社，1994 年，第 13 页。

穆旦不可能符合一个中国著名诗人的标准。要在中国的历史语境中取得普遍认同，在"他的最好的品质却全然是非中国的"同时，穆旦又必须是一位地地道道的"中国诗人"，他的书写必须具备明显的"中国意识"。在这个意义上，穆旦的书写不仅是浪漫、悲伤的个人心路，也不仅是破碎世界的点滴痕迹，而且是具备了强大历史指涉能力的诗学书写。在穆旦这里，"词与物"被熔铸为一体，那些纵横交错的诗行，在有效解决诗学意识与历史伦理相互龃龉的同时，强化了新诗的综合能力，为新诗的发展提供了借鉴。

一

自新诗创制以来，在语言形式的革新之外，新诗的历史指涉能力需要在时代的动荡错乱中不断形塑，如何在"词与物"之间形成有效的历史关联，将西方的现代形式嫁接到本土的现实经验，适应民族国家的历史想象，是诗人无法避开的重要命题。随着历史进入 20 世纪 30 年代，"战时中国"成为一个迁徙、流动的中国，"习惯了大都会场景的新诗人们，也纷纷踏上迁徙的长途，在山水行程与战火硝烟之间，与广阔的内陆中国接触，新的视角、新的经验、新的自我与时代的关联，也都被随之创造出来"。① 战争几乎重塑了诗人们的政治意识，在新诗形式的创制之外，诗歌的历史动能再次成为诗人的意识重心，这种由形式到内容的转变"最终带来的是个体经验、诗歌语言、政治意识（以及无意识）的地形重构"。② 作为极具现实关怀、政治敏感的诗人，战时的流动、迁徙不仅激发了穆旦的家国情怀，同样改变了穆旦的诗歌意识。

1940 年，穆旦在香港《大公报》接连发表了两篇诗评文章，评价对象是前辈诗人艾青的《他死在第二次》、卞之琳的《慰劳信集》。在穆旦的评价中，曾经对其影响甚深的老师卞之琳成为被批判的对象，"这些诗行是太平静了，它们缺乏伴着那内容所应有的情绪的节奏"，"诗人善于把'机智'放在诗里，也许有时是恰恰麻木了情绪的节奏的"。由于"脑神经的运用代替了血液的激荡"，导致"'新的抒情'成分太贫乏了。这是一个失败"。③ 与此相反，诗坛盟主艾青的《他死在第二次》则受到穆旦极端推崇，"如同惠特曼歌颂着新兴的美国一样，他在歌颂新兴的中国"。在艾青的诗歌中，可以"窥见那是怎样一种博大深厚的感情，怎样一颗

---

① 姜涛：《"报人"与"诗人"的视野同构：穆旦在 1946—1948》，《文艺争鸣》，2015 年，第 11 期。

② 王璞：《"地图在动"：抗战期间现代主义诗歌的三条"旅行路线"》，《现代中文学刊》，2011 年，第 4 期。

③ 穆旦：《〈慰劳信集〉——从〈鱼目集〉说起》，李方编：《穆旦诗文集 2》，北京：人民文学出版社，2014 年，第 61—62 页。

火热的心在消溶着牺牲和痛苦的经验，而维系着诗人的向上的力量"。不仅如此，穆旦甚至将艾青的创作上升到了"第三条路"创试的高度，这是"此后新诗唯一可以凭藉的路子"①。

时至今日，对穆旦稍有了解的研究者都对"新的抒情"耳熟能详，却很少有人注意一些相当重要的基本事实。艾青的《他死在第二次》于 1939 年 11 月由上海杂志公司出版，卞之琳的《慰劳信集》则是由昆明明日社出版部于 1940 年初出版，穆旦的诗评发表于 1940 年 3、4 月份。考察诗集的出版时间与诗评的发表时间会发现一个很有意思的问题。穆旦与西方现代诗学资源的关联，是穆旦研究的显学。相当长的时间里，王佐良对穆旦"最好的品质却全然是非中国的"的指认几乎是穆旦研究的金科玉律，燕卜荪、艾略特等现代主义诗人则成为穆旦最重要的诗学研究资源。穆旦对西方现代派的接触集中于西南联大时期，相关研究汗牛充栋，兹不赘述。从时间来看，1940 年是穆旦在西南联大读书的最后一年，经过三年西方现代诗学的浸润，穆旦的诗学思想应该更偏向于西方现代派——这也是研究者将其指认为现代主义诗潮杰出代表的基础。但恰恰相反，在穆旦对西方现代诗学熟稔于心的时刻，他的两篇仅有的诗评却和西方现代诗学资源毫无关联，甚至有所龃龉。

在对艾青《他死在第二次》的评介中，穆旦丝毫没有提及艾略特、奥登等西方现代派诗人，而是反复提到了惠特曼——伟大的美国浪漫主义诗人。诗人不无夸张地将艾青比作中国的惠特曼，认为"如同惠特曼歌颂着新兴的美国一样，他在歌颂新兴的中国"。而在《〈慰劳信集〉——从〈鱼目集〉说起》中，穆旦开篇便说道，"在二十世纪的英美诗坛上，自从为艾略特所带来的，一阵十七、十八世纪的风吹掠过以后，仿佛以机智来写诗的风气就特别盛行起来。脑神经的运用代替了血液的激荡，拜伦和雪莱的诗今日不但没有人模仿着写，而且没有人再肯以他们的诗当鉴赏的标准了"。明眼人一看便知，这句话颇有雪莱"为诗一辩"的意味。果不其然，在讨论了卞之琳为"抒情的放逐"所作的贡献之后，穆旦紧接着便笔锋一转，"然而这是过去的事情了：七七抗战以后的中国则大不相同。'灰色的路'现在成了新中国的血管，无数战士的热血，斗争的武器，觉醒的意识，正在那上面运输，并且输进了每一个敏感的中国人的心里"。②

在穆旦对西方现代派接触最多的时刻，诗人非但没有走进西方现代派，反而遽然转向，重新召唤拜伦、雪莱的诗魂，这一召唤背后实则是穆旦对新诗综合能力的关注。穆旦对艾略特的批评，显然不是局限于诗歌修辞的本体，而是在现实体验中对时代风云的积极回应。与

① 穆旦：《他死在第二次》，李方编：《穆旦诗文集 2》，北京：人民文学出版社，2014 年，第 54—58 页。

② 穆旦：《〈慰劳信集〉——从〈鱼目集〉说起》，李方编：《穆旦诗文集 2》，北京：人民文学出版社，2014 年，第 59—60 页。

艾略特的机智、反讽相比，穆旦对自身所在的历史倾注了全部的热情，这也就决定了穆旦必须选择更具历史综合能力的诗歌方式。在宏大的时代背景下，诗人开始对艾略特式的"脑神经的运用代替了血液的激荡"进行省思，呼唤"强烈的律动，宏大的节奏，欢快的调子"，呼唤艾青式的"新的抒情"。在对浪漫主义精神的重新召唤中，艾略特式的幽默与反讽被替换为浪漫主义的激情与抗争，实现了"风景"与"病"的辩证法。

## 二

柄谷行人在讨论康德时指出，"风景"样态存在"美"与"崇高"两种截然不同的意识指涉。"美是通过想象力在对象中发现合目的性而获得的一种快感，崇高则相反，是在怎么看都不愉快且超出了想象力之界限的对象中，通过主观能动性来发现其合目的性所获得的一种快感"，"对于自然之美，我们必须在我们自身之外去寻求其存在的根据，对于崇高则要在我们自身的内部，即我们的心灵中去寻找，是我们的心灵把崇高性带进了自然之表象的"。① 从这一观点出发，穆旦仅有的几首"风景诗"值得关注。在 1937 年的《古墙》② 中，个人与时代共有的现实紧张感得到呈现，似乎有风雨欲来的征兆。由于诗人的"观照"，残败剥落的古墙变得异常沉雄，在岁月的摧残中施出"顽固的抵抗"，用力伸直苍老的脖颈，在孤独中"瞭望着夕阳"，"当一切伏身于残暴和淫威，矗立在原野的是坚忍的古墙"。在拟人化的书写中，死寂的"物"闪现出"人"的光辉，衰败的古墙成为民族精神的象征，透过实践主体对历史陈迹的"观照"，凋零的"风景"被注入崭新的时代内涵，转化为崇高的精神意志。

而作为"南岳山中，蒙自湖畔"的悠闲之作，《我看》《园》似乎完全消除了紧张尖锐的现实带来的压抑与疼痛，呈现出散漫、舒缓的"风景"样态。短暂的宁静似乎给予穆旦极大的安慰，据赵瑞宏回忆，"或者某一天清晨，某个傍晚，他拿着一本英文书——惠特曼《草叶集》或者欧文《见闻录》，或别的什么书，到湖上静静地朗读……这些就是他写这首诗的背景。自然风光融入心灵，他那么巧妙地描绘了南湖景色"。③ 这一"风景的发现"几乎就是柄谷行人对国木田独步描述的再现。正如柄谷行人所言，"风景诗"并不单纯是对风景的描绘，"风景"并非存在于外部的客观之物，"只有在对周围外部的东西没有关心的'内在的人'那

---

① ［日］柄谷行人：《日本现代文学的起源》，赵京华译，北京：中央编译出版社，2013 年，第 14 页。

② 如无特别说明，有关穆旦的诗歌全部引自李方编：《穆旦诗全集》，北京：中国文学出版社，1996 年。

③ 赵瑞宏：《南岳山中，蒙自湖畔》，选自杜运燮、周与良等：《丰富和丰富的痛苦——穆旦逝世 20 周年纪念文集》，北京：北京师范大学出版社，1998 年，第 177 页。

里，风景才能得以发现"。① 从风云四起的北京，一路跋山涉水，来到寻幽探胜的湖南长沙，昨日的颠沛流离、生死战争似乎被刻意无视，从而发现了"难忘的""风景"。

但实际上，这恰恰违背了柄谷行人的本意，柄谷行人试图将国木田独步"颠倒"过的"风景"再次"颠倒"过来，原因在于国木田独步的"风景之发现"建立在对"明治精神"的弃绝之上。国木田独步"所具有的内面性和写实主义，并非单纯的现代之产物。那是对现代的放弃或者屈服"。② 因此，"风景之发现"作为"装置"，将作为背景存在的政治运动"通过反讽将其非政治化了"，③ 这里存在着一种"将主要的和非主要的事物之价值序列颠倒过来的恶意反讽"。④ 而在穆旦这里，对"风景"的发现并不指向柄谷行人要否定的作为"装置"的"风景之发现"，由于处于"自我"与"民族国家"的共时性结构中，"风景"的发现在将穆旦塑造为"看风景的人"的同时，同样提示出一种"融入"的可能。"风景"越是优美，诗人的爱国情怀越是得到激发，从而打破了"风景的发现"这一"装置"中存在的"颠倒"，回到事情的"起源"。因此，当穆旦将"过去的日子"关在里面，一步"踏出这芜杂的门径"，"青草样的忧郁，红花样的青春"的个人"风景"迅速膨胀为"古国的魂灵""辽阔的神州""炎黄的子孙"的国族想象。

备受研究者的青睐、被视为穆旦"行年二十，步行三千"真实记录的《出发——三千里步行之一》《原野上走路——三千里步行之二》发表于 1940 年 10 月，但实际上"写于清华大学与北京大学、南开大学由长沙临时大学迁入昆明组成西南联合大学的过程中"。⑤ 马尾松、梧桐、沅江、开花的菜田等现实之物，在"祖国"的统摄下，变为镜像中的"风景"，作为想象之物的"中国"，则附着在"风景"之上。一方面，"观看"的行为使"风景"成为"风景"，"看风景的人"成为看风景的人"；另一方面，对"风景"的"观看"不仅将穆旦固定在"看风景"的位置上，而且"反过来召唤着诗人全身心投入"。同样，对"风景"的执迷不仅激发了穆旦改造"落后"现状的激情，而且逆向激发了穆旦投身熔炉的"决绝"，长大在"古诗词的山水里"的诗人自身，"从大地的旧根里熊熊燃烧"，在时代的感召下，"搭一九四零年的车开向最炽热的熔炉里"。作为"思想改造"的同义替换，"熔炉"一词揭示了诗人隐秘的思想动向，诗人激动着、感怀着，百感交集的复杂情感最终在烈烈火焰中燃烧出"一片

① ［日］柄谷行人：《日本现代文学的起源》，赵京华译，北京：中央编译出版社，2013 年，第 13 页。

② ［日］柄谷行人：《日本现代文学的起源》，赵京华译，北京：中央编译出版社，2013 年，第 6 页。

③ ［日］柄谷行人：《日本现代文学的起源》，赵京华译，北京：中央编译出版社，2013 年，第 11 页。

④ ［日］柄谷行人：《日本现代文学的起源》，赵京华译，北京：中央编译出版社，2013 年，第 3 页。

⑤ 李方编：《穆旦诗全集》，北京：中国文学出版社，1996 年，第 81 页。

新绿"，诗人忍不住高呼：

> 虽然我还没有为饥寒，残酷，绝望，鞭打出过信仰来，
> 没有热烈地喊过同志，没有流过同情泪，没有闻过血腥，
> 然而我有过多的无法表现的情感，一颗充满着熔岩的心
> 期待深沉明晰的固定。一颗冬日的种子期待着新生。

借助于抗日战争的锤炼，现代诗在自身的封闭性之外，重新找到了回应历史的可能，随着"战时中国"的"新的风景"，诗歌的语言也不断突破自身的边界，以此参与到历史的变更之中。但正如姜涛所言，穆旦"新的抒情"实验虽然沾染了泥土气息，"更为强劲的向'内地'敞开"，但仍未摆脱"整体性的浪漫框架"。[①] 因此，虽然提示出"融入"的可能，"新的抒情"背后却隐藏着不可抹除的抽象性、外在性。这显然不是穆旦个人的失误，在摆脱现代诗自身封闭性的同时，现代诗却在历史烟云中迷失了自身，过于强烈的历史参与感退化为空洞的政治喊叫，显露出吞噬本体的可能，新诗的综合能力陷入了单向度的困境。

## 三

迄今为止，似乎很少有人探讨 1940 年 7 月对于穆旦的意义。但对穆旦来说，1940 年意义重大。世界局势上，1940 年，德国以闪电般的速度入侵丹麦、挪威等国，英、法、德之间"宣而不战"的"奇怪的战争"被迫结束，随着马其诺防线的失守及敦刻尔克大撤退，欧洲迅速沦陷，全球陷入战争中。在中国，3 月 30 日，汪精卫成立"中华民国国民政府"，沦为日军的傀儡政权，5 月，枣宜会战爆发，张自忠以身殉国，宜昌失守。10 月，蒋介石强令黄河以南的八路军、新四军 1 个月内开赴黄河以北。次年 1 月，皖南事变爆发，第二次反共高潮来临。过于长久的战争不仅导致了国土沦陷、经济衰败，对整个社会的信心、耐心同样带来巨大的消耗，抗战初期无可抑制的激情、冲动逐渐冷却，文学的整体氛围开始逆转，"暴露和讽刺社会黑暗现象"的文学作品大量出现，"并取得突出的成果"。[②] 在这一历史背景下，1940 年 7 月，穆旦从西南联大外文系毕业，并留校任助教。在战火纷飞的 1940 年，穆旦匆匆告别了学生的身份，开始担负起家庭生计的重任，对于未经世事的穆旦而言，沉重的挑战接踵而至。

---

① 姜涛：《"报人"与"诗人"的视野同构：穆旦在 1946—1948》，《文艺争鸣》，2015 年，第 11 期。
② 温儒敏：《新文学现实主义的流变》，北京：北京大学出版社，1988 年，第 175 页。

有关穆旦在 20 世纪 40 年代的经济生活，很少有研究者关注，这似乎与诗人这一"特殊"职业相关。但实际上，随着昆明整体环境的恶化，穆旦被死死困锁于现实的泥淖之中。抗战之前，大学教师属高级知识分子，生活相对富裕。战争则使得大学教师迅速陷入贫困的境地。西南联大初到昆明之时，由于"西南地区以往交通不便，经济落后"，当地物价甚为便宜。但"随着大批民众的迁移，以及通货膨胀的加剧，昆明在大后方中竟成为生活水平最高的城市，以致朱自清也不得不检讨，以往生活'过于挥霍，从今年起必须量入为出'了"。① 在 1940 年的最后一个月，朱自清一个月的花费竟高达五百七十元，"数目惊人"。② 及至 1941 年 4 月，"壁华与拾遗夫妇来访，谈米价高达四百元，甚可畏，生活越来越困难了"。③ 陈寅恪月薪高达六百元左右，但对于喜爱的法国餐，"用外币计算，每月费一千余元能吃"，只能"望屠门而大嚼"。在陈寅恪看来，每月 200 元左右工资的教职员几乎"不能存活"，以致那些助教、小职员"纷纷谋他就"。

月薪 200 元的职员尚且无法生存，穆旦的情况则更为糟糕，1940 年 6 月 18 日，西南联大常委会第 146 次会议"聘查良铮先生为本校外国语文系助教，月薪九十元，自下学年起"。④ 低廉的薪资与膨胀的物价，加之时不时贴补家用，以至于并不遵循商业逻辑的诗人也不得不屈身于生活。1941 年 1 月 10 日，穆旦同叙永分校 39 位底薪教职员工一道向西南联大常委会寄去信函，请求增加生活津贴。信函称"叙永物价飞涨出人意表"，"生活迫人，告贷无门，枵腹从公，势所难能"，希望"此后薪津增减，尚请比照昆明叙永物价之高低平允办理"（实际要求增薪每人每月 60 元）。⑤

时代氛围与惨淡现实的双重压迫，使得穆旦丧失了宏大话语的激情，"新生的中国"的"风景"被扭转为"萎靡在地的生活"，诗人被迫从"未来"这一超级能指的想象中返回到"今时此地"。作为现实社会中的实体，诗人不得不以"局内人"的姿态与生活展开短兵相接的艰难博弈——一场命定失败的博弈。六年前，诗人初入社会，以悲愤的语调写下《两个世界》，试图为挣扎在贫困生活中的底层人民振臂一呼。六年后，一腔热血的穆旦不仅没有改变这个世界，反而同样陷入生活的牢笼。或许直到此时，"生活？简直把人磨成了烂泥"才逐

---

① 郑会欣：《战时后方高级知识分子的生活贫困化——以几位著名教授的日记为中心》，《抗日战争研究》，2018 年，第 2 期。

② 朱自清：《朱自清日记·第十卷》，南京：江苏教育出版社，1998 年，第 110 页。

③ 朱自清：《朱自清日记·第十卷》，南京：江苏教育出版社，1998 年，第 113 页。

④ 易彬：《穆旦年谱》，北京：中国社会科学出版社，2010 年，第 53 页。

⑤ 易彬：《穆旦年谱》，北京：中国社会科学出版社，2010 年，第 59 页。

渐内化为穆旦自身的生命体验。

由想象的未来到艰难的当下，穆旦在生活的"教育"下逐渐蜕化为具有真切生命体验的社会实体。在《抗战以来的西南联大》中，诗人在记载了学校困难的同时，更强调了对困难的征服："就是在这种种困苦中，西南联大滋长起来了。许多参加救亡工作的同学回来复学了，在沦陷区的许多中学毕业生，尤其是华北一带的，他们不辞艰苦纷纷来到昆明，希望考进西南联大。""课外活动方面，举凡各种社会事业，如演剧、下乡宣传、响应寒衣募捐、防空救护等，西南联大都是热心活动的一分子。然而你会想到吗？这一切都是正为饥寒所迫的同学们做出来的"。[1] 这种"艰难"与"激情"的辩证法恰恰是诗人浪漫想象的延续，这几乎成为穆旦精神意志中不可更改的底色。或许是命中注定，这篇为《教育杂志》"抗战以来的高等教育"的专辑而作、带有公共性质的文章，却奇异地成为穆旦个人生涯的阶段性总结。自此之后，穆旦从"看风景"的位置一步步后撤，愈来愈多地卷入到"犬牙交错"的现实之中。与之相应，在"战时中国"中生成的"新的抒情"实验，也不再停留在想象中的封闭状态，更多的呈现于复杂的社会脉络之中。

## 四

1940 年 11 月，穆旦创作《还原作用》。相较于之前的诗作，《还原作用》的变化堪称巨大，正如诗人在晚年所言，这首诗是对西方现代派的模仿，其中没有"风花雪月"的陈旧和浪漫，而是以深刻晦涩的修辞呈现复杂的社会经验。表现的是"在旧社会中，青年人如陷入泥坑中的猪（而又自认为天鹅），必须忍住厌恶之感来谋生活，处处忍耐，把自己的理想都磨完了，由幻想是花园而变为一片荒原"。[2] "旧社会"一词将穆旦的表述打上了鲜明的时代烙印，而"日记"的私密性又为穆旦陈述的真实度与可信度提供了支撑，相较于一些表态性的公共话语，"抽屉里的文学"或许代表了穆旦彼时的真实想法。

从时间角度来看，距穆旦提倡"新的抒情"仅仅过去了六七个月，"强烈的律动，宏大的节奏，欢快的调子"的诗学方案便遭到了穆旦自身的内在颠覆，曾经被置于批判位置的西方现代派如"幽灵"一般，再次返回到穆旦的诗学意识中来，而从"花园"到"荒原"的转变，更是穆旦从"浪漫主义"转变为"现代主义"的明证。众所周知，对自然风景的讴歌与赞美是浪漫主义最为显在的特征，在浪漫主义诗人那里，不论其寄情山水抑或投身革命，诗

---

[1] 穆旦：《抗战以来的西南联大》，李方编：《穆旦诗文集 2》，北京：人民文学出版社，2014 年，第 67 页。

[2] 穆旦：《致郭保卫》，李方编：《穆旦诗文集 2》，北京：人民文学出版社，2014 年，第 212 页；穆旦：《致孙志鸣》，李方编：《穆旦诗文集 2》，北京：人民文学出版社，2014 年，第 254 页。

人的灵感爆发中总是充斥着大量赞美风景、讴歌自然的诗作,在柯勒律治的《忽必烈汗》中,诗人就泼墨般描绘了忽必烈建造的豪华园林。与此相反,在为艾略特赢得世界性声誉的《荒原》里,"花园"——这一蕴含着人类动人想象、浪漫激情的"人工制品"却黯然失色,象征着人类由蓬勃到衰败、万物萧瑟、生机寂灭的"荒原"则成为契合诗人情感的"客观对应物"。

1937 年的《园》显然是典型的浪漫主义诗歌,对"花园"这一"风景"的描绘,不仅使诗人异乎寻常的情感得到升华,更是一个"世界成为图像,人成为主体"的现代进程,在对"风景"的描绘中,一个本质上具有现代意义的浪漫主体得以显现。借助强悍的主体能动性,"行年二十,步行三千"的艰苦不仅没有击垮穆旦,反而激发了穆旦的热情与野力,最终创制出"新的抒情"的诗学方案。而在《还原作用》中,浪漫主义的魔法似乎失去了应有的功效,对"风景"的描绘也在"还原作用"的"祛魅"下,沉入现实的渊薮。更重要的是,随着魔法的祛魅,被"还原"的不仅仅是外在的"风景",在浪漫想象中得以显现的浪漫主体同样遭受了毁灭般的打击,受浪漫主义思维模式支配的"个体英雄"轰然崩塌,成为"污泥里的猪"。

从"风景"的"还原"到"主体"的破碎,由外及内的转变似乎意味着穆旦从"浪漫主义"的神殿跨入了"现代主义"的教堂。但深入考察穆旦的精神结构,穆旦在抒情模式、表达结构等方面接近西方"现代主义"的同时,其历史经验的传达却进一步深入了历史的纵深,"是在现实命名的焦虑下寻找应对自身历史危机的一种方式",[1] 在这个意义上,《还原作用》之后的《我》并非一个"主体破碎的焦虑直接化为一首失却主语的无人称作品"[2]。一方面,作为"个体"的"我""从子宫割裂",变为残缺的"部分",这个"锁在荒原里"的个人形象似乎契合了现代主义哲学,借基督教"被抛"的寓言表述了"自我"的孤独、撕裂。但更重要的是,对"白天 / 黑夜"这一经典模式的借用恰恰掺杂了穆旦痛切的现实经验:在情感的苦痛中,由"阳光"走向"黑夜"的隐喻不仅仅是"大时代中小知识分子面对平庸化的灰色生活所引起的个体生命的焦虑感",[3] 更是历史主体想象幻灭后转向现实的苦闷与迷惘。

在此基础上,这种内在感受不仅制约了穆旦自身,甚至对穆旦如何观照、阐释世界产生了巨大影响。在《摇篮歌——赠阿咪》这样一首题赠、祝愿诗中,诗人试图创制一种舒缓、

---

① 李建周:《穆旦诗歌中的词与物》,《文艺争鸣》,2018 年,第 11 期。

② 姜涛:《冯至、穆旦四十年代诗歌写作的人称分析》,《中国现代文学研究丛刊》,1997 年,第 4 期。

③ 娄燕京:《"我"与"我们"的辩证法——论穆旦诗歌的人称结构与主体意识》,《中国文学研究》,2019 年,第 3 期。

放松的诗歌体式，但一种"丰富的痛苦"却同诗人的主观意愿形成"离心"，撕裂了诗歌的整体架构。在诗歌后半部分，现实如同附骨之疽般，死死纠缠着诗人，"等长大了你就要带着罪名，从四面八方的嘴里，笼罩来的批评"，"长大"与"罪名"，对"未来"的恐惧实际上源于"此刻"的艰难，"欢喜"与"忧郁"成为相反相成的力，共同作用于诗人笔下。于是，一个饶有意味的现象出现了：为了保持婴儿"一生的纯净"，似乎只能选择拒绝"苏醒"。"苏醒"显然不是生理意义上的"醒来"，而是时间意义上的"长大成人"，从这一角度看，"救救孩子"这一世纪性难题，似乎再次呈现在穆旦面前。不同的是，鲁迅式的"呐喊"早已失却力量，空留"先不要苏醒"的"彷徨"。

这真可谓是"沉重的时刻"！年仅 22 岁的穆旦在命运的"井"中翻滚着、挣扎着、低声嘶吼着，却始终无法逃离个人与时代带来的双重焦虑。为了在窒息的时代氛围中寻求短暂甚至虚妄的抚慰，诗人不得不"靠一根草儿，与上帝之灵往返在空谷中"，创作了大量宗教体裁的现代诗。但穆旦对上帝的"信仰"，实际上是社会现实重压下的反映，是面对无法有效解决的问题而生产出的生存策略。在这个意义上，穆旦对上帝的"信仰"反而成为对上帝的"追问"，试图在更高维度获取社会现实的答案，这恰恰违背了忠实信徒的根本前提。上帝之所以受到信仰，恰恰在于信徒对"自我"的弃绝。正如克尔凯郭尔在《恐惧与战栗》中所描述的，亚伯拉罕对上帝的"绝对的义务"，使得上帝成为上帝。只有在对"自我"的弃绝中，个人的"信仰飞跃"才得以成为可能。[1] 这也就意味着，执着于"自我"与"现实"的穆旦注定无法领会"天启"，上帝也不得不在穆旦这里成为沉默的"他者"。在掺杂着诗人留校经历的《我向自己说》中，诗人亲口道出了这一秘密：

> 我不再祈求那不可能的了，上帝，
> 当可能还在不可能的时候

悖论繁复的语言形式映照出穆旦精神世界的扭结混杂，所谓"当可能还在不可能的时候"，正是一种现实的荒谬体验。诗人从学校跨入上帝的教堂，而上帝的恩赐，也不过是"在命定的绵羊的地位"。宗教带来的希望不仅不是希望，反而逆向映衬出现实的赤裸。因此，"彷徨于无地"的穆旦不仅没有将"自我"摆上献祭的高台，反而更深地沦陷于世界的黑暗之心。

更重要的是，穆旦显然对"疲倦"的"旅程"产生了厌烦，这也就意味着，"看风景"

---

① [丹] 克尔凯郭尔：《恐惧与颤栗》，刘继译，贵阳：贵州人民出版社，2015 年。

的主体"装置"开始在穆旦的精神结构中隐退、消亡。随着抒情装置的悄然改写,曾经"颠倒"的"风景"与"病"的辩证关系再次被"颠倒"过来,充满野力的"新生的中国"开始退化为"广大的病院","医生/病人"的惯常模式也在穆旦的笔下出现变形、扭曲。以后见之明观之,穆旦的转变似乎与卞之琳的"小处敏感,大处茫然"产生了对接。但事实上,"小""大"之分并非一种自明的价值等级,卞之琳事后的自我反思在道出20世纪80年代真实感受的同时,却有意无意间过滤了40年代的社会语境。而在穆旦这里,"小"与"大"的转换并不是二元对峙的结构关系,而是在辩证中恢复了"自我"与"世界"的沟通、交互。透过这一辩证法,穆旦在怀抱"大"的同时,恢复了时代话语下芸芸众生的真实面貌,表达了一个诗人的真实感受。在这个意义上,尽管穆旦"最好的品质却全然是非中国的",但他又最丰富地呈现了知识分子在战争语境中的复杂心境,他的书写具备明显的"中国意识"。从战争初期激昂有力的"新的抒情"到抗战后期的异质混成,穆旦用诗歌题材、语言形式的变幻回应了不同时代的经验现实,为时代重压下新诗的合法性、有效性打开了一条"生路",对新诗自身进行了有效重构。而随着时代话语的风谲云诡,穆旦不得不在诗学伦理与政治意识间艰难地左右摇摆,在以平衡的姿态为新诗创造一份可贵的诗学遗产的同时,更为研究者留下了令人唏嘘不已的动人故事。

【中国古代文学研究】

# "词中杜甫"应是辛弃疾

魏耕原

【摘要】对宋词的评论，往往把宋诗的不祧之祖杜甫作为比拟的典范，自柳永开始，大约将近十个词人被称为"词中杜甫"。我们认为辛弃疾可当此称，虽在行事、思想及性格方面两人差异很大，但在国家统一上，辛词题材取法"重、拙、大"，杜诗则着眼于"高、大、深"；风格上辛词慷慨纵横、不可一世，杜诗则沉郁顿挫、悲慨淋漓；在文学史之地位，辛词集豪放词之大成且风格多样，杜诗集《诗》《骚》以降之大成且包罗万象。两家极为神似，而且都能感召百代。

【关键词】辛弃疾；杜甫；顿挫；集大成

【作者简介】魏耕原，陕西师范大学文学院教授，博士研究生导师（西安 710062）

词与诗本是两种不同文体，无论在表达功能、题材范围与形式上都有很大的区别，前人曾区别过其间的种种不同。词虽不能详尽叙事，但在抒情写景言志上，词与诗却有相通之处。为了深入把握某一词人的特征，就从"比较文学"的角度提出"词中杜甫"的命题，它的开放性的外延，使宋词几乎所有的大家都成了比较的对象。如果从相对性而言，稼轩的词与杜甫诗似乎最为接近，特别是在内容的广博、厚重，风格的沉郁顿挫，审美的多样性，结构变化，以及集大成等方面尤其相似。近些年论者已有讨论①，但从切入的角度与深度上，尚有进一步研究的必要。

## 一、"重、拙、大"与"高、大、深"

就思想看，杜甫是儒家则不言而喻。稼轩似驳杂，他尊崇陶渊明的似诸葛亮的一面，喜庄子却不同意大小无别的齐物论，称美桓温，因为其北伐很有英雄气概。辛弃疾的兵家思想很有些纵横家的色彩，在军事上有大谋略，办大事雷厉风行，前人说他："有吞吐八荒之概，

---

① 比如刘扬忠的《稼轩祠与老杜诗》就从儒家思想、句法切入，见《文学遗产》，1992 年，第 6 期。缪钺《诗词散记·论辛稼轩词》亦有涉及。

而机会不来，正则可以为郭、李，为岳、韩、变则即桓温之流亚，故词极豪雄，而意极悲郁。"① 他没有机会北伐，但在地方治理上严猛，雷厉风行，立志要国家统一，入世之志死不罢休，有些接近诸葛亮。而他立足的根本还在儒家，这在辛弃疾的诗与词中都有多处表露，论者已有详论②。正源于此，他是悲剧性的英雄，所以他的词豪放悲凉，与旷达的苏轼词有所不同。词论家谓"作词有三要，曰重、拙、大。南渡诸贤不可及处在是"③。以此"三要"论词并不妥当，而论南宋词的最杰出者辛词则为确论。所谓"重者，沉著之谓。在气格，不在字句"，而"沉著"就是"满心而发，肆口而成，掷地作金石矣。情真理足，笔力能包举之。纯任自然，而不假锤炼，则沉著二字之诠释也"④。这是从作法与风格上来看，如果结合题材内容看，稼轩确能体现"三要"的特色。

辛词题材广泛超过了以开拓题材著称的苏轼，除了详叙事态，非词所能为外，凡诗之能写者均能以词为之。尤其是北伐、登临、怀古三大题材，都以志切恢复为中心，这是稼轩念念不忘的大事，在此三类中发扬蹈厉，即便是送别、酬赠，乃至于寿词，也要不失时机以此呼吁鼓励祝盼。其他抒怀示志亦不言而喻，就是山水、咏物，包括闲适词亦持此种胸襟。他在给宗室赵彦端（号介庵）的寿词说："闻道清都帝所，要挽银河仙浪，西北洗胡沙。回首日边去，云里认飞车。"（《水调歌头·千里渥洼种》）他把这当作贺寿的"吉祥语"，可见北伐在心头之重。送人至汉中赴任，就借水放船开口即说："汉水东流，都洗尽，髭胡膏血"（《满江红·发端》）。舟次扬州和友人韵，一上手就回忆起发生在那里的采石矶大战，这是南宋唯一一次的抗金胜利战。下片又说："二客东南名胜，万卷诗书事业，尝试与君谋"（《水调歌头·落日塞尘起》），这里的"事业"当然包括为北伐的谋划。为内兄祝寿的《破阵子·发端》说："掷地刘郎玉斗，挂帆西子扁舟。千古风流今在此，万里功名莫放休。君王三百州。"以范增、范蠡期许，以恢复失地为"功名"，与上词"事业"为同义语。在为抗金而有名望的韩元吉（号南涧）祝寿词《水龙吟》上片说：

> 渡江天马南来，几人真是经纶手？长安父老，新亭风景，可怜依旧。夷甫诸
> 人，神州沉陆，几曾回首！算平戎万里，功名本是，真儒事，公知否。

① 陈廷焯：《白雨斋词话》，孙克强编：《唐宋人词话》，天津：南开大学出版社，2010 年，第 805 页。
② 刘扬忠：《稼轩词与老杜诗》，《文学遗产》，1992 年，第 6 期。
③ 周颐：《蕙风词话》卷一，唐圭璋编：《词话丛编》，北京：中华书局，1986 年，第 5 册，第 4406 页。
④ 周颐：《蕙风词话》卷一，唐圭璋编：《词话丛编》，北京：中华书局，1986 年，第 5 册，第 4404、4406、4409—4410 页。

他痛愤南宋上层孱弱无能，"长安父老"还在沦陷区煎熬，偏安之局依旧，主政者以和谈误国，何曾想过沦陷的中原。抗金复国大业正有待我们来完成，真正的儒家事业就是北伐，就是爱国志士的功业。以"整顿乾坤"勉己励人。他看到僚友被召入京，就兴奋急切地说："湖海平生，算不负苍髯如戟。闻道是、君王著意，太平长策。此老自当兵十万，长安正在天西北。便凤凰、飞诏下天来，催归急。"（《满江红·送信守郑舜举郎中赴召》）热切的希望按捺不止，"西北长安"总铭记在心头，直到晚年以 66 岁的高龄登上北固亭还感叹："四十三年，望中犹记，烽火扬州路。"当年金人南侵，淮北丧失敌手，惋惜"佛狸祠下，一片神鸦社鼓"，而有"可堪回首"的悲愤。虽然这次又被重新起用，但未授以重任，不免顿足遗憾："凭谁问：廉颇老矣，尚能饭否"，仍能在"金戈铁马"中"气吞万里如虎"（《永遇乐·千古江山》）。同时又在《南乡子》说：

> 何处望神州？满眼风光北固楼。千古兴亡多少事？悠悠。不尽长江滚滚流。
> 年少万兜鍪，坐断东南战未休。天下英雄谁敌手？曹刘。生子当如孙仲谋。

满眼神州，满怀兴亡，满腔悲愤，如长江奔流：孙权占据东南可以抗拒曹操，可是南宋高、孝、光、宁四朝只知贡银纳币，以"侄皇帝"求得苟安，这又和曹操所说的"刘景升儿子若豚犬耳"有什么区别！大概也因此词末句的歇后语作用，而被视为"变则即恒温之流亚"。此词有慨于南宋之不振，"魄力雄大，虎视千古"而"极英雄之气"（陈亦峰语）。

稼轩归南宋四十五年中三次罢职闲居，长达二十余年，或以李广自喻而感慨："汉开边，功名万里，甚当时、健者也曾闲？"（《八声甘州·故将军饮罢也归来》）与陈亮鹅湖之会极论世事，而有："问谁使、君来愁绝？铸就而今相思错，料当初、费尽人间铁"（《贺新郎·把酒长亭说》）扼腕深慨。"今日之偏安半壁，皆由当初绍兴和约及隆兴和约所铸成此大错"[①]。又在酬和陈亮词之同调（老大那堪说）中说："正目断、关河路绝。我最怜君中宵舞，道'男儿、到死心如铁'。看试手，补天裂。"稼轩真是铁了心，无论阻碍多少，非要干出一番大事业，以恢复为己任，真是到了矢志不悔的地步。送友的同调（细把君诗说）："起望衣冠神州路，白日销残战骨。叹夷甫诸人清绝！夜半狂歌悲风起，听铮铮、阵马檐间铁。南共北，正分裂。"半夜听到檐头"铁马"响动，就像听到沙场"阵马"的铃声，而遗憾不能奔上战场；就是做梦，也是"马作的卢飞快，弓如霹雳弦惊"（《破阵子·醉里挑灯看剑》）；偶然在荒冷破屋住一宿，做梦也是"平生塞北江南，归来华发苍颜"，冻醒后仍然是"眼前万里江

---

① 吴则虞：《辛弃疾词选集》，上海：上海古籍出版社，1993 年，第 24 页。

山"(《清平乐·绕床饥鼠》)。《水调歌头·送杨民瞻》说自己退居："长剑倚天谁问。夷甫诸人堪笑，西北有神州。"遗憾英雄无用武之地。又用为师口气吩咐："此事君自了，千古一扁舟"，等到恢复了神州，才能像范蠡灭吴以后泛舟五湖退隐，弟子是否当得起此大任，但这种时时不忘信念，既悲哀，又让人感动。他看到了十里清泉奔流"不管青山碍"，却由此感到："此地居然形胜，似曾小小兴亡"(《清平乐·清泉奔快》)。登上闽中南剑双溪楼，本来可写成山水词，《水龙吟》开口却说："举头西北浮云，倚天万里须长剑。"感到的只是"千古兴亡，百年悲笑，一时登览"，澎湃的心情犹如"峡束苍江对起，过危楼，欲飞还敛"。要知此地犹如天南海角，还如此作想。

就是闲居中的山水词，也与人不同。《沁园春》开篇即言："叠嶂西驰，万马回旋，众山欲东。"静山却成奔马，而且是"万马"，这不是指挥大军的统帅眼光？看到拱起的"小桥横截"，就觉是"缺月初弓"，像弯月，不，应当更像弯弓！只有时刻向往战场的将军才有这种特殊的意识。看到山上松林，第一反应又是："老合投闲，天教多事，检校长身十万松"，把高松都看作"长身"的十万大军，他要"检校"一番。"吾庐小，在蛇影外，风雨声中"，说的是松树影与如风雨的松涛声，而未尝不暗示龙蛇争斗的战场，未尝不暗示风雨声中的厮杀！对山水如此感觉，王、孟没有，苏东坡也不会有。英雄的情结与气质，只有稼轩方能具有。他迁居，由《楚辞》的《卜居》想到不忘故国的屈原："我亦卜居者，岁晚望三闾。昂昂千里，泛泛不作水中凫。"(《水调歌头·我亦卜居者》)"昂昂千里"在他看来当然是千里马，是战马。他登上月波楼，由楼名而发出："唤起一天明月，照我满怀冰雪，浩荡百川流，鲸饮未吞海，剑气已横秋"；还想起："中州遗恨，不知今夜几人愁，谁念英雄老矣，不道功名蕞尔，决策尚悠悠。"(《水调歌头·客子久不到》)中原不能恢复，那里的人们望眼欲穿，而这里北伐大计还遥遥无期。又有谁还想到英雄已老，功名无成。急切地希望得到的却是无尽的失望，又是多么扼腕的悲愤！这真要使他："半夜一声长啸，悲天地，为予窄"了(《霜天晓角·赤壁》)。

稼轩是有大本领大作用的人物，他总想去做北伐中原的大事业。词在他手中等于抒怀示志之具。他的审美理想与准则就是"有心雄泰华，无意巧玲珑"(《临江仙·莫笑吾家苍壁小》)，审美标准都要与北方泰山、华山争雄，所以稼轩词的厚重博大、沉雄豪迈为其本色，激昂慷慨不可一世。稼轩词还有朴拙的一面，全用白话写来，没有任何讲究字面，但却意味隽永，如《丑奴儿·少年不知愁滋味》《西江月·醉里且贪欢笑》等，看似朴拙，实际上充满了复杂的感情，而且话外有话，滋生不尽的感慨。所谓"苏辛词似魏玄成(徵)之妩媚"(刘熙载语)，就是从朴拙方面说的。陈廷焯则指出"稼轩以朴处见长，愈觉情味不尽者"(《白雨斋词话》卷三），就针对此类词而言。

杜甫虽是一介穷儒，后半生漂泊不定，但总把关心国家命运与民众的不幸作为天职，诗作被尊为"诗史"，又在其中充满悲天悯人的感情，无论多么艰难困苦，都不会忘却肩负关注社会的责任感。在宋词里只有念念不忘北伐的辛弃疾与他的词，才与杜甫相近。

杜诗向来以海涵地负、千汇万状著称。刘熙载说："杜诗的高、大、深俱不可及。吐弃到人所不能吐弃，为高；涵茹到人所不能涵茹，为大；曲折到人所不能曲折，为深。"① 杜诗题材范围涉及之广，是唐代任何诗人难以比拟的；又擅长用各种复杂的情感深刻而逼真地抒发出来，所以梁启超称他为"情圣"。辛弃疾也是至情至性的人，"有一段耿耿不忘恢复之思，较放翁、石湖反觉热腾腾地，其于词者，不可没也"。② 这和"少陵有句皆忧国"（宋周紫芝《乱后并得陶杜二集》）最为相似。这是稼轩词与少陵诗相似的最重要一点，辛词也把杜诗视为异代知己，所以辛词"重、大、拙"与杜甫的"高、大、深"最为契合。

杜诗有不少朴拙的诗句，为严苛的评论家所挑剔，至被杨亿称为"村夫子"诗；辛词也有朴拙生硬的粗糙句。杜甫性格执着幽默，善于苦中作乐，给诗也带来生动新鲜的气息；稼轩刚毅果决，性格也有诙谐的一面，善于在平静的退居生活中发现引人喜笑的题材，幽默的自嘲在他词里是比较引人注目的一面。杜甫喜鹰，尤为爱马，自少至老歌咏不绝，倾注人格与理想；稼轩爱战马，尤钟情庄子式的大鹏，以及雕、鹗、凤等大鸟，借以寄托英雄情怀。稼轩词的审美风格如上所及以"有心雄泰华，无意巧玲珑"为主体；杜诗标格是"或看翡翠兰苕上，未掣鲸鱼碧海中"，二者取向又何等的相似！杜甫以文为诗扩大了诗的表现手法；稼轩以文为词发之于议论，而被称为"词论"，唯其如此，才能天高地阔。杜甫以白话改造七律和七绝，风格多样化；稼轩亦复如此，已见上论。杜甫处于困迫愁苦中，往往以丑为美；稼轩亦有这种趋向，笔者已有讨论。

在"高"与"大"上，两家极为相似，至于"深"，在杜则为沉郁顿挫，在辛则为慷慨纵横而直中有曲，更值得详论。

## 二、慷慨纵横与沉郁顿挫

稼轩是大有作为的英雄人物，不幸赶上一味苟安的弱宋，满腔的热情与壮志只能发之于词。所以"词至稼轩，纵横博大，痛快淋漓，风雨纷飞，鱼龙百变，真词坛飞将军也"，"稼

---

① 刘熙载：《艺概·诗概》，上海：上海古籍出版社，1978年，第60页。

② 杨希闵：《词轨》卷六，孙克强编：《唐宋人词话》，天津：南开大学出版社，2012年，下册，第794页。

轩负奇郁之气而值国运颠沛之时，发而为词，正如惊雷怒涛，骇人耳目，其实一片血泪"，①"辛稼轩，词中之龙也，气魄极雄大，意境却极沉郁"。② 他的词豪迈奔放也有沉郁之时，有转折，有顿挫，在这一点上与杜甫也极为近似。

《水调歌头·落日古城角》希望友人"读书万卷，致身须到古伊周"，去做像伊尹与周公一样的事业。以下则言"莫学班超投笔，纵得封侯万里，憔悴老边州"，用健笔硬语说得很悲凉，劲气直达。又能一句一转，一转一顿挫，荡漾出若许苍凉悲哀。《水调歌头》发端的"我饮不须劝，正怕酒尊空。别离亦复何很，此别恨匆匆"，两韵句之后句，都是对前句的否定，而否定即是转折，亦是顿挫。而顿挫一层，别离之情就加深一层。《念奴娇·书东流村壁》："曲岸持觞，垂杨系马，此地曾经别。楼空人去，旧游飞燕能说"，前三句两染一点，是对过去的回忆，后两句先点后染，是说的今日当下。二者如此硬"焊接"起来，热与冷的碰撞，顿挫出不尽的怅然。《满江红·敲碎离愁》："芳草不迷行客路，垂杨只碍离人目"，语气在伸缩抑扬之间，婉转盘折出一怀离思。前人说："稼轩词最沉著处，每以最浑脱之笔出之，此层最需体会，有似脱口而出，实乃几经锤炼，沉痛至极者。"③ 像这样不露圭角的转折，在辛词中并不少见。他的《祝英台近·宝钗分》："鬓边觑，试把花卜归期，才簪又重数。"写怀人心里，刻画细致曲折，这可以称为"软顿挫"。下片的"是他春带愁来；春归何处，却不解带将愁去"，以及"问春归不肯带愁归，肠千结"（《满江红·点火樱桃》），前者是句与句之间的顿挫，后者是句内顿挫，说法不重复，亦见出明爽与悱恻之别。《惜分飞·春思》的"闻道春归去，更无人管飘红雨"，春归一悲，落红无数又一悲，"更无人管"又一悲，层层跌进，愈转愈深，此亦为顿挫之一法。赵德庄《鹊桥仙》有"春愁元自逐春来，却不肯，随春归去。"陈鹄《耆旧续闻》谓辛词本出于赵词，而赵词又本于李汉老杨花词："蓦地便和春，带将归去。"这是从"愁"的拟人来看。若从运意上看，杜甫"一片花飞减却春，风飘万点更愁人"（《曲江》二首之一），不仅与"闻道春归去"两句直接相关，亦与其他几句似有联系。《祝英台近·晚春》："怕上层楼，十日九风雨。断肠片片飞红，都无人管；更谁劝啼莺声住。"几乎每句都有顿挫，前两句是倒转，后两句顺转。末了单句再为一转，可谓姿态横生。同调（绿杨堤）"断肠几点愁红，啼痕犹在，多应怨夜来风雨"，顺着说：多应怨夜来风雨，几点愁红断肠，啼痕犹在。一经句内倒装和句与句间倒置，先说结果，后出原因，加强顿挫，感伤意味更浓。

---

① 陈廷焯：《云韶集》卷五，孙克强编：《唐宋人词话》，天津：南开大学出版社，2012年，下册，第802—803页。

② 陈廷焯：《白雨斋词话》卷一，唐圭璋编：《词话丛编》，北京：中华书局，2012年，第4册，第3791页。

③ 祝南：《无庵说词》，孙克强编：《唐宋人词话》，天津：南开大学出版社，2012年，下册，第817页。

有些韵句看起来妥溜，直来直去，实际直中有曲，有顿挫。同调（绿杨堤）："画梁燕子双双，能言能语，不解说、相思一句"，看似明白如话，似快人快语，却是以假设性肯定表达否定，发抒苦闷与寂寞，末句显得波澜顿起。有些硬语、曲折的话直着说，看似直通通，却很感慨。《水调歌头》（白日射金阙）："未应两手无用，要把蟹螯杯。说剑论诗余事，醉舞狂歌欲倒，老子颇堪哀。"前两句说的两手有用，然只能把杯，却不能持倚天长剑，这是以有用说无用的话，最为郁闷，而又不能明说。"说剑"两句说得热火朝天，末了一句剔明悲哀，看出英雄无用武之地的一怀悲凉，顿挫在其中起了大作用，明暗的对比，冷热的对比，方式多样，不停在变。

杜诗以"沉郁顿挫"著称，"沉郁"是说内容的博大深沉，"顿挫"的表现手法有四种："欲抑先扬，欲扬先抑，欲抑先抑，欲扬先扬。沉郁顿挫必于是得之。"[1]笔者曾有讨论[2]，这里仅就杜诗对辛词的影响切入。

杜甫为人熟知的《茅屋为秋风所破歌》，这本是写实的，是写作者漂泊暂居成都所遇到的艰难。"床头屋漏无干处，雨脚如麻未断绝"，非切身经历者未能道出。笔者少时暑假去姑母家，炕上几处摆着盆子，承接着大雨天从草屋上漏下的雨滴，所以至今对此诗倍感真切。杜甫秉承儒家孟子思想，由己思人，悲天悯人，不由自主地在结尾呼唤："安得广厦千万间，大庇天下寒士俱欢颜，风雨不动安如山。"甚至还提出"保证"或者"交换条件"："呜呼！何时眼前突兀见此屋，吾庐独破受冻死亦足。"他只能这样说，他没有更大压码。这种想法当然是"痴人说梦"，然而赤诚之心是感动人的！不仅中唐元白，张王乐府追随他，自宋代王安石以后对他更为崇敬。尤其是经过"靖康之变"，士人几乎没有不经过杜诗的熏陶，受到救世精神的洗礼。

辛弃疾骨子里充斥着孟子敢为天下先的思想，他说过："万一朝中举力田，舍我甚谁也。"这种自嘲极其郁闷，他的前提应当是："万一朝家要北伐，舍我其谁也。"要求国家统一的希望，是多么迫切！这种爱国军人的性格与穷儒杜甫有别，但关心天下是一致的。所以他说："老子平生，原自有、金盘华屋。还又要万间寒士，眼前突兀。"（《满江红·发端》）这简直是辛弃疾与杜甫同声相求，不，应当说辛词流淌着杜甫的"救世"血液。如果所言尚有可能，辛词用杜诗典142次，仅次于苏轼的147次[3]。这尚是明用，还有取其神而略其形的，如果计算在内，肯定超过苏轼。比如被世人熟知的如下这首词，就直承杜诗情神，而往往被人忽略：

① 刘熙载：《艺概·经义概》，上海：上海古籍出版社，1978年，第181页。
② 魏耕原：《杜诗"沉郁顿挫"的界域与表现特征》，《古代文学理论研究》，2018年，第47辑。
③ 熊笃：《论稼轩词的用典》，《社会科学研究》，2005年，第1期。

绕床饥鼠，蝙蝠翻灯舞。屋上松风吹急雨，破纸窗间自语。　平生塞北江南，归来华发苍颜。布被秋宵梦觉，眼前万里江山。

辛不过偶宿荒寂冷屋，偶然体验一下荒冷，身处其间，做梦回味一生，华发苍颜已临，宿志尚未实现，不知是梦中遗憾促醒，还是秋宵冷凉促他醒来，却是——"眼前万里江山"，这种境界，真是梦牵魂绕，只有杜甫方具此种精神，盼望国家统一，辛与杜真像一个人，虽然秉性才具处境有别。此词上片是一抑，过片两句再抑，此属抑而又抑；"布被"句再抑，末了才一扬。几度顿挫才出现的末句，真能使辛之精神大放光彩，读此真要掩卷而叹！辛词杜诗都有"眼前"，且各有"广厦千间"与"万里江山"，都用的是大数，精神又何等相似！还又要"万间寒士"的稼轩，怎能不要"万里江山"？这两作神似之极，都跳动着爱国者一怀心曲。杜诗"自经丧乱少睡眠，长夜沾湿何由彻"，由过去说到当下，辛词"平生"两句，亦复如是。

以如此顿挫组织结构，在杜诗源远流长。早年《画鹰》末尾的"何当击凡鸟，毛血洒平芜"，由画鹰转到真鹰，属于欲扬先扬。《乐游园歌》前绝大部分铺叙游乐，末尾则出之"圣朝亦知贱士丑，一物但荷皇天慈。此身饮罢无归处，独立苍茫自咏诗"。则欲抑先扬，而且以上两首诗都是呈现以少胜多格局，可称为 $n：1$ 结构。《同诸公登慈恩寺塔》前十六句写登塔所见，"秦山忽破碎"等八句隐含对时局的忧虑，过渡至末尾四句则全为忧世之叹，这种 $2：1$ 的结构可算是对前者之变。究其原因，对时局前景不是一两句能说得清的。

凡是大题材杜甫几乎莫不以顿挫手法处理结构。《兵车行》为一片血泪文字，叙述、描写、对话，多于其间的议论，乃至整篇结构都用顿挫的手法。诸如"当时里正与裹头，归来头白还戍边"的叙述，"边庭流血成海水，武皇开边意未已"的议论，"纵有健妇把锄犁，禾生陇亩无东西"的推论，"生女犹得嫁比邻，生男埋没随百草"的对比，如此等等无不出之伸缩顿挫之笔。至结尾又是一绝大顿挫："君不见，青海头，古来白骨无人收。新鬼烦怨旧鬼哭，天阴雨湿声啾啾。"预示着这些"役夫"将要成为"新鬼"，从全篇看又是抑而又抑的顿挫结构。《丽人行》尤为特殊，先用十句以赋体手法与乐府民歌的问答形式，恣意铺写杨氏姐妹的风神、体貌、服色之华贵，而且通身上下前后首饰、绣衣锦裳、佩珠一一俱见。后又用十句铺叙肴馔珍美，宠赐优渥，伴奏音乐之盛。末了六句乃指杨国忠"当轩下马""炙手可热"，中间插入"杨花雪落覆白苹，青鸟飞去衔红巾"，暗示不避"雄狐之刺"，至此方明白此篇极尽讽刺之能事。结尾的微讽推倒前边极雅的文字，极美之人却做有极丑之事，骂尽杨氏兄妹的苟且。然"杨花"二句又有点缀暮春景物之感，又显得不动声色。大画家傅抱石、程十发就此所作的诗意画，就很难显示出此诗最重要的主题。这种以美为丑的颠覆手法，上继《诗经·鄘风·君子偕老》《齐风·南山》《卫风·硕人》，或以正为反，或借起兴讽刺，或铺写女性美，杜诗则借助大顿挫、大跌宕的结构，以欲抑先扬的手法颠覆了美与丑，推倒了"美"，揭示出"丑"来，顿挫则起了旋天转地的大作用。

《哀江头》的顿挫又为一变，先用四句见出曲江今日之萧条，立即顿住。然后以"忆昔"八句，回忆杨妃游苑，极言盛时之乐。末尾八句以马嵬杨妃之死，玄宗逃蜀，深致乱世之悲。结构三分，立足当下，形成今—昔—今的布局，两次顿挫分别为欲扬先抑与欲抑先扬手法颠倒为用。以上这些大题材，内容深广博大，表现手法则跌宕生姿，以"沉郁顿挫"囊括此诗，再适合不过了。

《丹青引》与《观公孙大娘弟子舞剑器行》，借助大画家与舞星因安史之乱流浪，和作者"同是天涯沦落人"。杜甫发扬善于铺写的才华，又发挥了洞悉事物根本的眼光，均以今昔构成显明而单纯的对比，以大起大伏的大顿挫的结构，抒发丧乱的感慨。还有著名的《古柏行》，亦是借题发挥，结尾从顿挫中荡漾出"古来材大难为用"的用意。而《闻官军收河南河北》却倒过来，采用了 1：7 结构，先用"剑外忽传收蓟北"领起，以下全写歌哭至极的喜庆。这实际是从对比性顿挫结构变化而来。《缚鸡行》题材极小，"鸡虫得失"却似乎寓有官家与民众对立的深意，这是在长期丧乱中思考的问题。二者之矛盾：是鸡吃虫，还是卖鸡被杀而虫子得存，对此"鸡虫得失无了时"的"二难选题"，便只好"注目寒江倚山阁"，去继续思考。这末了两句实际是对棘手问题的一转，虽然是轻轻地，但也应当属于顿挫的范畴。

杜诗的名篇几乎与顿挫休戚相关，诸如《奉赠韦左丞二十二韵》《自京赴奉先县咏怀五百字》《北征》，如从顿挫看，也最为经典，曾有讨论，此不赘。晚年所作的《韦讽录事宅观曹将画马图歌》，先写曹霸画马在开天时声名鹊起，末了以"忆昔巡幸新丰宫，翠华拂天来向东。腾骧磊落三万匹"，即由此图的画马过渡到真马，并以盛时马匹之众为与当下对比做了预设。然后说到自玄宗死后："君不见金粟堆前松柏里，龙媒去尽鸟呼风。"此诗"就马之盛衰，想国之盛衰，不胜其痛"。[①] 大篇以此大顿挫为分界，以少胜多的反差，又因与国家盛衰合成对比，故跌出无限凄凉，淋漓顿挫，沉郁动人。

以顿挫为句法、段法，乃至为章法，为杜诗一大规律，最能发挥"情圣"忧时伤乱的深厚感情。稼轩看准这一大法门，因顿挫能发豪情，亦能抒幽愤难言之怀，于是从此大踏步走来。以顿挫组织结构，间见层出地见于词中。《青玉案·元夕》末尾的"蓦然回首，那人却在，

---

① 王嗣奭：《杜臆》，仇兆鳌：《杜诗详注》，北京：中华书局，1979 年，第 3 册，第 1155 页。

灯火阑珊处",即和以上热闹的节日气氛遽成异观。属于"伤心人别有怀抱",反而别有一番滋味。中秋词《太常引》上片写月光美好,可照见白发,欲问嫦娥人何以老得如此之快;下片想象乘风长空,直上万里,俯视山河,很有些游仙词的味道,末尾却说:"斫去桂婆娑,人道是、清光更多。"且不说直用杜诗"斫却月中桂,清光应更多"(《一百五日夜对月》)。杜之这两句为五律的颔联,意在引发下半思家愁怀。辛词却用来指主和派的宰执,为了希望朝政清明,就把杜诗成句与章法顿挫结合为用。《菩萨蛮·书江西造口壁》触地生情,昔年国耻引发不尽的扼腕悲愤。过片又用"青山遮不住,毕竟东流去"健句一振,此为扬起;而末尾"江晚正愁余,山深闻鹧鸪"却又以哀景狠狠抑住,抑扬之间无限凄凉。

《满江红·题冷泉亭》本是山水词,却在结尾翻转出:"恨此风物本吾家,今为客。"以不能恢复中原为遗憾。这种硬转原本是触景生情所引发,稼轩有大胸襟,故有大魄力。著名的《摸鱼儿》借春景宫女说己之不受重用,又痛斥主和派不会有好下场。而结尾的"休去依危栏,斜阳正在,烟柳断肠处",不仅与前春景呼应,且象征时局衰弱而无生气,在上文抑的基础上又是一抑,怨愤之气在跌入中殊为鲜明。寿词《水龙吟·渡江天马南来》,满篇都是北伐的话,结尾仍出之"待他年整顿,乾坤事了,为先生寿",只有末四字回到题目。此则欲扬先扬,为寿词别开一生面。

《鹧鸪天·枕簟溪堂冷欲秋》为"病起作",上为景下为论,带有病后对外物的新鲜感,然末尾的"不知筋力衰多少,但觉新来懒上楼",把体力尚未全部恢复的感觉,带上了人生感受的深沉意味,这是与重转不同的艺术效果。《清平乐·村居》叙写一家老少的劳作与安乐,结末轻轻一转:"最喜小儿亡赖,溪头卧剥莲蓬",给田家乐平添了些喜剧色彩。同调(连云松竹)写田园风俗景观,巡视庄园发现儿童偷打他家的枣梨,没有大声斥责赶走,却是"莫遣旁人惊去,老夫静中闲看",却反转出喜剧的幽默色彩。这类轻转,亦属顿挫一法,稼轩词以之叙写生活的各种感受与情趣。

把叙述、议论、写景结合,以转换笔意转折顿挫,则别有效果。《八声甘州·故将军》叙写李广之不遇,然后发为议论:"汉开边、功名万里,甚当时健者也曾闲。"总束上之一生不幸的叙述。以下忽然出之:"纱窗外,斜风细雨,一阵轻寒。"这是作者对所处当下时局的暗示,与上之议论似断而实连。就像杜诗《奉赠韦左丞丈》末尾荡开一笔"白鸥没浩荡,万里谁能驯",都具有意外的暗示效果。或者同是写景,却景外有话。《鹧鸪天·陌上柔桑》通篇田园风光,结尾却是"城中桃李愁风雨,春在溪头荠菜花",不仅本身语有抑扬,见溪头菜花而想城中桃李经不住风雨摧残。可见"春在野而不在城,此显然深有寄慨"[①]。准此那么这句

---

① 吴则虞:《辛弃疾词选集》,上海:上海古籍出版社,1993年,第225页。

就是暗转，在转折中寄托感慨。《蝶恋花》（谁向椒盘）为"立春"作，全写节日风俗，结尾"今岁花期消息定，只愁风雨无凭准"，就不仅是节序话，也蕴涵对上层政局变化的忧虑。本身也呈现欲抑先扬语态，意味就更为深沉。吴梅说："盖言荣辱不定，迁谪无常，言外有多少疑俱哀怨，而仍是含蓄不尽。"①

尤其是小词以大顿挫大开合为章法，跌宕出情感的激奋，更为杰作。壮词《破阵子》说梦里回到军营，如何会餐，如何练兵，写得胸胆开张，热火朝天，加上叙写后的议论："了却君王天下事，赢得生前身后名"，把豪情推上顶点。末了突出一句"可怜白发生"，一下子骤然改变了气氛，由豪奋跌入悲凉，再无言说。这种大转折急转折，最能体现辛词的豪放悲凉，慷慨跌宕大起大伏，显然亦见来自杜诗以顿挫组织结构之法，最得《缚鸡行》结尾顿挫之神。《鹧鸪天•壮岁旌旗》上片追忆当年突骑渡江，语气壮迈。过片回到现在"追往事，叹今吾，春风不染白髭须"，此为一跌。结片又一跌："却将万字平戎策，换得东家种树书"。稼轩归宋早年就有《九芹》《十议》，全为北伐规划大计，至暮年而不见用，故有此悲愤的痛叹！此与杜甫《丹青引》的"将军画善盖有神，偶逢佳士亦写真。即今漂泊干戈际，屡貌寻常行路人"，就显得非常相近。

稼轩能于词中"寓豪宕顿挫之致"（毛先舒《题三先生词》），陈维崧说："东坡、稼轩诸长调，又骎骎乎如杜甫之歌行与西京之乐府也。"②其实苏词在于旷达自然，并非以豪宕见长，亦与杜诗较远。刘熙载言："词品喻诸诗，东坡、稼轩，李、杜也。"③又言："杜诗云：'前辈飞腾入，余波绮丽为。'以词而论，飞腾惟稼轩足当之，绮丽则不可胜举。"④陈廷焯说法最为中肯："感激豪宕，苏辛并峙千古。然忠爱恻怛，苏胜于辛；而淋漓悲壮，顿挫盘郁，则稼轩独步千古矣。"又言："辛稼轩词中之龙，气魄极雄大，意境却极沉郁。"⑤近人言："其集中有沉郁顿挫之作，有缠绵悱恻之作，殆皆有为而发。"⑥又有言曰："辛稼轩词，思力深透，笔势纵横，气魄雄伟，境界恢阔，每下一笔，即有笼盖一切之概。由其书卷多、襟抱广、经验丰得来。"⑦以上诸家之说，或注意到了辛词豪宕中的顿挫，或称为"飞腾""盘郁"；或注意

---

① 吴梅：《词学通论》，孙克强编：《唐宋人词话》，天津：南开大学出版社，2012 年，下册，第 811 页。

② 陈维崧：《词选序》，孙克强编：《唐宋人词话》，天津：南开大学出版社，2012 年，下册，第 780 页。

③ 刘熙载：《艺概•词曲概》，上海：上海古籍出版社，1978 年，第 113 页。

④ 吴则虞：《辛弃疾词选集》，上海：上海古籍出版社，1993 年，第 225 页。

⑤ 陈廷焯：《白雨斋词话》，卷一，唐圭璋编：《词话丛编》，北京：中华书局，2021 年，第 4 册，第 804 页。

⑥ 蔡嵩云：《柯亭词论》，孙克强编：《唐宋人词话》，天津：南开大学出版社，2012 年，下册，第 812 页。

⑦ 祝南：《无庵词说》，孙克强编：《唐宋人词话》，天津：南开大学出版社，2012 年，第 817 页。

"沉郁"。"思力深透""境界恢阔"，刘熙载径直喻之杜甫。总而言之，稼轩词慷慨纵横，本身在很大程度上以顿挫抑扬为主体表现，无论在韵句、结构均有这样显著特点，这就和杜诗很接近了，他的许多名作原本就取法杜诗，至于引用化用杜诗之多，就更不消说了。

### 三、集大成之共性

杜诗的集大成，以元稹为其所作的"墓志铭"、秦观《韩愈论》论述周备，而为人熟知。言辛亦为集大成则为罕闻，实际上是被豪放一词遮住了视野。

若从内容看，题材的开拓，首先是苏轼，而辛词的题材远远超过了苏轼，诸如登高、怀古、咏史、送别、留别、酬赠、怀人、田园、山水、祝寿、庆贺、咏物、题咏、闺怨、节令、题画、游仙、议论、北伐、闲适、俳谐，还有咏姓字词、药名词、集句词、集经句词，除了叙事以外，几乎把诗之题材囊括净尽。不仅东坡不能比拟，即在两宋词中，亦无人出其右。在题材之广泛上可谓集大成者。

若从风格看，辛词为豪放词的集大成者，远法苏东坡，近取张元幹、张孝祥等，尚包括婉约词贺铸等人。在他的周围与身后聚集或涌现了陆游、刘过、韩元吉、陈亮、杨炎正、刘克庄、刘辰翁等。他俨然成了豪放派的宗领，体现了集大成的成就。风格除了豪放，还有婉约、俳谐词，以及对话词与白话词，可以谓风格之集大成者。

诗词往往用典，辛词用典之多最负盛名，甚至有"掉书袋"之讥。"辛稼轩别开天地，横绝古今，《论》、《孟》、《诗小序》、左氏《春秋》、《南华》、《离骚》、《史》、《汉》、《世说》、选学、李、杜诗，拉杂运用，弥见其笔力之峭"[1]。据学人爬梳统计，辛词总用典2016次，凡543首。除了以经史子集外，其中一家或一书用典在10次以上者有：苏轼147次，韩愈75次，《晋书》63次，《诗经》57次，陶诗47次，两《唐书》46次，白居易34次，《南史》27次，《后汉书》26次，《三国志》25次，杜牧、黄庭坚各23次，欧阳修22次，《列子》21次，《战国策》与王安石各15次，刘禹锡与王羲之各13次，孔稚珪与《宋书》各10次。此外，《尚书》、《易经》、《礼记》、《宋书》、《南齐书》、《汉官仪》、《吴越春秋》、《淮南子》、《老子》、司马相如、扬雄、孟郊、柳宗元、元稹、李商隐、王勃、二曹二谢均用9次或以下[2]，还有晋人法帖、绘画著述，山经图志以及唐诗小家、宋诗名家、小家，尚不在计算之内。

杜诗数量是辛词二倍还要多，在辛之前，恐怕用典为数最多，截止到现在尚未见有人统计。仅以早年著名《望岳》而言，就仇注看，用了《尚书·虞书》、《庄子》、孙绰《天山赋

---

[1] 吴衡照：《莲子居词话》，唐圭璋编：《词话丛编》，北京：中华书局，1986年，第3册，2408页。

[2] 熊笃：《论稼轩词的用典》，《社会科学研究》，2005年，第1期。

序》、《老子》、张衡《南都赋》、《春秋公羊传》、曹植《冬猎篇》、沈约诗、扬雄《法言》；还有指出者，有《史记·货殖列传》《孟子·登泰山而小天下》。如果统计下去，那数字将是骇人的。

用典之多少，并不决定作品之高下好坏。如颜延之在元嘉三家中，用典很多，但水平就不一定高过谢灵运与鲍照。然杜诗辛词之高而绝无间言。用典之多，亦无人能出其右。所以起码仅从用典之多看，也可谓集大成。

从数量上看，辛存词 626 首，为两宋词之冠；杜诗 1457 首，仅次于白居易。白居易精心保存己诗，故存多。杜甫"自七岁所缀诗笔，向四十载矣，约千有余篇"（《进雕赋表》），后来绝意仕进，做专业诗人，为数之多，恐怕要超过白氏。因弃官赴陇，又漂泊西南以及湖湘之间，最后客死于一条小船，作品散逸之多，是可想而知的。

一个集大成作家，不仅作品要质量高，数量多，而且风格要多样。如果风格单一，只能称名家而够不上大家，更谈不上集大成者。如从杜诗辛词风格共同性来看，亦是如此。从杜诗集大成来看，秦观《韩愈论》说："杜子美之诗长于豪迈，陶潜、阮籍之诗长于冲澹，谢灵运、鲍照之诗长于峻洁，徐陵、庾信之诗长于藻丽，于是子美穷高妙之格，极豪迈之气，包冲澹之趣，兼峻洁之姿，备藻丽之态，而诸家之作，所不及焉。然不集诸子之长，子美岂不能独至于斯耶？孟子曰：'孔子，圣之时者也。孔子之谓集大成者。'"①其中的豪迈、峻洁、藻丽，亦为稼轩所具备。杜甫的主体风格则为"沉郁顿挫"，无论从风格多样或主体风格，两宋词人，除了辛词外，没有一家接近。如果从关心时局之自始至终，只有稼轩可以当之。

从风格多样看，杜诗之所以被推尊为诗史，重要原因之一就是以叙事诗见长，词中没有一家可以称为词史，因词体不宜于叙事，受到篇制的限制。杜甫叙事诗很大一部分采用了"对话形式"，诸如《兵车行》、《羌村三首》其三、《新婚别》、《赠卫八处士》等，都继承《诗经》与汉乐府的对话形式，至于带有对话性质的那就更多了。用数之多这在唐人之中，唯有杜甫一人。

辛词虽没有专门叙事词，但带有叙事性的对话词却颇为不少，这在两宋词中亦为稼轩所独有。他的《六洲歌头·晨来问疾》说有"三病难医"，这是他与鹤的"对话"；《木兰花慢·可怜今夕月》采用"天问体"，这是他与月的"对话"；《沁园春·将止酒，戒酒杯使勿进》，这是与酒杯关于戒酒的对话；同调（杯汝知乎）又是破戒与友人饮酒又与杯的对话，《哨遍·池上主人》是关于《庄子》义理的对话，《柳梢青·三山归途代白鸥见嘲》又是与鸥的"对话"；《水调歌头·盟鸥》则是与鸥约定的对话；《柳梢青·白鸟相迎》借白鸥自嘲被罢官的对

---

① 秦观：《韩愈论》，仇北鳌：《杜诗详论·诸家论杜》，北京：中华书局，1979 年，第 5 册，第 2318 页。

话；《山鬼谣·问何年》是与怪石的对话；《夜游宫·苦俗客》则是与俗客的对话，《西江月·示儿曹以家事付之》这是与儿子的对话。由上看来，辛词继承杜诗的对话，又发展为想象式的对话，虚拟对话之对象，把杜诗的叙事变为示志言情。不仅如此，有些词直接取法杜诗的对话。《浣溪沙》上片："父老争言雨水匀，眉头不似去年攒。殷勤谢却甑中尘。"这种以叙述表达对话，言说百姓与己之亲切，则与杜诗《遭田父泥饮美严中丞》的内容与表达方式就非常相似。辛之对话词之多，在两宋词中尤为罕见，这和杜诗的创新也是一致的。

杜甫自谏贬房琯而遭到肃宗的疏离，故从曲江诗开始，就在律诗中实验白话的创作。《曲江二首》之一的"且看欲尽花经眼，莫厌伤多酒入唇"的"伤多"，即"过多"的意思，关中至今犹存其义。其二的"酒债寻常行处有，人生七十古来稀"，把句式由初盛唐的密丽一变而疏淡，而且接近白话，与前此所作的七律面貌迥异。特别是放官华州，白话七律成为特意为之诗体。诸如《望岳》《早秋苦热堆案相仍》尤为突出，后者苍蝇、蝎子都进入律诗，这在此前初盛唐的七律中是绝对不会出现的。入川以后，生活安定，白话七律更多，如《有客》《江村》《南邻》《客至》《进艇》《白帝》《又呈吴郎》等，对七律予以彻底地更新，成为白话七律①，这对中唐与宋代的七律影响巨大。

宋词以白话作词不自辛弃疾始，但大量制作则非他莫属。论者统计他的白话词282首多②，因白话词没有确切的外延，所以统计的数字不一定精确，但存在大量的白话词，则是没有问题的。他的白话词主要出现在对日常生活的书写与对郁懑心情的抒发上，其中不乏佳制，这与杜甫追求的白话七律的创作，情形大致一样。用于外交上的主要是对亲近人的祝寿词，其中佳制多是抒怀志之作。颇有趣味的是，以豪迈纵横见称的辛词也用俗语俚词写婉约词，如《南歌子·万万千千恨》为女送男之作，上片言分别，下片言别后："今夜江头树，船儿系那边？知他热后甚时眠？万万不成眠后，有谁扇？"以三问提出心头上的三个挂念，层层进深，写得一往情深。如果说白话词是从李后主、李清照、黄庭坚等人词发展而来，那么以下则为辛词的发展，诸如《浣溪沙·侬是欹奇可笑人》《鹊桥仙·送粉卿》《南乡子·好个主人家》《恋绣衾·长夜偏冷添被儿》等。闲适词也用白话来写，如《临江仙·六十三年无限事》为生日抒怀的自寿词。在他的白话词里还有两类很出色，一是田园词，他在东坡田园词的基础上，观察更为敏锐细致，而表现更为丰富多样、生动活泼。《西江月·夜行黄沙道中》以听觉，视觉包括感觉叙写夏夜农村夜行，突破了东坡的农村题材；《清平乐·村居》以一家老小为线索，展开了一个别致的"全家乐"。《鹧鸪天·陌上柔桑初破芽》展现了农村春景图，从室内到室

---

① 魏耕原：《杜甫白话七律的变革与发展》，《安徽大学学报》，2016年，第2期。

② 房日晰：《辛弃疾的白话词》，《宋词比较论》，合肥：安徽大学出版社，2010年，第278页。

外，从平冈到远山，从远山到近处酒家，无处不洋溢静谧的春天气息。发端的"陌上柔桑初破芽，东邻蚕种已生些"，把节候与江南农事说得那么确切，见出其对农桑的尤为关心。尤其是末尾"城中桃李"与"溪头荠菜花"的，用意双关而心想时局，更是对田园词的突破。《玉楼春·三三两两谁家女》既是对农女的速写，又是他自己生活期间的记录。《鹧鸪天·戏题村舍》描写鸡鸭、桑麻、新柳、溪边，以及婚嫁风俗，并言"吾方羡"的情怀。同调（春日平原荠菜花），不仅展示"新耕雨后落群鸦"特有别致的景象，可闻到泥土的气息，而且摄取了"青裙谁家女，去趁蚕生看外家"的特别风俗，村女的倩影亦如在眼前，几乎以个中人的眼光与语气来描写，这也是苏词所没有的。

更有一类为抒怀言志之作，用纯白话写来，很特殊。辛词此类大多是慷慨悲凉的豪放词，他却用白话来写，而且颇耐人寻味。《丑奴儿·书博山道中作》以少年与而今对比写愁，却欲吐还吞，结片"欲说还休，却道天凉好个秋"，似有许多很重要的话要说，然用"打哈哈"来斡旋，借天凉说些不相关的话，虽然没说出什么，但什么都说出来。用日常语焕发出顿挫的魅力，是前所未有的精品。《西江月·遣兴》（醉里且贪欢笑）亦写愁，实是上词的姊妹篇。全出之逆笔，从反面见意。上片写愁因，下片以醉写愁态："昨夜松边醉倒，问松我醉何如。只疑松动要来扶，以手推松曰'去'。"前人谓："稼轩词虽入粗豪，尚饶气骨。其不堪者"[1]，即指此而言。此类词确实"刺眼"，很不像"词"，但从中可见出英雄失意的"不堪"忍受的情怀，且不说用史书语如从己出，单就写醉看、醉态、醉眼、醉神、醉语、醉人的心理淋漓纸上。像这样的醉词，真是"有英雄语，无学问语"。只有武松醉打蒋门神可以一比，而婉丽妍媚的婉约词与之真不可同日而语。如果与杜甫"束带发狂欲大叫，簿书何急来相仍"（《早秋苦热堆案相仍》）、"新松恨不高千尺，恶竹应须斩万竿"（《将赴成都草堂》其四），以粗硬的话语入讲究装饰的七律，辛词的神气与之又何等相似！

杜、辛在性格上绝不相似，但在幽默上却极为相近。在艰难困苦的丧乱中，杜诗以"灰色幽然"作为抗拒不幸的武器，是含着眼泪的微笑，硬是从贫穷饥饿以坚毅的人格扭转为轻松的幽默；稼轩生活丰裕，而是在平静的生活中，发现可资一粲的幽默，发之于词。在给人祝寿时，说些吉庆逗乐子的好言语，或是借吩咐儿子管理家事："早趁催科了纳，更量出入收支。乃翁依旧管些儿，管竹管山管水。"诙谐中却蕴藏许多愤懑。志切北伐的人却罢官退居，投闲置散，或者把山水的描写也出之诙谐的语调，如《玉楼看·戏赋云山》："何人半夜推山去，四面浮云猜是汝。常时相对两三峰，走遍溪头无觅处。　西风瞥起云横渡，忽见东南天一柱。老僧拍手笑相夸，且喜青山依旧住。"从山被云遮住荡漾出机智的幽默，可使人会心一

---

[1] 贺裳：《皱水轩词荃》，孙克强编：《唐宋人词话》，天津：南开大学出版社，2012年，下册，第780页。

笑。有时把白话、对话和谐交织一起，可以看出对自然的热爱，却以幽默语发出，如《鹊仙桥•赠鹭鸶》："溪边白鹭，来吾告汝。溪里鱼儿堪数，主人怜汝汝怜鱼，要物我欣然一处。

白沙远浦，青泥别渚，剩有虾跳鳅舞。听君飞去饱时来，看头上，风吹一缕。"此词或许受到杜甫思考鸡虫得失的《缚鸡行》的启发。幽默在他手中又可作为讽刺的工具，如《夜游宫•苦俗客》等。《玉楼春》上片："青山不会乘云去，怕有愚公惊着汝。人间踏地出租钱，借使移将无著处。"借云遮山不见，顺手讽刺赋税之多。总之，俳谐词在稼轩词中为一大宗，涉及面较广。这在东坡词中较少，辛词也是受到杜诗的启发，而发展涉及方面更多。

杜甫以文为诗，稼轩以文为词，借助散文虚词、松散的句式，以发议论，各自取得引人注目的成绩。辛词继承杜诗更为明显，前人称他的词为"词论"，在这方面除了杜甫对他影响以外，还有韩愈。因而论者也往往把辛词与韩愈合观比较。

综上所论，辛词与杜诗息息相通。无论在关怀国家统一的大题材上，还是在主体风格的接近上，或是在风格的多样上，辛词取法杜诗远远大于其他诗人或其他词家。至于化用、直用杜诗成句，或暗用、反用杜诗语词，数量之多，可能不亚于取法苏轼。这在内容的比较上，就无暇顾及了。

# 论吴敬梓之词

房日晰

【摘要】吴敬梓词能够直面现实，自述身世，写出自己由豪富走向困顿凄凉的生活境况，感情强烈，情绪激荡，自觉不自觉地流露出某些叛逆色彩，对由科举考试追求功名富贵到渐次否定，影影绰绰地表现出自己独立的人格与独特的个性。同时，他的词中有许多新的艺术特质，在叙事中增添了许多小说的质素，这是极有生气的艺术创新。

【关键词】吴敬梓；《文木山房集》；叛逆色彩

【作者简介】房日晰，西北大学文学院教授，著有《宋词研究》等（西安 710075）

吴敬梓是以讽刺小说《儒林外史》名世并享誉世界的。其实，他早年写诗填词，在传统文学创作中，也取得了很高的艺术成就。其词或"以诗为词"或"以文为词"，直面现实，自述身世，写出自己由豪富走向困顿凄凉的生活境况，感情强烈，情绪激荡，自觉不自觉地流露出某些叛逆色彩；对由科举追求功名富贵到渐次否定，探寻当时下层知识分子的新道路，影影绰绰地表现出自己独立的人格与独特的个性。

传世的四卷本《文木山房集》，存词一卷，计四十七首，是他三十九岁以前所作。他从四十岁到五十岁，转入经学研究与小说创作，完成了《诗说》若干卷与《儒林外史》五十卷①。其间，学界多年来虽发现其部分佚作而无词。《儒林外史》以《蝶恋花》一阕开头，概括小说内容；以《沁园春》一阕殿尾，回顾一生，并将改弦更张，另觅新路。这两首词虽为小说的有机部分，但却概括了他的生活经历，纳入其词的创作也无不当。故论吴敬梓词，应以以上所言四十九首为准。

一

吴敬梓词，是其自叙传之重要片段，写他个人的不凡经历。他由参加科举考试、博学鸿

---

① 程晋芳：《文木先生传》，李汉秋、项东昇：《吴敬梓集系年校注》，北京：中华书局，2011 年，第 566 页。按《诗说》或称七卷，今存 143 条；《儒林外史》通行本为 56 回。

词科考试，到看透科举考试走向功名富贵的舆论宣传是彻头彻尾的骗人把戏这一历程，写出了他前半生的真实遭际，是一部颇为完整的心灵史。而他又是科举制度受害者逐渐觉醒的一代知识分子的代表。因此写他经历的词，就具有典型的社会意义。

纵观中国词史，其风格无非是婉约与豪放的变奏，其内容不外乎"美人与醇酒：享乐之风的记录""伤时与节序：生命永恒的呼唤""爱国与隐逸：士大夫情怀的写照"①。准此，其思想内容不是很丰厚。吴敬梓词，放开手脚，写出半生家境走向没落的真实情景，将其半生极为坎坷的经历化为激切的情绪与感情，且发挥得淋漓尽致。笔饱墨酣，力透纸背。

"家声科第从来美"的吴敬梓，在而立之年，功名未就，事业无成，且流寓他方，生活上几近乞讨。除夕之夜，饥寒交迫，能不百感交集？诗人激切的情绪，一时竟如山涛海啸般汹涌而出，于是奋笔直书，文不加点，一气写了八首《减字木兰花·庚戌除夕客中》，倾吐其十余年来不幸遭遇的压抑之情，是最为典型的感情激荡之作。

> 今年除夕，风雪漫天人作客。三十年来，那得双眉时暂开。　不婚不宦，嗜欲
> 人生应减半。鲍子知余，满酌屠苏醉拥炉。②

除夕之夜，风雪漫天。诗人孤身异乡，何等恓惶。岂止今夕如此，三十年来，遭遇不幸，接二连三：十三岁丧母，二十三岁丧父，父母双亡，饱经忧患；二十九岁丧妻，尤为不幸。其间又惨遭家族夺产，科考屡次失利。既未能及时续娶求得家庭温馨，又未能谋得一官半职，身荣富贵。而在而立之年，事业无成并如此倒楣。回想当年的富贵尊荣，以及充满理想的追求，能不情绪激动失悔捶胸？此时此刻，他既有奋进中的绝望，又有追求中的失落，百感交集，喷涌而出。而其披肝沥胆之呼号，痛快淋漓。

接着则分别写出自己的种种不幸遭遇，极尽淋漓挥洒之能事。

> 昔年游冶，淮水钟山朝复夜。金尽床头，壮士逢人面带羞。　王家昙首，伎识
> 歌声春载酒。白板桥西，赢得才名曲部知。
> 田庐卖尽，乡里传为子弟戒。年少何人，肥马轻裘笑我贫。　买山而隐，魂梦
> 不随溪谷稳。又到江南，客况穷愁两不堪。

---

① 王水照主编：《宋代文学通论》，开封：河南大学出版社，1997年，第407、414、421页。
② 李汉秋、项东昇：《吴敬梓集系年校注》，北京：中华书局，2011年，第308页。本文引吴敬梓词，均见此书，不再出注。

学书学剑，懊恨古人吾不见。株守残编，落魄诸生十二年。 狂来自笑，摸索
曹刘谁信道。唱尽《阳春》，勾引今宵雪满门。

他年少时独担门户，种种矛盾丛集一身，不能摆脱困境，遂产生叛逆情绪，以封建浪子
的面目出现。于是他对族人和士绅社会的愤激与抗争，变为纵情悖礼、放浪不羁，不时到南
京秦淮河畔狎妓酣饮，制曲作乐。"老伶小蛮共卧起"[1]、"左骐史妠恣荒耽"[2]，在一段荒唐的
游冶生活中，家资败落。又"素不习治生，性复豪上，遇贫即施"[3]，以及科考每每失利，事
业无成。他的叛逆、他的豪侠、他的科考失利丛集一身，十分窘迫。前途失落之感，断臂绝
脰之痛，使其感情激荡，情绪激切，一股脑儿地喷薄而出。呼天抢地，悲痛欲绝。

哀哀吾父，九载乘箕天上去，弓冶箕裘，手捧遗经血泪流。 劬劳慈母，野屋
荒棺抛露久。未卜牛眠，何日泷冈共一阡。
闺中人逝，取冷中庭伤往事。买得厨娘，消尽衣边苟令香。 愁来览镜，憔悴
二毛生两鬓。欲觅良缘，谁唤江郎一觉眠。
文澜学海。落笔千言徒洒洒。家世科名。康了惟闻觚觯声。郎君乞相。新例入
赀须少壮。西北长安，欲往从之行路难。

父母早卒，至今还未安葬；妻子去世，未能及时续弦；科场不得志，仕途艰难。这人生
的种种不幸，集于一身，何等辛酸。古语云："人不婚宦，情欲失半。"[4]他处于不婚不宦的困
境，生趣何在？还有什么活头？他将自己诸多苦难的境况，直白地写出，真是欲哭无泪。越
是直白无隐地书写，越是辛酸。真是血泪喷洒的文字，令人不忍卒读。

奴逃仆散。孤影尚存渴睡汉。明日明年，踪迹浮萍剧可怜。秦淮十里。欲买数
椽常寄此。风雪喧阗。何日笙歌画舫开。

---

① 金两铭：《和作》，李汉秋、项东昇：《吴敬梓集系年校注》，北京：中华书局，2011 年，第 330 页。

② 吴敬梓：《为敏轩三十初度作》，李汉秋、项东昇：《吴敬梓集系年校注》，北京：中华书局，2011 年，
第 318 页。

③ 程晋芳：《文木先生传》，李汉秋、项东昇：《吴敬梓集系年校注》，北京：中华书局，2011 年，第 565
页。

④ 《列子·杨朱篇》，严北溟、严捷：《列子译注》，上海：上海古籍出版社，1986 年，第 187 页。

他仍念念不忘进士及第。"渴睡汉"之用典颇妙，既写了今日受到的冷遇，又隐含着未来科场的高发。《六一诗话》云：吕蒙正未第时，胡大监旦遇之甚薄。"客有誉吕曰：'吕君工于诗，宜少加礼。'胡问诗之警句，客举一篇，其卒章云：'挑尽寒灯梦不成。'胡笑曰：'乃是一渴睡汉耳。'吕闻之，甚恨而去。明年，首中甲科，使人寄声语胡曰：'渴睡汉状元及第矣。'"①然而词的"末句还是做'歌笙画舫'的梦"。②看起来词人并无多大决心改变现状，只是梦想好事自然来到，真是阿Q式的自我安慰罢了。虽然情绪稍微和缓，然横在词人面前的仍是世路艰难，滚滚而来的困境无论如何回避，仍要面对，奈何！奈何！

以上八首词，"他对三十年来尤其是近三年来的生活进行了一次深刻的反思和总结，或言家世，或慨功名，或悼亡妻，或悔游冶，或悲父母之未葬，或耻居乡之见辱，或感世路之艰难，或欲买山而高蹈"。③真是血泪文字，一气呵成，文不加点，写出他当时悲愤交织、情绪激愤的真面目。

自从父亲去世，十多年来，他真是交了华盖运。"运交华盖欲何求，未敢翻身已碰头。"④鲁迅先生在《自嘲》中的这两句诗，放在吴敬梓身上，也是颇为合适的。这"运"是时运，是命运，是为特殊的社会发展阶段所定了的。因此，任你有齐天大圣孙悟空的本领，也翻不出如来佛的掌心。"有谁从小康人家而坠入困顿的么，我以为在这途路中，大概可以看见世人的真面目。"⑤在科举制度渐次走向没落以及由此进入功名富贵的路子渐次进入绝境之际，作为出生于科举世家，企图通过科举考试获得功名富贵而被碰得头破血流的吴敬梓，以此背叛科举道路、否定科举制度，其思想大大地向前跨越了一步。在这过程中，既有社会的原因，也有个人独特的经历，遂使他一步步地跨入人生不幸的深渊。这人生的不幸，驱使他迷途觉醒，对科举制度的弊端与欺骗性有所觉察和认识，遂酝酿着他的讽刺小说《儒林外史》的产生，以及对科举制度的彻底否定，完成了思想发展的伟大历程。其词则用史笔写出了他欲哭无泪、悔恨交加的深沉追悔，其痛心疾首、血泪交流的文字写得直白、概括、准确、凝练。因其在当时士人中由富贵走向贫困破落，促使他思想提升，对封建社会有所批判。这在当时社会具有普遍性，其词即具有某种典型意义。在写作时，他用了写小说的叙述笔法，叙述抒情类似于白描，行文不加修饰，却对所写事作了充分的展示：似有头尾照应的情节，也有生动的细节。虽则一泻无余，似欠必要的内敛与含蓄，而仍能做到形象鲜明，感情真切。

他定居南京以后，与下层士人广泛交游，走着颇为艰辛的诗词创作道路，时有反映其生

---

① 何文焕：《历代诗话》，北京：中华书局，1981年，第268页。

② 胡适：《吴敬梓年谱》，《胡适古典文学研究论集》，上海：上海古籍出版社，1986年，第1081页。

③ 李汉秋、项东昇：《吴敬梓集系年校注》，北京：中华书局，2011年，第311页。

④ 鲁迅：《集外集·自嘲》，《鲁迅全集》第七卷，北京：人民文学出版社，1973年，第510页。

⑤ 鲁迅：《呐喊·自序》，《呐喊》，北京：人民文学出版社，1973年，第1页。

活创作道路的词作问世。

> 岂合在，他乡住？岂合被，虚名误？盼故山榛莽，先人邱墓。已负耦耕邻父约，漫思弹铗侯门遇。再休言、得意荐相如，凌云赋。
>
> 《满江红·雀化虹藏》

> 令节穷愁里。念先人，生儿不孝，他乡留滞。风雪打窗寒彻骨，冰结秦淮之水。……三十诸生成底用？赚虚名、浪说攻经史。捧卮酒，泪痕渍。家声科第从来美。叹颠狂、齐竽难合，胡琴空碎。数亩田园生计好，又把膏腴轻弃。应愧煞、谷贻孙子。
>
> 《乳燕飞·甲寅除夕》

> 行年三十九，悬弧日，酌酒泪同倾。叹故国几年，草荒先垄，寄居百里，烟暗台城。空消受，微歌招画舫，赌酒醉旗亭。壮不如人，难求富贵，老之将至，羞梦公卿。行吟憔悴久，灵氛告：须历吉日将行。拟向洞庭北渚，湘沅南征。见重华协帝，陈词敷衽，有娀佚女，弭节杨灵。恩不甚兮轻绝，休说功名。
>
> 《风流子·生日作》

《满江红·雀化虹藏》《乳燕飞·甲寅除夕》《风流子·生日作》以及《琐窗寒·忆山居》等，写了他作为科举世家子弟，功名未遂，离乡背井，生活困顿，由追求功名到放弃追求而另觅新路的叛逆过程。比起传统的词来，少了一些浓厚的抒情，多了一些生动的叙事，少了几分蕴藉柔美，而多了几分愤激与感慨。词人在完整的首尾叙事中，饱含着激情，由此深切地表现了因家世巨变而引起思想感情巨变的历程。

在与下层士人的密切交往中，他对获得功名富贵的前途也不无希冀，然而这希冀大半是空幻而已。生活之困顿与颠沛流离，将其逼到改变人生道路的十字路口。"恩不甚兮轻绝，休说功名。"功名富贵已成虚幻，出路何在？在其心中却显得十分渺茫。他在概括《儒林外史》思想内容的《蝶恋花》中，写出了当时极其矛盾的心情：

> 人生南北多歧路。将相神仙，也要凡人做。百代兴亡朝复暮，江风吹倒前朝树。 功名富贵无凭据。费尽心情，总把流光误。浊酒三杯沉醉去，水流花谢知何处。[1]

---

[1] 吴敬梓：《儒林外史》，北京：人民文学出版社，1977年，第1页。

这是他对四十岁以前生活道路的总结，饱含着他的人生经验与生命体悟。上阕是对人生歧路、时世不断发生变化之浩然慨叹：人生难以自主、命运无法自我主宰，却竟如一叶小舟在水中逐浪飘浮；下阕是说人一生追求的功名富贵，是根本靠不住的，为了追求功名富贵而费尽心机，到头来却一事无成，只是白白地浪费时间精力罢了。总之，在这首词中，他彻底否定了通过科举考试走向功名富贵的道路。

经过十余年的生活磨炼与小说创作，他写下了震撼人心的《沁园春》词：

> 记得当时，我爱秦淮，偶离故乡。向梅根冶后，几番啸傲；杏花村里，几度徜徉。凤止高梧，虫吟小榭，也共时人较短长。今已矣！把衣冠蝉蜕，濯足沧浪。无聊且酌霞觞，唤几个新知醉一场。共百年易过，底须愁闷？千秋事大，也费商量。江左烟霞，淮南耆旧，写入残编总断肠。从今后，伴药炉经卷，自礼空王。[①]

在词的结尾他声言："从今后，伴药炉经卷，自礼空王"，他真的要弃儒佞佛么？这倒难说，我们不必轻信，不要被他巧妙掷出的烟雾弹所迷惑。但他对当时奉行的科举制度以及由此走上功名富贵之路倒是深深地怀疑。他继续研究"经学"，或想找到社会发展的真谛，走出目前的困境。总之，他对科举制度由深信不疑而开始认真反思，已是很大的进步，是很了不起的思想成就。至于社会如何向前发展的探索寻觅，这已不是吴敬梓所能承担的责任了。

他由"烈火烹油鲜花着锦之盛"的家庭，走向近乎乞食的生活，本欲以"经国之大业"的鸿文拯世，却不料走上"竟以稗说传"[②]的卑俗暗淡。巨大的社会生活容量，典型的人生道路，使其词闪耀着进步的光华。其自叙传里片段的词，构成鲜明的自我形象，并成为我国十八世纪下层士人的缩影。

## 二

吴敬梓移家南京后，和下层文人频频交游：或小型聚会，各言其志；或相互拜访，倾诉衷肠。他的朋友，有的在科场败北，思欲隐退；有的虽然科场蹭蹬，却还焚膏继晷，仍欲通过科举考试，展其鸿鹄之志。在此期间，吴敬梓对科举制度的弊病，多有反思，并写了许多词，反映了当时下层文人的思想感情与生活面貌，塑造了生动鲜明的艺术形象。这些形象，

---

① 吴敬梓：《儒林外史》，北京：人民文学出版社，1977年，第638页。

② 程晋芳：《怀人诗》，朱一玄、刘毓忱：《儒林外史资料汇编》，天津：南开大学出版社，2003年，第129页。

与其自叙传片段的自我形象，补充映衬，形成当时下层士人的思想体系，全面完整地表现了当时下层士人的感情生活。

他在南京与当时游移于参加科举考试与隐退之间的下层士人朱草衣、王溯山、李啸村频频交游，对其有深透的了解，遂写了他们颇为坎坷的生活经历，表现了当时下层文人的社会处境与心态，在交游酬唱中，写其鹏程万里之志与实际很不得志的忧愁，同情他们的遭遇，写出了他们由奔走科场失败、走向叛逆，从而放弃对功名富贵的追求的历程，描绘了他们卓荦不凡的性格，展示了他们不同的悲剧命运。

> 川后停波，屏翳送寒，摇荡澄江青雾。桥外数椽，藓蚀苔殷，映带柳塘花坞。……怊怅孤客凄清，听瑟瑟萧萧，夜窗声苦，梁市阮厨，烛掩香销，知他故人何处？
>
> 《燕山亭·芜湖雨夜过朱草衣旧宅》

雨夜访人不遇，在微寒薄雾中盘桓故人旧宅，只见"桥外数椽，藓蚀苔殷，映带柳塘花坞。"破旧的住宅，长满了苔藓，加上"瑟瑟萧萧，夜窗声苦"，何等凄凉。这样的旧宅还能安居么？为着生存而奔走，故人究在何处呢？对为着生活而奔波的故人，流露出无限的同情与关注。

> 山围故国，正桃源红绽。恰向幽人画图看。美双仙、一种游戏情怀，多少事，付与空江断岸。被纨袴美酒，琴韵箫声，眉宇何须露精悍。燕子语呢喃、抱瓮而归，乌衣巷、夕阳零乱。
>
> 《洞仙歌·题朱草衣〈白门偕隐图〉》

这是对友人朱草衣《白门偕隐图》的题画词。通过对这幅偕隐图的精心描绘，充分表现了他对友人生活的欣羡之情。诗人在热情赞美友人这种生活的时候，透露出自己的生活趋向与处世态度，表明他对当时社会制度的不满，而朱草衣不求闻达，一种高隐者的鲜明形象跃然纸上。

> 织屩堂中客。困风尘、如流岁序，行年五十。南越北燕游倦矣，白下凿坏为室。似巢父、一枝栖息。昨夜桐风惊短梦，把园林万绿都萧瑟。秋士感，壮心迫。荀卿

正遇游齐日。叹胸中、著书千卷,沉埋弃掷。尚有及时一杯酒,身后之名何益? 张季鹰、斯言堪述。天意也怜吾辈在,且休忧、尘世无相识。长寿考,比金石。

《金缕曲·七月初五朱草衣五十初度》

友人朱草衣虽则握瑾怀瑜,胸怀匡济之志,"秋事感,壮心迫",奔走"南越北燕",终是壮志难酬。只落得"胸中著书千卷,沉埋虚掷"。匡济社稷,辅佐君王,名留千古的功业追求,这是封建社会士人臣子的一种高尚的情操。宋代爱国词人辛弃疾虽有抗金之志,却在鹅湖闲居。请缨无路,报国无门。他在词中高呼"了却君王天下事,赢得生前身后名"。[①] 这正是古代士人的理想,男儿大丈夫的本色。诗情至此,已达高峰,却陡然一转,"可怜白发生",一下陷入低谷,遂使高昂的激情转为无穷的悲痛,英雄老去,徒唤奈何。梁启超云:"无限感慨,哀同甫,亦自哀也。"[②] 吴敬梓笔下的朱草衣虽以张季鹰之旷达自负,又不免浩叹:"身后之名何益!"对建功立业之志,产生怀疑。在极端矛盾中,逐渐走向反叛科举的道路,表现了朱草衣在科举道路上渐次觉醒。

以上这些词,反映了朱草衣等下层知识分子真实的生活境况,由此可以看出这些人的社会地位、个人本质与感情走向等,有着极高的认识价值。他们虽非社会中坚,但却有知识、有学问,主观上想干一番事业。其间虽不无光宗耀祖之想,留名后世之欲,然却极欲对社会作出力所能及之贡献,实现人生真正的社会价值。他们虽有着强烈的颇为高尚的人生追求,但不能掌握自己的命运。或科场失利,仕途无望,或时乖运蹇,难以脱颖而出,在生活道路上,作着种种挣扎。身体力行的只能是人生处世之艰难,生活之困苦悲辛。吴敬梓的思想,是和他的朋友们相近甚至相同的,他在《满江红·冶山卞忠贞公庙》中高唱:"子孝臣忠,垂竹帛、功名如许。想当日、直言正色,褰裳卫主。北府军兵遗恨在,南朝君相清谈误。便全家、碧血染雕戈,青溪路。 国运改,荒坟墓;王者作,新祠宇。看衣冠剑佩,精灵呵护。独叹谢鲲称放达,堪羞王导虚名誉。怅千秋,洒泪冶城边,听春雨。"这首凭吊卞壶之作,其感情走向是清晰无误的,他从正统的儒家"子孝臣忠的理念出发,通过赞扬卞壶反映自己为建功名、垂竹帛,不惜杀身成仁、舍生取义的理念和抱负"。[③] 同时表现了这种抱负无法实现的悲哀和无奈。推而广之,这是他移家南京后的情绪,是他当时主要的理想与追求,也是他的朋友们朱草衣等人的理念与追求。此词表现的情思和理念,可以看作是这群生活在南京的下层文人的共同信念。

---

① 辛弃疾:《稼轩长短句》,上海:上海人民出版社,1975 年,第 97 页。

② 梁令娴:《艺蘅馆词选》,广州:广东人民出版社,1981 年,第 97 页。

③ 李汉秋、项东昇:《吴敬梓集系年校注》,北京:中华书局,2011 年,第 302 页。

《念奴娇·枕》，显然是一首地道的闺情词，然"在叙写闺情中带有功名富贵如梦幻的意绪"。[①]这都真切地表明：在科举道路上渐次觉醒，已成了他们共同的主导意识。

进与退、仕与隐，这种矛盾心绪，吴敬梓在与朋友交游中，多有表现。他赞扬朋友"暗然欲别魂消，怅去住难凭仗彩毫。怕鱼笺三万，仅能涂抹。龙宾十二，只解诙嘲"，"叹伴狂李白、思原无敌。工愁吴质，益用增劳"（《沁园春·送别李啸村》）。文采才华，根本不能决定命运，既须如此，个人以文才追求功名富贵，则是完全徒劳的。其潜台词是，那又何必花费气力追求呢？罢此空想，另觅新路，才是正着。"雁膳堆盘，龙脩满径，尽堪留客舟旋。才通画刺，便教投辖为欢。不用玉船琼斝，清谈挥麈最相关。"（《庆清朝·李啸村留饮园亭》）"应劳髯叟将余盼，几月游踪似天远。遥忆瑟居情兴懒。"（《清玉案·途次怀王溯山》）如此等等，写出了李啸村、王溯山的退隐情怀，表现了他们淡薄功名的强烈意绪。在《虞美人·贵池客舍晤管绍姬、周怀臣、汪荆门、姚川怀》表示"端阳节近旅族牵，孤负秦淮箫鼓拥灯船"。在《千秋岁·四月初一日，金其旋表兄五十初度寄祝》中说："伯玉知非后，翁子穷经久。人渐老，愁依旧。弹琴看鬓影，泼墨盈怀袖。须念我，一春寂寞青溪口。"《琐窗寒·忆山居》云："几多时，北叟南邻，定盼余归也。"在这些词里都流露出强烈地退隐情绪。这实际是表现出他们在科场的无望与失落。在清代，汉族下层知识分子的出仕，几乎全赖科举成名。而当他们孜孜以求在科场仍不得志时，除了隐退又有什么办法呢？所谓隐退，是不能高攀而非与统治者离心离德，这种看似高尚的情思，说穿了，就是不能攀龙附凤混迹官场，只能老老实实地做一生庶民百姓罢了。把耕田务农，过一般普通的农耕生活，当作隐居田园，不孜孜于功名富贵，这实际是读书人不得已的遮羞布，是其无奈之举。他们看似旷达了，高高兴兴地隐退了，其实在他们心底蕴藏了无限的失望与辛酸，似自恃品格高尚，实则无限悲凉。如果他们不甘隐退，那就要另觅新路，于是就渐次觉醒了。

## 三

吴敬梓之词，有着极有生气的艺术创新，并有许多新的艺术特质：在叙事上，增添了许多小说的质素，形象生动鲜明。

说到吴敬梓的词，给他词集写序的沈宗淳称："悦心研虑，久称词林之宗；逸致闲情，复有诗余之癖。"[②]另一个给他词集写序的黄河则称："至辞学婉而多讽，亦庶几白石、玉田之

---

[①] 李汉秋、项东昇：《吴敬梓集系年校注》，北京：中华书局，2011 年，第 305 页。

[②] 沈宗淳：《文木山房集词序》，朱一玄、刘毓忱：《儒林外史资料汇编》，天津：南开大学出版社，2003 年，第 138 页。

流亚。"① 沈、黄二人对吴敬梓词的评骘，难免庸人乱捧的气息，黄河之语更为离谱。姜夔、张炎是宋代婉约词创作的标志，被清代以朱彝尊为首的浙西派词人视为学习之典范。黄河说他庶几是姜、张之"流亚"，实在是高抬他了。这种未量脑壳而赠的高帽子，戴到吴敬梓头上，很不合适，也未得到词史家的认可。吴敬梓的词不但在中国现行的诸多文学史上，未有丝毫的反映，就是在吴敬梓的几部评传中，也未涉及。吴敬梓生活的时代，还是浙西派词人的一统天下，"家白石而户玉田"的词作潮流并未完全衰歇，黄河把他推到这个潮流中去，实在是拉大旗作虎皮罢了，而他在这个创作潮流中，似未能入流。虽然他的词集中，也有几首词，似学姜、张的，如《惜红衣•紫茉莉用白石词韵》《解语花•雨后荷花》等，这只是偶一为之，不是吴词创作的主流。所谓"词林之宗""庶几白石、玉田之流亚"的酷评是靠不住的。沈宗淳、黄河都是吴敬梓的密友，但却并非其词的知音，这是我们可以断定的。

　　"知音其难哉！"② 谈到作者的小说《儒林外史》时，鲁迅先生曾很有感慨地说："伟大也要有人懂。"③ 对于《儒林外史》，鲁迅曾给予很高的评价。胡适先生在晚年也说："我向来感觉，《红楼梦》比不上《儒林外史》。"④ 但"红学"早已成为显学，而对《儒林外史》的研究，虽有几个学者穷毕生之力，对其认识多有推进与突破，然应者寥寥，远未形成以研究《儒林外史》为核心的"儒林外史学"。中国《儒林外史》学会，活动也不很活跃。鲁迅先生"伟大也要有人懂"的名言，很值得我们深思。同样，吴敬梓的词也长期受到学界的冷落，也似未被人真正读懂，以致在清词史上还没有地位。

　　吴敬梓把下层知识分子，置于当时社会的巨变中，置于科举制的渐次衰落中加以叙述化的抒写：他们由对科举考试的热烈追求、积极参与到对科举考试萌生怀疑与失望，处在科举考试屡遭碰壁之余急于另找生活出路的十字路口，或彷徨，或隐退，或有新的追求与探索。有时也想另找出路，或对经学深入研究，探究底蕴；或写小说，描摹世情。其词的这种抒写，是对传统题材与主题的突破，从而写出下层知识分子在面临科举考试巨变中的思想与感情，使词有了更深厚的思想内容，其词成为当时下层知识分子思想发展变化的文学载体。

　　吴敬梓之词，在《文木山房集》中，基本上是按写作时间的先后依次排列的，《儒林外史》中的两首词，当排其后。他写的有闺情词、游冶词、酬应词、咏怀词、咏物词等，表现

① 黄河：《文木山房集序》，朱一玄、刘毓忱：《儒林外史资料汇编》，天津：南开大学出版社，2003年，第137页。

② 刘勰：《文心雕龙•知音》，周振甫：《文心雕龙注释》，北京：人民文学出版社，1981年，第517页。

③ 鲁迅：《叶紫作"丰收"序》，《鲁迅全集》第六卷，北京：人民文学出版社，1973年，第225页。

④ 李汉秋、项东昇：《吴敬梓集系年校注》，北京：中华书局，2011年，第5页。

出他写词时的思想起伏变化，时而思隐，时而欲参加科举考试。既有对功名富贵的执着追求，又有对功名追求失败后的断然放弃。思想游移不定，情绪反反复复，他在生活道路上经常犹豫，举棋不定，表现出以吴敬梓为代表的下层知识分子的生活历程与精神面貌。譬如他参加了博学鸿词科的地方考试，取得了继续考试的资格却在入京考试时借故放弃。这期间，有留恋，有希冀，有侥幸获取功名的殷切期望，也有经过认真反思后对此次考试的最终放弃。我们将这些有叙事、有描写也有抒情的词，略加连缀、整理，就能清晰地看到他当时思想变化的轨迹。特别是《减字木兰花•庚戌除夕客中》八首，写他不得志的遭遇境况：家族的夺产、个人的叛逆、种种不幸的遭际，尤为真切。其词既有简短的情节，也有生动的细节；既有感情跳跃的追述，也有细腻缠绵的精心描写。在类似情节的展示中，往往冒出光焰璀璨的思想火花。如将其稍加点染，不就是以自我为中心的小说片段么？在这个意义上，吴敬梓词是"以小说为词"的萌芽，是继"以诗为词""以文为词"后的第三个里程碑，在词的艺术表现上，是一个相当大的突破与创新。在词的发展史上，"以诗为词"与"以文为词"，词论家尽管对其有种种非议，然其毕竟站稳了脚跟，有人继承和发展。而"以小说为词"的萌芽表现则夭折了。虽然梁启超、秋瑾以至今日的一些革命家，身丁世变，多有豪情悲慨之作，述及身世表现崇高理想之词，可以看到一些"以小说为词"的影响或影子，终未能形成浩浩巨流。故无人正本溯源，探索吴敬梓词的历史地位。

小说是叙事性作品，词是抒情性作品。吴敬梓词，却有很强的叙事性，如细加推衍，就可能成为小说的雏形。譬如，在他词中出现的友人，在其小说《儒林外史》中多有对应的描写，就是证明。如朱草衣之与牛布衣、来霞士之与王崑霞、李啸村之与季苇萧、韦四老爷之与李乃吾，注家对此多有勾勒或点评[1]，如此等等，都显现着词的小说化痕迹。至于词人自己的形象，则在杜少卿身上多有表现。例如，《解语花•雨后荷花》，在《儒林外史》中写王冕观赏雨后荷花时，也有类似的审美观察，都可见其词似小说的一面。总之，其词异常真实地反映了在科举制度下，有才能有抱负的下层知识分子在受到压抑后，不甘屈服逐渐走向反抗与叛逆的道路，写出了他们渐次觉醒的典型形象，而在抒写上的自然与激愤都值得称道。在某些词中的自我形象，在其小说《儒林外史》中有着升华和展示。譬如以词人吴敬梓作为模特的杜少卿，比吴敬梓在词中展示的自我形象，更为集中、完美和高大。

吴敬梓处在清代浙西词派渐次衰落而常州词派尚未兴起的时候，其词的创作基本没有受到流派的影响。他有时也用传统的手法写词，重视意格、意境的锤炼，因此写了许多咏物词，卓然不群，不同凡响。题画扇的《虞美人草》云："世人惟解重娇娃，不思苌弘碧血化为花。"

① 李汉秋、项东昇：《吴敬梓集系年校注》，北京：中华书局，2011 年，第 176、382、374、382 页。

注家以为这"煞尾二语，透过一层翻出新意。"① 颇显作者的艺术创新，使词有了更深厚的意蕴。《踏莎行》写道："仄径苔肥，小池萍厚，凭栏只有人消瘦。""肥""厚""瘦"，既写出"苔""萍"之神气，"瘦"字更写了凭栏人之情深，三者相互辉映，见出凭栏人之风神，如此等等，在艺术上都有不同凡俗的表现。

吴敬梓对词的艺术创新，在于将以抒情为主的词叙事化与具象化，从而使其在艺术表现上有某种程度的小说化或戏剧化。突出的叙事与描写，使词中出现的自我形象立体化与性格化，这些特点在《减字木兰花·庚午除夕客中》《贺新凉·青然兄生日》《满江红·雀化虹藏》《乳燕飞·甲寅除夕》中表现是相当突出和典型的：一个在现实追求中横遭打击，最后走上叛逆道路的人物形象，跃然纸上。《沁园春》（记得当时），既是他的人生总结，又是他新的起步的"宣言"，有着更丰厚的内涵：惜作者年寿不永，未能完成更完美更高层次的人生展示，这是十分可惜的。

吴敬梓的词，异常真实地反映了在科举制度下，有才能有抱负的下层知识分子在社会压抑下，逐渐走向反抗叛逆的情景，写出了深受科举制度毒害、功名富贵无望而另觅新路的人物形象，从而真实而深刻地反映了当时社会生活的一角。

在中国词史上，词的思想内容与艺术形式有过几次大的跨越：苏轼"以诗为词"，突出言志，内容健康向上，在表现形式上，词题与用典多，更加丰富多彩；辛弃疾"以文为词"，内容更清健，多抒爱国之情与抑郁不得志的牢骚，用笔如行云流水，行文更畅达，极尽伸缩变化之能事；吴敬梓"以小说为词"，在叙述描写中，展示新的形象，试图写出封建社会"浪子"的形象，这为其写《儒林外史》铺平了道路，然因词少，且不以词名世，也无人与之发扬光大，遂使其被湮没。其后，我国文学抒情的作品遭到叙事性作品挤压而退到很不显眼的一角，而叙事性的作品，如小说、戏剧，几乎独霸文坛，传统的诗词被迫退让，诗词创作几乎成为地下活动，而吴敬梓词的影响，当然不能彰显了。我们应当扫除历史尘埃，露出历史本来的光华，还原吴敬梓之词的历史真面目。

---

① 李汉秋、项东昇：《吴敬梓集系年校注》，北京：中华书局，2011年，第308页。

【中国现当代文学研究】

# 《三体》中的种族形象与世界形象

刘春勇　黄音琪

【摘要】刘慈欣继承并发展了克拉克对种族形象与世界形象的创造。在文学形象接受方面，刘慈欣继承种族形象的符号化特征，并且以科学作为想象力的翅膀塑造世界形象；在文学形象发展方面，刘慈欣作品中的种族形象呈现出偏执化的特征，世界形象表现出空灵与厚重结合的风格。《三体》中的程心与智子分别代表了地球文明与三体文明的某种特征，表现了地球人与三体人两大种族的对立与互补。刘慈欣刻画出壮丽雄浑的三体世界：由于自然环境的极度严酷，三体社会以"一切为了文明的生存"为生存法则。三体世界尝试在朴素主义社会中容纳文明，而地球世界在烂熟的文明病中暴露出现代社会的种种弊端。刘慈欣因此展开了一场关于"文明主义"与"朴素主义"的思想实验。

【关键词】《三体》；种族形象；世界形象；文明主义；朴素主义

【作者简介】刘春勇，文学博士，中国传媒大学人文学院教授，博士生导师（北京100024）；黄音琪，中国传媒大学人文学院中国现当代文学专业硕士研究生（北京100024）。

## 一、刘慈欣对种族形象与世界形象的继承和发展

刘慈欣把克拉克的《2001：太空奥德赛》视为改变自己一生的转折点：在读这本书之前，刘慈欣曾经无数次幻想过一种文学，既能够对他展示宇宙的广阔和深邃，又能让他感受到无数个世界的无数可能性所带来的震颤；读了这本书之后，他发现自己梦想的文学已经被克拉克创造出来了，除了震撼和激动之外，刘慈欣感受到这本书对主流文学创作理念的颠覆和拓展。①克拉克的确在科幻文学形象塑造上颠覆和拓展了主流文学理念，这突出表现在种族形象与世界形象的塑造上面。

刘慈欣在《从大海见一滴水——对科幻小说中某些传统文学要素的反思》《超越自恋：科幻给文学的机会》等文章中反复强调，种族形象和世界形象的产生是科幻对文学的贡献。主

---

① 刘慈欣：《超越自恋——科幻给文学的机会》，《山西文学》，2009 年，第 7 期。

流文学中不可能存在这样的种族形象或世界形象，因为一个文学形象存在的前提是有可能与其他形象进行比较，描写单一种族（人类）和单一世界（地球）的主流文学，必须把形象塑造的尺度细化到个人。

所谓种族形象，即以整个种族形象取代个人形象，将不同种族作为不同整体来叙述，注重整体个性，忽视个体差异，个人化身为种族的象征，表现出种族的某种形象或性格。在《2001：太空奥德赛》当中，克拉克抛弃人物的个性，将人物完全符号化来表现整个地球文明与外星文明的关系。同名电影更刻意表现出人的符号化：科学家和宇航员们目光呆滞、面无表情，就算同伴普尔被机器人谋杀而成为"第一个去土星的人"，鲍曼也没有因为同伴的死亡以及机器人的叛变而显露出情绪的起伏，解救同伴与放弃同伴的过程都表现出超常地冷静。在《与拉玛相会》中，就算将整个考察队换成智能探测器，故事也能照样写下去。在摒弃了人物的情绪与个性之后，克拉克呈现了一个单纯而空灵的科幻世界，降低了人物本身对读者思考带来的干扰——克拉克留给读者一个广阔的思考空间，思考人与宇宙的关系，思考"人与未知的相遇"。

在个人形象缺失的同时，人类作为一个种族的形象被树立起来。克拉克不关注作为个体的人的生活和命运，他关注的是自己想象出来的世界。为了雕刻出这个宏伟壮丽的世界从而进行思想实验，克拉克采用宏大叙事，在宏大叙事的大背景下，个人形象虽然被作家刻意忽略或者牺牲，但是没有被抛弃，而是加以符号化成为种族形象。

科幻文学探讨的是人类整体在整个宇宙面前生存的可能性，叙述语境急剧扩大，文学的描写空间超越太阳系，直达宇宙尽头，如若仍然像主流文学那样倒向人学，则没有足够的篇幅对宏伟壮阔的想象世界进行精雕细琢。基于此，刘慈欣采用宏大叙事视角，却忽略个人形象塑造，他认为：科幻文学的宏大叙事手法是现实主义文学无法替代的，这使得科幻文学有可能在狭小的文字空间中容纳巨大的时空跨度，创造一种与其他文学形式相比独一无二的宏伟。[1]

刘慈欣更关注的是人作为一个整体与宇宙的关系，个体的人与人的关系则被有意忽略。《三体》第一部呈现了三体世界极其严酷的自然环境以及以生存为第一要义的三体种族，三体世界和三体人都是作为整体形象来描述的；相应地，人类世界失去其传统文学模式中的复杂性，凝缩为一个整体形象，[2]从而出现了地球人与三体人两大种族形象的对立。刘慈欣把创作重心都投入到科幻方面，对文学作品中的人物、文笔、结构等方面关注得不够，这也跟篇

① 刘慈欣：《纳须弥于芥子——从〈死鸟〉看科幻的宗教感情和宏大叙事》，《世界科幻博览》，2007年，第6期。

② 刘慈欣：《重返伊甸园——科幻创作十年回顾》，《南方文坛》，2010年，第6期。

幅有关：当把科幻创意写完以后，留给作家塑造人的篇幅则不多了。他引用了詹姆斯·冈恩的观点为证：主流文学的环境是确定的，是现实主义的，人物是可以变化的；但是科幻文学的环境对读者来说是陌生的，是不断变化的，这时作家必须把人物固定下来，两个全变的话，读者就抓不住任何根基。①

刘慈欣说：叶文洁等女性角色都是推动情节的工具，比如程心只是一个代表着人类普世价值观以及道德观念的符号。②除了女性人物以外，汪淼、罗辑、维德等人物也都是推动情节的工具，这些人物共同构成了人类种族形象的矛盾统一体，象征着人类的不同状态。纵观《三体》全书，汪淼以《三体》游戏玩家的身份将读者带入一个扑朔迷离的三体历史当中；罗辑揭开宇宙的黑暗森林法则，推动地球文明加入残酷的宇宙生存斗争，他的妻子庄颜则是帮助他破壁的关键工具；程心固守自己的道德准则，她的一次次失败推动了地球威慑失败被三体人统治、地球堕入二维空间以及主人公们见证宇宙重启等关键词情节。正是这些符号化的人物使得《三体》更加恢宏大气，时空尺度拓展到宇宙尽头。

汪淼继承了克拉克文学形象的"单纯"，延续了刘慈欣短篇小说中的人物风格，没有多少性格可言，只是作为一个人去与未知相遇。他是作者带领读者见证想象世界、观看宇宙风景的眼睛。当他失去作为"眼睛"的功用时，情节已经不再需要他来推动，《三体》第二部和第三部都没有再现汪淼的需要。人物为故事情节服务，刘慈欣在处理科幻文学中的"人与未知相遇"的母题时，将"未知"视为比"人"更为重要的部分。人物跳出作为个体的人的局限，而以种族形象的身份来行动。当个体人物形象被种族形象取代时，世界形象的塑造也被当作整体来塑造。

所谓世界形象，即一个世界作为一个形象出现，通过作者对故事背景的精雕细琢而刻画出来，该世界容纳不同种族的存在，是不同文明的象征。在《与拉玛相会》中，克拉克用扎实的科学理论塑造了一个巨大的空壳世界，技术描写严谨翔实，极力展现科学的美感。克拉克进行科学描写时更注重准确性，刘慈欣则并不以科学的精确为目标。在刘慈欣看来，科幻文学是倒向科学的，科学想象的广阔性和丰富多彩性远大于魔幻，"如果没有科学，150 亿光年和 10 的负三十次方毫米只能是疯子的呓语，但科学把它们带入了我们的想象世界，使人类想象世界的尺度扩充了无数倍"。③当然，刘慈欣的科幻作品中含有许多科学类硬伤，他就此

---

① 吴言：《星空的召唤——刘慈欣访谈》，《名作欣赏》，2020 年，第 19 期。

② 刘慈欣：《我知道，意外随时可能出现》，《新发现》，2011 年，第 1 期。

③ 刘慈欣：《科幻与魔幻的对决》，《最糟的宇宙，最好的地球：刘慈欣科幻评论随笔集》，成都：四川科学技术出版社，2015 年，第 55—57 页。

并不避讳。他把科幻文学的科技类硬伤分为四类，其中，灵魂硬伤是最重要的一类硬伤：幻想一种宇宙规律，以此为基础建立一个新世界。[①]《三体Ⅱ·黑暗森林》描述的黑暗森林法则是灵魂硬伤的典型，但是作品也因此获得了深刻隽永的魅力。科幻作品以科学为工具，抵达的不是科学家想要的精确的现实世界，而是小说家创造的空灵生动、宏伟瑰丽的想象世界。

总之，刘慈欣继承了阿瑟·克拉克文学形象中的种族形象与世界形象的塑造，种族形象呈现出符号化的特征，塑造世界形象时以科学作为想象力的翅膀。同时，刘慈欣也超越了克拉克，为适应长篇小说的需要，种族形象呈现出偏执化特征，世界形象呈现出空灵与厚重结合的风格。

符号化是二者塑造种族形象的共同特征，但是相比之下，克拉克笔下的人物更加单纯，人物对某方面没有显示出超强的执着。汪淼这个形象有非常浓厚的"克拉克味"，但是第二部和第三部中的主要人物则有偏执化倾向，为了某一目的而不择手段。其实，这种偏执化也是为了适应长篇发展的需要。汪淼能够在第一部中以符号化的方式达成作者引入外星文明的目的，但是，随着小说篇幅急剧扩大，汪淼也失去了符号价值和继续存在的意义。在长篇科幻小说中，单纯以某个人物作为人类种族形象的代表，显然是苍白无力的，但如果以多个符号化的人物作为故事发展的工具，让他们共同构成人类种族形象的矛盾统一体，则使得作品对人类整体形象的刻画更加完整。

种族形象的偏执化使得塑造人物的目的更加明确，人物出场以后则坚定不移地朝着目标前进。叶文洁目睹了父亲被杀害的残酷事实，她对人类彻底失望后，为了让三体人降临，又以同样残忍的方式杀害了自己的丈夫和上司，甚至把这当作必要的牺牲。章北海是极端的逃亡主义者，为此他成为最合格的"面壁者"，封闭思想，暗杀政要，劫持"自然选择号"，最后成功避免了人类战舰被"水滴"全灭。

刘慈欣对克拉克种族形象的发展还在于将空灵与厚重结合，他继承了克拉克作品中的"空灵"感和托尔斯泰作品中的"厚重"感。刘慈欣对三体世界的塑造充满了空灵感。三体文明选择智子作为与地球沟通的桥梁，智子这位机器人几乎成了三体文明的符号，真正的三体人则隐匿其后。宋明炜指出，克拉克在描写无限的未知时会着意留白，保留它的神秘感，使之带有近乎宗教的先验色彩。[②]克拉克在《与拉玛相会》中刻画了一个巨大的、空壳的圆柱体无人飞船，生动地描绘其内部的地形地貌，在接近太阳的过程中渐渐消融的海洋，因温度的

① 刘慈欣：《无奈的和美丽的错误——科幻硬伤概论》，《最糟的宇宙，最好的地球：刘慈欣科幻评论随笔集》，成都：四川科学技术出版社，2015 年，第 37—41 页。

② 宋明炜：《弹星者与面壁者刘慈欣的科幻世界》，《上海文化》，2011 年，第 3 期。

上升而产生的飓风以及各式各样的生物机器人。读者只能从克拉克描绘的世界来想象拉玛人的生活，作者最后借助佩雷拉的睡梦告诉读者："拉玛人不论干什么，都要好事成三。"刘慈欣也克制住将三体文明具象化的冲动，放弃全景式的描绘，深入而集中地叙述人类面对"他者"即将降临的种种反馈和变化，运用"冰山原则"展现三体文明暴露在表面上的一角，冰山之下的三体文明则任凭读者们去想象。因此，三体文明被抽象成智子这个符号化的种族形象，具体的三体文明则在第二部和第三部中作为故事的背景。当外星文明始终保持神秘和未知，具体的外星人也隐匿其后时，作品的矛盾不是聚焦在两种不同种族的冲突之间，而是如李云所说："把人与宇宙的冲突推到故事的中心，让读者在真实可感的生存威胁中惊叹异域文明的神秘以及高深莫测，在强弱对比中流溢出对宇宙未知领域的惊异与敬畏。"① 这种处理方式使得作品更具有开放性，空灵之感顿生，作者笔下的"诗与远方"不在于前方的山川河流，而在于头顶的星辰大海。

厚重的现实是想象力的起点。宋明炜强调，刘慈欣的科幻作品能在科幻土壤贫瘠的中国迅速获得大量读者有很多原因，除了恢宏的科学想象力之外，刘慈欣所塑造的世界形象有着广大中国读者可以认同的历史感和现实感。正是"中国经验"，成了刘慈欣的科幻想象与厚重现实的连接点。② "中国经验"让读者们在熟悉的中国故事中，与未知相遇，碰撞出想象力的火花。

人类向太空发射信号这一荒诞的情节需要荒诞的故事背景，刘慈欣选择了"文化大革命"作为空灵想象的现实起点。许子东在《20世纪中国小说100讲》中将《三体》称为太空版的中国故事：刘慈欣把中国社会的灾难同世界的各种问题联系起来。③《寂静的春天》对叶文洁产生了一生的影响，她认为书中所描述的人类行为——使用杀虫剂危害大自然跟"文化大革命"没有区别，对世界产生的损害同样严重。刘慈欣将独特的中国问题转为人类整体的困境，但他不是通过写实的方法描写困境，而是通过空灵的想象。

克拉克作品中的世界则呈现一种二元对立，无论是在《2001：太空奥德赛》还是在《与拉玛相会》当中，外星文明都只出现了一个，与地球文明构成二元对立结构，人类文明也被统称为地球文明。以现实作为想象力腾飞的起点，刘慈欣作品中塑造的世界形象更为复杂多元。在《三体》中，出现的外星文明不止一个，除了三体以外，还有歌者、归零者以及四维

① 李云：《阿瑟·克拉克对刘慈欣〈三体〉三部曲创作的影响》，长沙：湖南大学出版社，2016年。
② 宋明炜：《中国科幻新浪潮：历史·诗学·文本》，上海：上海文艺出版社，2020年，第36页。
③ 许子东：《20世纪中国小说100讲》，http：//ny.zdline.cn/h5/article/detailNew.do?artId=106488&sm=app&parentUserId=1801867。

碎块中的魔戒。人类世界面对三体文明也并非众志成城，作为反派的地球三体组织甚至一分为三——降临派、拯救派以及幸存派。复杂多元的世界形象使刘慈欣的作品更有厚重感，这是克拉克所没有的，也是刘慈欣对克拉克的超越。但是，刘慈欣否认自己的写作意图在于剖析社会，他把剖析社会当作结果，而不是目的，科幻文学的目的仍然在于科幻本身。

## 二、《三体》中的种族形象与世界形象

程心是一个饱受争议的人物，她的存在间接导致了地球威慑失败以及太阳系的灭亡。关于刘慈欣是否有性别歧视，可参考刘慈欣面对采访时回答：《三体III·死神永生》的主人公本来是一位男性，但是写到十多万字的时候，科幻迷建议他将主人公改成女性，原因是在这个男性角色身上看到了前面主人公的影子。[①] 为了避免角色的雷同和单调，刘慈欣改变了主角的性别。刘慈欣也没有指望读者能够喜欢她，他把程心看作一个表现人类整体的符号，即人类的种族形象，探讨人类如果只在爱与道德的指引下前行最终会达到什么结局。

在笔者看来，程心是人类文明主义的符号，是文明主义达到鼎盛的威慑纪元选择了程心作为执剑人。依靠罗辑建立起来的威慑时代逐渐演化成女性世界，现代男性在外表上完全女性化：皮肤白嫩，长发披肩，身材苗条柔软，举止优雅轻柔，声音细软甜美。[②] 这样一个柔软的女性世界足够威慑三体世界吗？地球威慑失败证明了她（他）们的失败：现代社会中的"末人"们在自由民主的驯化中，失去了战斗精神。

根据宫崎市定的理论，经历了危机纪元、威慑纪元直至掩体纪元的地球正处在一个文明高度发达的时代，它拥有一种烂熟的文明病：具有女性的阴柔，崇尚个人自由主义和人道主义，弥漫着享乐主义，丧失了战斗意志。危机纪元的信条是："给岁月以文明，而不是给文明以岁月。"[③] 章北海驾驶"自然选择号"叛逃后，指责"末人"们被回光返照的低级技术蒙住了双眼，指责人们躺在现代文明的温床中安于享乐，指责人们对即将到来的决定人类命运的终极决战没有任何精神准备。[④] 天真的联合舰队被水滴的外表迷惑，以为三体人是来谈判的。指挥官们在潜意识中把三体人当作弱小的失败者，面对惨烈的战况，他们竟然丧失了判断力和行动力。而最早恢复冷静并做出正确判断的指挥官和士兵，大多数是公元人，以赵鑫和李维为例，他们虽然是低级军官，甚至无权使用舰上的高级分析系统，但他们作了出色的分析和

---

① 刘慈欣：《欢迎进入三体"纪元"》，《南方都市报》，2010 年 10 月 17 日。

② 刘慈欣：《欢迎进入三体"纪元"》，《南方都市报》，2010 年 10 月 17 日。

③ 刘慈欣：《三体II·黑暗森林》，重庆：重庆出版社，2010 年，第 309 页。

④ 刘慈欣：《三体II·黑暗森林》，重庆：重庆出版社，2010 年，第 354 页。

判断。到了文明主义鼎盛期的威慑纪元，就连文化艺术也变得盲目乐观。闫作雷对此分析：当社会文明发展到极致的时候，人们把"爱"视为社会最宝贵的品质；《三体》以公元男人的视角，称其为没有"男人"的女性化时代。①

然而，作者还强调——人类并不感谢罗辑。随着时间的流逝和自由民主的发展，罗辑在"末人"们心目中的形象逐渐扭曲，由救世主变成了怪物，甚至变成了毁灭世界的暴君。人类社会虽然攀升到了高度民主文明的社会，但整个社会都笼罩在独裁者的阴影下。威慑者与被威慑者对威慑都有着相同的恐惧，这种恐惧源自对黑暗森林本身的恐惧，也让文明人否定了继续让罗辑这类充满朴素性的人成为执剑人，甚至控告罗辑犯有世界灭绝罪。正如尼采所说，在自由民主高度发展的"现代社会"中，"末人"们是"没有牧人的一群羊！人人都想要平等，人人都平等：没有同感的人，自动进疯人院"。②罗辑处在这样一个文明主义社会中，是不能被"末人"们所接受、容纳的"疯子"。

因此，高度发达的文明社会选择的执剑人不是暗藏杀机、城府极深的朴素人，而是天真、善良、秉持爱与道德的程心，正如执剑人竞选者所说，"末人"们心中最理想的执剑人既要让三体人害怕，又要让现代社会的人们不害怕。③显然，如此矛盾的人是不存在的。程心的外表是美好的女人形象，内心则坚守爱与道德，这些特质都让"末人"不害怕，因此，程心成了文明主义社会中"末人"们的主动选择。但是，程心对爱与道德的偏执使得威慑迅速失败，同样地，也因为这种偏执使得人类错过了研究光速飞船的宝贵时间，她的两次重大错误堵死了人类的活路。

与程心的单纯相反，智子则更具复杂性。智子是三体世界的大使，也是三体人的符号，正如闫作雷所说，具有"菊"与"刀"的两面性。④智子身着华美的日本和服，头上插着小白花，女人味浓厚，她的笑容如同春风吹皱一池春水。智子的住所充满了东方式的美感，她用茶道招待程心和艾 AA，煮茶的过程烦琐却令人着迷，使人忘却了"血与火的历史"，进入日本茶道中"和敬清寂"的世界。⑤但是，当地球威慑失败以后，智子迅速化身为冷酷的武士，

---

① 闫作雷：《〈三体〉中的"朴素主义社会"与"最初的人"》，《中国现代文学研究丛刊》，2020 年，第 6 期。

② [德] 尼采：《查拉图斯特拉如是说》，钱春绮译，北京：生活·读书·新知三联书店，2014 年，第 13 页。

③ 刘慈欣：《三体Ⅲ·死神永生》，重庆：重庆出版社，2010 年，第 108 页。

④ 闫作雷：《〈三体〉中的"朴素主义社会"与"最初的人"》，《中国现代文学研究丛刊》，2020 年，第 6 期。

⑤ 刘慈欣：《三体Ⅲ·死神永生》，重庆：重庆出版社，2010 年，第 106 页。

身着沙漠迷彩服，身背长长的武士刀①，面对人类争抢食品的骚动，她直接拔刀，"用血和内脏最快流出的方式"砍杀人类，最后用滴血的长刀教训道："人类自由堕落的时代结束了，要想在这里活下去，就要重新学会集体主义，重新拾起人的尊严！"②

智子的两面性直接表现了三体人的两面性——三体人吸收了地球人的文明主义，保留了传统的朴素主义，二者结合形成了三体世界形象的"菊"与"刀"。在"文化反射"中，地球世界的文明主义涌入三体世界，使三体世界进行了类似地球世界文艺复兴的运动，并产生了技术爆炸。同时，三体人也学会了人类的欺骗技术：智子的柔和与女人味是三体人展现给人类的面具，面具之下的智子却是专制而暴力的武士。文化反射浪潮中的三体人将人类文化模仿得惟妙惟肖，却回避了自己的本土文化，对外宣称"自己粗陋的本土文化现在还不值得展示给人类"③，然而，这正是三体文明最为宝贵的朴素性。

刘慈欣别具匠心地塑造了三体世界，他先用虚拟游戏的方式和人们熟悉的历史材料间接展现了三体世界的残酷历史，再直接描写了1379号监听员，两相对照，共同构成了这个壮丽雄浑的三体世界形象。描摹外星世界的方式多种多样，奥森·斯科特·卡德在《安德的游戏》中描写了一群孩子的战斗游戏，游戏的真相是人类与虫族的星际战争。刘慈欣的叙事策略与卡德类似，他选择了虚拟游戏来刻画三体世界，表面上是游戏，背后也是残酷的宇宙现实。

《三体》游戏展现了三体文明近二百次的毁灭与重生，游戏人物却是人类历史上的名人。这些杰出人物都尝试找出太阳运行的规律，周文王用八卦占卜，孔子创造了一套宇宙的礼法系统，墨子制造出双壳的大铜球作为宇宙模型……他们的努力都在文明的毁灭中告终，当文明进化到信息时代时，三体人放弃了解决三体问题、寻找太阳运行规律的努力，三体被证实是一个混沌系统。"历史就这样划了一个漫长的大圈，回到了最初的地方。"④然而，更加残酷的是，三体人发现了三颗恒星的呼吸现象，曾经存在的十二颗恒星都被三颗太阳所吞噬，三体世界只是宇宙大捕猎的残余，文明的轮回再生只是一种幸运而已。三体人认清了残酷的宇宙真相，放弃了已延续191轮文明的徒劳努力，将"飞出宇宙，寻找新的家园"视为生存的唯一选择。

刘慈欣借助读者们熟悉的历史材料和辉煌想象来演化出三体世界历史，却展现出异于人类世界的残酷，创造陌生的异世界的同时又存在可以认同的历史感和现实感。刘慈欣赋予三

---

① 刘慈欣：《三体Ⅲ·死神永生》，重庆：重庆出版社，2010年，第144页。

② 刘慈欣：《三体Ⅲ·死神永生》，重庆：重庆出版社，2010年，第158页。

③ 刘慈欣：《三体Ⅲ·死神永生》，重庆：重庆出版社，2010年，第104页。

④ 刘慈欣：《三体》，重庆：重庆出版社，2010年，第176页。

体世界真实可信的物理特性和演化发展规律，精细地塑造了这个奇妙的想象世界。作为一名计算机工程师，他还设计了一个模拟宇宙文明关系的程序。

虚拟游戏不仅刻画了三体世界，也紧密联系着人类世界。如果人类玩家对三体报以同情，则会被招揽成为地球三体组织的一员。然而故事发展到此，三体世界仍然保持着神秘。小说中唯一细心刻画的三体人是1379号监听员，他向叶文洁发出"不要回答"的警告，对遥远的地球文明产生了珍爱之情。如果说虚拟游戏主要描写的是三体世界严酷的自然环境，那么描写1379号监听员则开始勾勒出三体的社会环境。三体人抵触情绪，情绪被认为会导致精神脆弱，不利于个体和文明的生存，三体人需要的精神只有冷静和麻木。多轮文明表明，以冷静和麻木这两种精神为主体的文明具有最强的生存能力，能够适应严酷的自然环境，有利于在大灾难中生存下来。

从监听员与元首的谈话中，我们知晓三体世界处于极端的专制状态，三体社会几乎不尊重个体，不工作的个人将会被抛弃。这一切都是为了文明的生存。三体人精神生活匮乏，没有文学艺术，连爱情都得不到倾诉。1379号监听员质问元首，这样的生活有意义吗？元首回答，文明主义社会并不适合在严酷的环境中生存下去，这类文明社会最脆弱、最短命，一次小小的灾难便能毁灭这个文明。[1]三体人并不羡慕人类文化，他们也曾经拥有过灿烂的民主自由社会，只是为了文明的生存而淘汰了这种娇弱的社会。"一切为了文明的生存"，三体人摒弃情感，建立起极端专制社会，彻底贯彻黑暗森林法则的第一条公理：生存是文明的第一需要。

为了生存，三体人在"文化反射"中学习了人类的文明主义，将自身的朴素性与人类的文明性结合，从而使得文化发展，促进技术爆炸。刘慈欣在对三体世界的刻画中，为我们展示了在文明主义社会中容纳朴素性的努力。

### 三、地球与三体："文明主义"与"朴素主义"的辩证关系

闫作雷提出，《三体》蕴含了"文明主义"与"朴素主义"的辩证思考，以及一种在"文明主义社会"中容纳"朴素主义"的努力。[2]宫崎市定在中国社会历史变迁中归纳出文明人与朴素人的特质，而卢梭则从现代社会高度发展的科学与艺术产生的诸多弊端中，讨论"文明主义"的负面作用，也呈现出这两种人的对比：科学与艺术腐蚀尚武精神，使心灵日益腐败，使风俗日趋败坏；而那些朴实的民族，保留着古人的遗风（即朴素性），凭借勇敢和忠

---

[1] 刘慈欣：《三体》，重庆：重庆出版社，2010年，第268页。

[2] 闫作雷：《〈三体〉中的"朴素主义社会"与"最初的人"》，《中国现代文学研究丛刊》，2020年，第6期。

诚的品质屹立不倒。[①]

宫崎市定认为，文明主义社会的健康发展需要容纳一些朴素性。而在尼采看来，这是一种返祖现象。[②] 尼采又将"现代社会"的造物看作是一群发现了"幸福"的"末人"，他们从道德、教养和平等意识等方面显示了奴隶本性。[③] "最后的人"本质上是得胜的奴隶，受到现代自由主义的驯化，为了自身的舒适和"幸福"而放弃超越，自由民主造就了这样一群"没有胸膛的人"。也就是说，文明主义社会的"末人"们丧失了先祖们具有朴素性的文化力量，这与宫崎市定在文明主义社会中容纳朴素性的观点呼应。

福山沿着尼采的观点继续前行，他指出，历史终结之后，这些"最后的人"回归动物性，专注于身体安全和物质满足，缺乏共同体意识，没有斗争精神，自私自利。[④] 这些丧失了激情的"最后的人"，置身于零道德的宇宙中，他们该如何拯救人类文明不被毁灭呢？

在文化反射过程中，三体世界向地球输入了海量的知识信息，三体人将这种慷慨声明为对地球文明的尊重，地球文明使三体世界看到了生命和文明更深层的意义，体验到了从未觉察到的自然美和人性。[⑤] 地球文明的确深刻改变了三体世界的社会形态，三体人不仅学习了人类的文化，产生了类似文艺复兴的思想启蒙运动，引发技术爆炸，而且还学习了人类的谋略。

他们创造出许多模仿人类文化的艺术品，从一开始就达到了很高的水准。比如三体人创作的电影《长江童话》描写上古田园时代一对分居情侣的故事，程心从中体会到了对宇宙时空的深刻隐喻。这种以温馨宁静的艺术风格为主体的文化传输，可以看作是三体人对人类世界的欺骗和麻痹，犹如温水煮青蛙，慢慢消磨掉人类的战斗意志。与三体人对人类的熟悉相反，人类对三体的本土文化一无所知，三体世界本身仍然笼罩在神秘的面纱中，他们隐藏本土文化，宣称粗陋的本土文化还不值得展示给人类。这"粗陋的本土文化"恰恰是三体世界最宝贵的东西，那就是宫崎市定所说的"朴素性"。

三体世界的朴素性表现在自然环境的严酷，三体人精神上的冷静和麻木，以及三体社会的集体统制主义。他们保存了"最初的人"的优良品质，自我保存的本能是他们最强烈、最

---

① [法] 卢梭：《论科学与艺术的复兴是否有助于使风俗日趋纯朴》，李平沤译，北京：商务印书馆，2011 年，第 12—15 页。

② [德] 尼采：《快乐的科学》，黄明嘉译，桂林：漓江出版社，2000 年，第 51—52 页。

③ [德] 尼采：《查拉图斯特拉如是说》，钱春绮译，北京：生活·读书·新知三联书店，2014 年，第 12—14 页。

④ [美] 弗朗西斯·福山：《历史的终结与最后的人》，陈高华译，桂林：广西师范大学出版社，2014 年，第 176 页。

⑤ 刘慈欣：《三体Ⅲ·死神永生》，重庆：重庆出版社，2010 年，第 103—104 页。

广泛的自然激情。霍布斯的自然状态及黑格尔的流血斗争都共同指出，"最初的社会"并非爱与和平，而是充满了暴力的特征，是一场"人人相互为敌"的战争。①但三体世界或许并非"人与人"为敌，而主要是"人与自然"为敌，严酷的自然环境注定了，他们为了文明的生存必定要与天地相争，与宇宙相争。

三体世界更具有历史连续性。三体也曾经拥有地球所引以为傲的文明主义社会，但是这种社会在历史发展中被淘汰了，并不适合在严酷的环境中生存下去。三体对地球文化的学习既是对外来文明的吸取，也是对自身古典文化的复兴，地球文化对三体世界来说并无新意，这也可以解释为什么三体人对人类艺术的模仿一开始就达到很高的水准。闫作雷提出，在恐怖的黑暗森林威慑中，三体在"朴素主义"基础上引入"文明主义"，学习地球人的谋略和欺骗，在威慑纪元形成了对地球的竞争优势，在执剑人交接过程中取得了胜利，致使地球人的威慑失败。历经二百多次毁灭和重生的三体世界，保留"朴素主义"传统是他们的主动选择。三体世界有了"菊"与"刀"两副面孔，开始注意文明与延续、朴素与人文、民主与集中的辩证平衡。②因此，三体文明将朴素性与文明性融合在一起，形成了一种更为健康和谐又充满战斗意志的文明。

朴素不是不要文明，不是崇尚独裁和专制，而是要避免一种烂熟的文明病。三体世界与地球世界相对照，揭示了文明主义社会的弊病。地球世界的公元人，也保留了某种朴素性，与"末人"们形成了鲜明对比：在水滴入侵太空舰队时，最先反应过来、做出正确选择的恰恰是公元人；除了程心之外的执剑人竞选者们，都保持着公元男子的外表和性格，城府极深，暗藏杀机；执剑人罗辑把威慑大厅当作自己的坟墓，以剑客的眼光逼视三体世界，在沉默中坚守了半个世纪。罗辑身上的"黑色中山装"显示出一种刚健质朴的力量，他以近乎"超人"的姿态，联系着一个遥远的朴素主义时代，与极端个人主义以及病态文明主义决裂③，这种决裂更是与发现了"幸福"、躺在现代文明的温床中安于享乐的"末人"们的决裂。

然而，处在高度民主文明的高福利社会中的"末人"们，被三体人的"文化反射"蒙蔽了双眼，抛弃阳刚之气成为阴柔似水的"女人"，将"爱"视为文明主义社会最宝贵的品质。处于历史终结处的"末人"们选择"给岁月以文明，而不是给文明以岁月"，崇尚享乐主义和

---

① [美] 弗朗西斯·福山：《历史的终结与最后的人》，陈高华译，桂林：广西师范大学出版社，2014 年，第 170 页。

② 闫作雷：《〈三体〉中的"朴素主义社会"与"最初的人"》，《中国现代文学研究丛刊》，2020 年，第 6 期。

③ 闫作雷：《〈三体〉中的"朴素主义社会"与"最初的人"》，《中国现代文学研究丛刊》，2020 年，第 6 期。

自由主义。显然，冬眠苏醒后的公元人将他们称之为"孩子们"，这并非只是由于年龄，"末人"的天真幼稚正与孩子的特性相符。

刘慈欣在中篇小说《微纪元》中描写了一群为了躲避灾难，将身体缩小到几微米的微人，他们无忧无虑，享受着孩子一般的天真和快乐；他们遗忘历史，没有责任和负担，悲伤只存在于博物馆当中。微人的社会正是一个文明主义高度发达的社会，微人与《三体》中的"末人"有某种共通性——遗忘历史，崇尚享乐。宋明炜将郭敬明的系列电影《小时代》与《微纪元》联系在一起，无论是《微纪元》中遗忘"宏人类"、只知欢乐不知痛苦的微人类，还是《小时代》中沉溺于自我的享乐主义和拜金主义的都市青年男女，这些或许都指向 1980 年代末以来的文化症候，即在经济发展和社会冷漠双管齐下的情景中，人们遗忘历史以至于形成记忆真空。刘慈欣描绘的"末人"对享乐主义狂欢的完全投入，在《小时代》中变成了"现实"。宋明炜由此提出疑问：对于过去几十年间对历史变迁保持清醒意识的人来说，后人类未来是一种祝福还是背叛？鲁迅呼喊"救救孩子"，他对一个世纪以后这样的结局会感到满意吗？① 在《微纪元》的结尾，先行者将宏人的胚胎汽化，彻底拥抱了这个无忧无虑的微纪元，刘慈欣或许是在反讽现实，或许只是在歌颂技术主义，但是刘慈欣面对《三体》中的"末人"们，态度则是明确的：地球文明主义社会中的"末人"们无力承担起文明生存的使命。

## 结　语

刘慈欣运用恢宏瑰丽的科学幻想，描绘了现实状况又超越了现实。在《三体Ⅲ·死神永生》中，程心撰写了《时间之外的往事》，刘慈欣又将《三体》三部曲命名为"地球往事"。明明是未来的末日故事却以"往事"命名，将记忆从历史中分离出来，刘慈欣的用意是深刻的，他回归科幻写作的意图，回归思想实验初衷：零道德的宇宙只是最坏的一种设想，它不在过去，不在未来，它在时间之外。"恶托邦"故事只是我们未来的其中一种可能性，如今的我们尚可把握命运，在《三体》给我们的启示中前行。

---

① 宋明炜、金雪妮：《在崇高宇宙与微纪元之间：刘慈欣论》，《当代文坛》，2021 年，第 1 期。

# 青年张闻天与马克思主义及"革命文学"

付建舟

**【摘要】**张闻天的早期思想发生几次飞跃，在此过程中，诸多时代思潮相互激荡，青年张闻天兼收并蓄，最终选择了马克思主义，并成为早期共产党人。在文艺上，他批判了"关门主义"的"左"倾思想，大力提倡真正的"革命文学"。学界对青年张闻天的一些思想和他所倡导的"革命文学"存在不同程度的误解或曲解，这既不符合历史事实，也有损其形象，不可不纠正。

**【关键词】**青年张闻天；马克思主义；"革命文学"

**【作者简介】**付建舟，文学博士，浙江师范大学特聘教授，博士研究生导师（金华321004）

在中国共产党人看来，革命与文学存在密切的关系。青年张闻天也是如此。张闻天是我国杰出的无产阶级革命家和理论家，新文化（新文学）运动的热情战士。他试图切切实实地、系统地介绍西洋学说，尤其是新思想与新文艺。在他对一些新思想的译介过程中，马克思主义思想越来越突出，并成为他的基本信仰。"革命"是青年张闻天著译的一个关键词，也是贯穿其早期的一条红线。译介马克思主义著作，阐述与宣传马克思主义的一些原理，积极参加革命实践活动，成就了革命家张闻天。青年张闻天喜欢哲学，也喜欢文学，投身于新文化运动。他自觉运用马克思主义原理，提倡"革命的文学"，批判文坛"左"倾关门主义，这是理论家张闻天的一个突出成就。

张闻天（1900—1976）是中国共产党历史上"第五朝领袖"。毛泽东曾说过："我们党的历史上有五朝领袖，第一朝是陈独秀，第二朝是瞿秋白，第三朝是向忠发（实际是李立三），第四朝是王明、博古，第五朝是洛甫（即张闻天）。"[①]作为一位马克思主义者，张闻天的马克思主义信仰产生于五四时期，成熟于20世纪30年代，即青年张闻天时期。尽管学界不乏关于青年张闻天的马克思主义思想及其与新文化（新文学）运动之间关系的研究成果，然而，

---

① 程中原：《转折关头：张闻天在1935—1943》，北京：当代中国出版社，2012年，第1页。

也许担心有损革命领袖的光辉形象，也许根本没有认识清楚，研究者有意无意地曲解青年张闻天对马克思主义思想的接受，曲解青年张闻天对"革命文学"的倡导和创作实践。因此，努力恢复历史的本来面目，正确认识青年张闻天思想发展的实际状况和文学创作及活动，有助于我们看清其思想发展的复杂过程和曲折经历，这不仅无损于青年张闻天的光辉形象，反而增高其伟大形象。

## 一、青年张闻天的四次思想飞跃

考察青年张闻天的思想发展过程，检阅他这一时期的文献资料，我们发现，青年张闻天从关注社会问题，到决心改造不合理的社会，再到选择改造社会的道路，尤其是社会主义道路，这一思想发展的脉络十分清晰，且贯穿张闻天早期甚至一生。

青年张闻天思想的不断进步，体现在他早期发表的一系列文章之中。他常常在报刊上发表散文、新诗、通信、评论，讨论各种社会问题，如劳工问题、农村问题、青年问题、家庭婚姻问题等。1919 年 8 月撰写的《社会问题》一文，是青年张闻天第一次思想飞跃的标志。它反映了他早期的思想发展，反映了此时的张闻天所关注的焦点是"社会问题"，并准备投身或正在投身一些社会活动的真实情状。他深刻认识到，主宰中国社会的有三大势力：为有钱有势者压制平民的工具的旧法律、维护旧秩序的旧道德、泪没个人独立尊严的旧宗教。有鉴于此，他号召"劳农界人"起来革命。第一步，选出劳农阶级的代表发表国民的主张。第二步，青年张闻天并不明确，只是提供了几种理论供大家参考，主要的是无政府共产主义、国家社会主义、《共产党宣言》中的十条革命措施，还提及"理想上的社会主义"（即空想社会主义）与"政策上的社会主义"（即英国工党的社会主义）。这是青年张闻天思想发展的重要一步。

1922 年 1 月撰写的《中国底乱源及其解决》一文，是青年张闻天第二次思想飞跃的标志。这篇文章具有接着谈的性质。同年 1 月 1 日，陈汉俊在《国民日报·觉悟》上发表了《中国底乱源及其归宿》和《我们如何使中国底混乱赶快终止？》。前文认为，中国的乱源，一是因为中国社会各局部间的进步程度太不一致而发生的激烈的协调作用，二是因为中国在全体上与世界的进化程度相差太远而发生的激烈的协调作用，三是世界的资本在中国市场上的争夺战，这种混乱促使中国急速进化，进化到社会主义才能终止。后文得出结论说，我们要使中国的混乱赶快终止，非赶快使它走上社会主义之路不可。青年张闻天认同李汉俊的观点，并运用马克思关于生产力与生产关系的学说，得出这样的结论："中国混乱的原因是由于中国社会组织逐渐崩坏而一时不能产生新的社会组织出来。这新社会组织的产生全靠从旧制度中解放出来，觉醒转来的个人团结成死党去实行社会活动，去解决这混乱。"①他所谓的"死党"是指坚强的政党，其必备条件有：一定的党纲；健全而严密的组织；党员对党内决定有绝对奉行的义务；不许党员以本党名义谋取个人名利。青年张闻天主张组织坚强的政党，改变中国社会的混乱状态，使中国走上社会主义道路。这种思想与中国共产党的建党主张，或者契合，或者认同，与此前仅仅聚焦于中国社会问题相比，前进了一大步。

1925 年 6 月，青年张闻天毅然加入中国共产党。他之所以直到此时才加入，可能是因为他对中国共产党存在一个逐渐认识的过程，如"结成死党"的观念，对这一政党必备条件的界定，以及党的纪律可能对他正在进行的创作小说的干扰，等等。他入党前的论文《从梅雨时期到暴风雨时期》（1924 年 5 月 9 日撰写）与入党后的小说《飘零的黄叶》（1925 年 6 月 25 日创作），都反映了他第三次思想的巨大飞跃。前一文表明，青年张闻天认识到改造社会的革命道路，并已经走上革命道路。他大声疾呼："打破现状！这就是说我们须用社会的政治活动，把一般的平民团结起来，推倒现政府，获得政权，用开明专制的办法，实行国家社会主义。"他还指出："要解决中国现在的一切问题只有革命"，革命取得政权之后"用开明专制的办法，实行国家社会主义"，"要干热烈的革命运动"，同时还提倡"革命的文学"。（第 477页）后一小说《飘零的黄叶》，可谓小说版对党立誓言。作者借助主人公长虹之口说："我亲爱的妈妈，你的长虹，将认真的要开始做一个无私的光明的找求者了。他将把那一点光明拿来，高举在无穷的黑暗中间。妈妈，他更将借你的精神上的帮助，自己变做光明，照澈这黑暗如漆的世界！"（第 590 页）他没有阐明"开明专制"的内涵，但与后来的"民主集中制"颇有契合之处；他也没有阐述自己所认为的"国家社会主义"的内涵，但其意味深长。这些言论表明了青年张闻天对"革命道路"的清晰认识和立志投身革命运动的坚决态度。

1932 年 11 月以"歌特"名义发表于中共中央机关报《斗争》第 30 期上的《文艺战线上的关门主义》一文，是青年张闻天第四次思想飞跃的标志。该文是青年张闻天在政治上摆脱王明、博古"左"倾路线在文艺上的反映。青年张闻天率先站出来坚决反对王明、博古"左"倾路线，同时反对文艺界"左"倾关门主义的错误路线，这种思想不管从当时还是现在来看，都是正确的。

张闻天曾坦言他"个人思想的变迁"，他说："我们对于这种不合理的社会，情意上早感到不安，因不安也早产生了改造的决心。不过用什么方法来改造呢？应该改造成什么样呢？这些问题常常横在我胸前而一日不能去的。无抵抗主义呢？反抗主义呢？无政府主义呢？社

①《张闻天早期文集（1919.7—1925.6）》，北京：中共党史出版社，2010 年，第 105 页。凡出自该著的其他引文，随引文注明页码，不再单独加注。

会主义呢？如江河流水，不绝地引起我底烦闷，但永久不决定是不能生活的。那么，取其长，舍其短，自然不能不走社会主义一条路了。自今日起，我希望能够在实现社会主义的历程中做一个小卒。"（第105—106页）从始志哲学，致力于精神运动，到由哲学转向文学，再由文学转向无产阶级革命，是青年张闻天思想发展的具体表现。其思想发展与其学术活动、政治活动，表现出积极而稳健的重要特征，这一特征与一些在大革命前后宣布脱党的共产党员大不相同。突出这一点很有意义，就是注重青年张闻天思想发展的渐进性和稳健性。这对正确评判青年张闻天对当时兴起的各种主要政治思想，尤其是对形形色色的社会主义和科学社会主义的认识，以及对"革命文学"的看法，十分重要。

## 二、青年张闻天与"国家主义派"的关系

要理解青年张闻天关于"国家社会主义"的内涵，有必要先考察他与"国家主义派"的关系。青年张闻天与"国家主义派"的核心成员关系密切，并受到当时反响强烈的"国家主义派"的国家主义教育主张的一定程度的影响。青年张闻天在探索改造社会的途径时，主张译介欧美的新文化。这是他与"国家主义派"关系密切的关键。

青年张闻天很早就成为少年中国学会的会员，因为该学会的宗旨与张闻天的志趣十分吻合。1919年7月，少年中国学会在北京成立，其宗旨是"本科学的精神，为社会的活动，以创造少年中国"[①]。其规模很大，会员达108人，"皆个性独特，而思想自由，情感富赡"[②]。张培森主编的《张闻天年谱》称，张闻天于1919年12月"经左舜生、黄仲苏介绍参加少年中国学会"[③]。1920年冬，张闻天在"少年中国学会会员终身事业表"中填写的终身欲研究之学术是哲学，终身欲从事之事业是精神运动。次年8月，他的研究志趣开始从哲学趋向文学，并与文学研究会、创造社两个文学团体成员交往[④]。这一时期，他的志向在于新文化建设工作。与此同时，中华书局也大力提倡新文化建设，由"国家主义派"的左舜生主持工作，编辑"新文化丛书"等书籍。左舜生还介绍张闻天进入中华书局，辅助"新文化丛书"的编辑。青年张闻天是共产党与"国家主义派"都极力争取的重要人员。有学者指出："1921年8月，他经左舜生介绍进入中华书局，当了'新文化丛书'的编辑。其时，左舜生是'新文化丛书'

① 张培森主编：《张闻天年谱》，北京：中共党史出版社，2000年，第44页。
② 方东美：《苦忆左舜生先生》，周宝三编：《左舜生先生纪念册》（近代中国史料丛刊续辑810），台北：文海出版社，1981年，第43—44页。
③ 张培森主编：《张闻天年谱》，北京：中共党史出版社，2000年，第17页。
④ 张培森主编：《张闻天年谱》，北京：中共党史出版社，2000年，第23页。

社的总编辑，思想比较进步。著名的马克思主义理论家李达，在中华书局当编辑，对张闻天多有指点、鼓励。沈泽民和田汉也在'新文化丛书'社工作。张闻天同他们共坐一室，朝夕相处。'新文化丛书'以选译欧美社会科学学术名著为宗旨，出版的书目中有《唯物史观解说》、《社会主义初步》、《欧洲政治思想小史》、《社会问题总览》、《近代西洋哲学史大纲》等。职业和环境，给张闻天提供了很好的学习和思考的条件。从这时张闻天留下的文字，可以清楚地窥见他内心对于人生道路、对于改造社会的道路所进行的反复思索，深入探讨，认真选择。"① 由此可见，青年张闻天志愿理论倡导，试图通过理论译介来改变国人的思想。

少年中国学会以学术活动始，以党派之争终。从政治倾向上看，有两大派别，即"国家主义派"与共产党。1924年秋，左舜生与曾慕韩等人创刊《醒狮周报》，该报"鼓吹国家主义，反对共产党"。李大钊、邓中夏、恽代英、毛泽东等会员则加入中国共产党，他们努力扩大共产党在学会中的影响，"于是在学会内部始而引起社会活动与政治活动之争，继而引起国家主义与共产主义之争"。② 在一次论辩政策问题时，双方十分激烈，参加的共产党员有恽代英、张闻天、沈泽民、杨贤江等人，参加的国家主义派有曾慕韩、李幼椿、陈启天、张梦九诸人，左舜生是主持人，双方不欢而散③。在国家主义派看来，这两派是水火不容的，他们认为："信仰'国家主义'之人，无论如何，不能与信仰'共产主义'之人同隶一党。"④ 这些史实告诉我们，"国家主义"思潮与"共产主义"思潮不仅是当时两种重要的政治思潮，而且是两种政治势力，二者相互激烈斗争。直至撰写《从梅雨时期到暴风雨时期》时为止，青年张闻天还不是共产党员。但值得注意的是，他在少年中国学会中，既与"国家主义派"会员友善，又与共产党会友关系密切，前者践行的是学会最初的意义，即注重学术活动；后者践行的是学会后来的变化，即注重政治活动。此时的张闻天在这两派还没有公开决裂时彼此兼顾，一旦决裂，他就坚定地站在共产党阵营中。李璜曾回忆说："'清党'以后，上海渐渐安定下来，舜生也于民国十八年（一九二九）春从法国仍回到上海，在上海中华书局编辑所仍旧作事，而且地位更且重要。……舜生一向本为中华书局编辑新书，并出版新文化一类的丛书，所以他曾拉'少中'会友田汉、张闻天等当过一时中华的助理编辑，启天除专为中华

---

① 程中原：《张闻天传》，北京：当代中国出版社，1993年，第39—30页。

② 陈启天：《左舜生先生的生平》，周宝三编：《左舜生先生纪念册》（近代中国史料丛刊续辑810），台北：文海出版社，1981年，第78页。

③ 方东美：《苦忆左舜生先生》，周宝三编：《左舜生先生纪念册》（近代中国史料丛刊续辑810），台北：文海出版社，1981年，第45页。

④ 朱建华、宋春：《中国近现代政党史》，哈尔滨：黑龙江人民出版社，1984年，第224页。

编辑《中华教育界》杂志外，也有时帮助舜生拉新文化丛书一类的稿子，我在法及回国后所写的书近七八种，都交与上海中华书局印行，也是这个原因。"① 茅盾曾回忆说："闻天同志进中华书局，是左舜生介绍的。左舜生也是少年中国学会会员，早在中华书局当编辑了。左当时是国家主义者。少年中国学会的成员中，有许多国家主义者，他们正在筹备组党，就是后来以曾琦、左舜生为首的中国青年党。左舜生极力拉拢闻天同志，企图把他拉进他们这个组织。此时，泽民从日本归来后，已经加入共产党，他就劝闻天同志参加中国共产党，加上那时在中华书局当编辑的李达同志的鼓动，结果，闻天同志加入了共产党。"② 这两则回忆材料都十分可信。由此可见，这一时期"国家主义派"的主要任务是新文化建设，共产党的侧重点则转移到政治活动。青年张闻天则由侧重新文化建设转移到侧重政治活动，这是颇有意味的，也标志着他开始以职业政治家的身份展开革命活动。

关于"国家主义派"，1991 年中共中央文献研究室所编的《毛泽东选集一至四卷注释校订本》一书中有两条注文。原注文为："国家主义派，指当时组织'中国国家主义青年团'后来又改名'中国青年党'的一小撮法西斯主义的无耻政客。他们以反对共产党和反对苏联而向各种当权的反动派及帝国主义领取津贴为其反革命的职业。"新注文为："国家主义派指中国青年党，当时以其外围组织'中国国家主义青年团'的名义公开进行活动。组织这个政团的是一些反动政客，他们投靠帝国主义和当权的反动派，把反对中国共产党和苏联当作职业。"③ 二者的区别在于，原注文中"向各种当权的反动派及帝国主义领取津贴"，改为新注文的"他们投靠帝国主义和当权的反动派"。这一修改固然有很大进步，即取消了"领取津贴"，但仍然没有更改"国家主义派"的根本性质问题。其实，"国家主义派"是一群不同政见的高级文化人，他们反共反苏，也反对帝国主义，主张收回中国教育主权，就是他们反对帝国主义的重要举措。他们也反对国民党政府，并为国民党政府所不容。李璜在《回忆左舜生兄》一文中指出："等到我于民国十六年（一九二七）以国家主义反革命派的罪名而被通缉，在国立四川大学不能再教下去，于是年秋间潜逃到上海；曾慕韩早几月在上海被捕一次，由王亮畴先生设法保释，而逃往日本；左舜生则由中华书局资助他去了法国。上海也成恐怖世界，友朋星散，我为支撑中国青年党总部这个地下组织，以便暗中与各地支部发号令，通消息，

① 李璜：《回忆左舜生兄》，周宝三编：《左舜生先生纪念册》（近代中国史料丛刊续辑 810），台北：文海出版社，1981 年，第 71—72 页。

② 茅盾：《我所知道的张闻天同志早年的学习和活动》，《回忆张闻天》，长沙：湖南人民出版社，1985 年，第 71 页。

③ 中共中央文献研究室编：《毛泽东选集一至四卷注释校订本》，北京：中央文献出版社，1991 年，第 2 页。

昼伏夜动，相当辛苦。"① 当时，对国民党来说，他们是反对党；对共产党来说，他们是竞争党。他们左冲右突，艰难求生。青年张闻天富有远见，坚定地走向共产主义，成为一名优秀的共产党员。

### 三、青年张闻天与国家社会主义及科学社会主义

如何理解青年张闻天关于"国家社会主义"的内涵的认识，是十分重要的。这个问题关系到张闻天早期对马克思主义思想接受的真实情状，不可漠视。笔者发现，有的学者有意无意地对张闻天所说的"国家社会主义"产生严重误解或曲解。1993 年，程中原认为，张闻天 1924 年 5 月撰写的《从梅雨时期到暴风雨时期》一文中的"国家社会主义"是指"科学社会主义"②。2008 年，程中原还认为，张闻天 1919 年 8 月撰写的《社会问题》一文中的"国家社会主义"也是指"科学社会主义"。在引用了张闻天关于"国家社会主义"的一段论述后，程氏又指出："从这样的表述来看，张闻天对科学社会主义的认识是相当清楚的。"③ 2010 年，《张闻天早期文集》的编者在为《社会问题》中的"国家社会主义"所加的注释中指出，"国家社会主义"一词是德文的意译，是"德国洛贝图斯和拉萨尔主张的利用国家权力来进行社会改革的资产阶级改良主义"，"张闻天这里所说的'国家社会主义'，是指对不同于无政府主义的马克思主张的社会主义"（第 23 页）。同年，《张闻天年谱》（修订本）的编者对《从梅雨时期到暴风雨时期》一文中的"国家社会主义"添加了注释，注释与《张闻天早期文集》的编者的完全相同（第 41 页）。这四种成果涵括张闻天的年谱、传记、早期文集以及对张闻天的研究专著四个方面，其影响较大，会给读者产生鲜明而深刻的印象。然而，笔者认为，把张闻天这两篇文章中所说的"国家社会主义"解释为马克思的"社会主义"或"科学社会主义"是不妥的，也许他们产生误解，也许他们意在"为尊者讳"，但不管什么原因，都会遮蔽青年张闻天思想发展的真实历程，这不利于我们对青年张闻天的客观、公允的正确认识。

这一时期，张闻天的思想十分复杂，他兼收并蓄，倾向马克思主义，却并非"对科学社会主义的认识是相当清楚的"。《社会问题》一文体现了张闻天当时所关注的焦点是"社会问题"。在他看来，解决社会问题可借鉴三种理论资源，其中之一就是"国家社会主义"（另外二者为无政府共产主义与《共产党宣言》中的十条革命措施）。这里的"国家社会主义"不能

① 周宝三编：《左舜生先生纪念册》（近代中国史料丛刊续辑 810），台北：文海出版社，1981 年，第 71 页。

② 程中原：《张闻天传》，北京：当代中国出版社，1993 年，第 66 页。

③ 程中原：《说不尽的张闻天》，北京：中央文献出版社，2008 年，第 36 页。

解释为"科学社会主义"。从行文的逻辑说，如果这里的"国家社会主义"是"科学社会主义"，那么张闻天就不会把"国家社会主义"与《共产党宣言》中的十条革命纲领分开，而会放在一起。判断"张闻天对科学社会主义的认识是相当清楚的"的程中原，认识到"张闻天在《社会问题》中采用的即为'舍'在《每周评论》上的译文，只有个别文字的改动"①，而"舍"文是摘译，这就意味着此时的张闻天没有看到《共产党宣言》汉译全文。张闻天的少年中国学会会友李璜在《学钝室回忆录》中声称："那时候的我们，特点是求得一知半解，便敢于说，敢于写，敢于干，勇往直前，誓不反顾；因之乃能在社会、政治各方面发生出新潮的推动力量"②。注重学理的"国家主义派"尚且如此，注重政治活动的马克思主义者就更是如此了。其实，早期中国共产党人并不是把马克思主义著作研究透彻之后才宣传马克思主义，从事革命活动的，而是吸收多少算多少，根据所掌握的马克思主义理论以及自己的理解，转化成自己的精神血液，并指导自己的革命宣传和革命活动。瞿秋白临终前回忆说，他并没有系统地研究过马克思主义理论，其马克思主义理论的常识差不多都是从报章杂志上的零星论文和列宁几本小册子上得来的。"可是，在一九二三年的中国，研究马克思主义以至一般社会科学的人，还少得很。因此，仅仅因此，我担任了上海大学社会学系教授之后，就逐渐地偷到所谓'马克思主义的理论家'的虚名。其实，我对这些学问，的确只知道一点皮毛。当时我只是根据几本外国文的书籍转译一下，编了一些讲义。现在看起来，是十分幼稚，错误百出的东西。"③这两段话道出了马克思主义在中国早期传播的一些实情。作为"马克思主义理论家"的瞿秋白对马克思主义的掌握是如此，青年张闻天可能大体类似。程中原所断言的"张闻天对科学社会主义的认识是相当清楚的"，是难以令人置信的。

实际上，从撰写《社会问题》的1919年，到撰写《从梅雨时期到暴风雨时期》的1924年，这一时期是五四新文化运动高潮期，各种新思潮不断涌现。青年张闻天的思想不定一尊，兼收并蓄，但处于主导地位的思想还是马克思主义。他这两篇文章中的"国家社会主义"既不是纯粹的"科学社会主义"，更不是纯粹的"新国家主义"，而是二者的混合体。《从梅雨时期到暴风雨时期》一文表明，1924年前后，"新国家主义"思想在我国思想界、学术界十分盛行。当时，苦闷的先进知识分子试图发动民众的政治运动，"推倒现政府握得政权实行国家社会主义，就是新国家主义"（475页）。张闻天指出："近来有许多和我一样觉到梅雨期的烦闷的朋友，很热烈地把新国家主义为救济中国的唯一的办法。"（476页）他关注到其友人

① 程中原：《说不尽的张闻天》，北京：中央文献出版社，2008年，第36页。
② 李璜：《学钝室回忆录》，台北：传记文学出版社，1978年，第22页。
③ 瞿秋白：《多余的话》，贵阳：贵州教育出版社，2005年，第75—76页。

"国家主义派"的陈启天、余家菊、李璜等关于"新国家主义"的论述，只是表示理解，并不完全认同。他不认同陈启天的以和平主义、世界主义、人道主义、国际主义和社会主义为基础，以国家的自觉、国家的正义和国家的服务为三大目标的新国家主义，不认同余家菊的以民族主义为内核的国家主义教育，不认同李璜的提高国民道德的国家主义教育。他认同共产党人恽代英对"国家主义派"关于国家主义教育的批评，认同共产党人萧楚女视新国家主义为目标而非手段的观念。国家主义教育学派的代表人物余家菊，当时就对"国家主义"做出这样的界定：国家主义主张发扬国家精神（国魂），弘扬国家优秀文化；主张培养国民奋进的理想；主张国民当服务国家；主张对内力求统一；主张对外力求独立；主张力求本国之昌盛，以冀天下之兼善。余家菊所言的国家是"一种心灵"，是"一定土地内具有一定主权之一定人民所保有的公共心灵"。① 这种国家观是黑格尔"国家是伦理理念的现实"② 的翻版。这种国家主义站在国家利益立场上维护现政府，逐步改造不合理的社会，而科学社会主义则站在无产阶级立场上试图推翻现政府，乃至使全世界无产者都获得解放。二者具有共同性，即都坚决反对帝国主义。"国家主义派"的核心人物李璜、余家菊对宗教、教育颇有研究，二人也很关注国内的教会教育，"天主教，基督教，及其新旧的各派，都在中国各地办有大学、中学以至小学"，"这类外国宗教家来办教育，其目的都不免有一部分是为的传教，而宗教信仰自其观点上多少是各有其成见，这已与我们学会一向所主张的自由思想的教育有点宗旨不符"。教会教育难免存在一定程度的排他性，难免忽略中国文化与科学思想。为此，他们撰写《国家主义教育》一书，于1923年秋作为"少年中国学会丛书"之一，由中华书局出版。该书引起很大反响，不仅有理论层面的商榷探讨，更有实践层面的国家教育协会的发起，并使收回教育权的主张逐渐成为全国教育界的共识。这是"国家主义派"教育层面的反对帝国主义，与中国共产党的反帝并不冲突。这也许是青年张闻天对"国家主义派"一定程度认同的原因之一。

　　"国家主义派"与中国共产党的分歧在于是否"打破现状"。前者做出否定的回答，后者做出肯定的回答。张闻天"打破现状"的方法是革命。他认为："要解决中国现在的一切问题，只有革命！"（第481页）"阶级斗争"是马克思"科学社会主义"的一项要义。青年张闻天的"新国家主义"与"国家主义派"的国家主义和科学社会主义既有密切联系又有重要区别。他说："新国家主义是我们的目标，因为它就是国家社会主义。"（第478页）他不相信，将来的世界会没有国家，反而相信国家主义更加发达。他说，当下"我们需要一个强有

---

① 余家菊：《国家主义教育学》，上海：中华书局，1925年，第4—5页。

② ［德］黑格尔：《法哲学原理 或自然法和国家学纲要》，范扬、张企泰译，北京：商务印书馆，1961年，第253页。

力的国家"，"新国家主义就是应乎这种需要而生的。"（第 478 页）在《社会问题》一文中，张闻天对"国家社会主义"做出这样的界定："组织：是劳动者把资本家推翻，由劳动［者］自己组织一切。生产机关都收归政府掌握，实行中央集权。用国家资本组织一国家银行，有总理一切的权。他很重视国家，所以亦重视政权。经济：是集合主义。就是把生产机关收归公有。所生产的物品，除可以作生产的，仍许私人所有。各尽所能，各取所值。"（第 23—24 页）综而言之，青年张闻天的"国家社会主义"吸收了马克思科学社会主义学说的"革命理论"，主张依靠民众的政治运动推翻现政府，改造不合理的社会，暂时放弃了全世界无产者联合起来解放全人类的理论；吸收了洛贝图斯和拉萨尔利用国家权力有效治理国家的观念，抛弃了利用国家权力来进行社会改革的主张。这是青年张闻天对"国家社会主义"的初步建构，体现了鲜明的革命性，而非妥协性；体现出鲜明的现实性，而非理想性，这是颇具创见的。

我们大胆承认，1919 年 8 月撰写《社会问题》时的张闻天对"科学社会主义"的认识并非十分清楚，这并不损害其光辉形象。我们大胆承认，1924 年 5 月张闻天撰写的《从梅雨时期到暴风雨时期》中的"国家社会主义"并非"科学社会主义"，这也并不损害其光辉形象。相反，这有助于我们清楚地认识其思想发展的具体过程，认识其思想演变的进步意义，尤其是他大胆的理论构想。此外，青年张闻天对马克思主义思想的接受过程，不仅具有作为个体的个人性，还具有共产党人的共通性。

## 四、青年张闻天与"革命文学"的关系

如何理解青年张闻天关于"革命的文学"的观念，这个问题关系到张闻天对文艺领域"左"倾思想的态度，不可漠视。

有论者认为，青年张闻天是革命文学家，他提倡革命文学，其长篇小说《旅途》是共产党人最初的革命文学创作实践。这种观点是值得商榷的。程中原就持这种观点。1983 年，程中原认为，张闻天是"我国现代文学史上第一代革命文学家"[①]。1987 年，他又认为，关于《从梅雨时期到暴风雨时期》一文，在文艺方面，张闻天支持沈泽民的主张，认为"要干热烈的革命运动，……我们还要革命的文学"，以便"鼓励民众使他们共同起来干革命的运动"。同时，他还指出："张闻天一九二四年的文学创作可以说是早期共产党人倡导的革命文学主张的最初实践，在从文学革命到革命文学的发展过程中有着不可忽视的地位。"[②]所言的"文学创作"是指张闻天 1924 年创作的长篇小说《旅途》。1993 年，程中原还认为，张闻天的长篇

---

① 张闻天：《张闻天早年文学作品选》，程中原编，北京：人民文学出版社，1983 年，第 359 页。
② 程中原：《张闻天与新文学运动》，南京：江苏文艺出版社，1987 年，第 56 页。

小说《旅途》和三幕话剧《青春的梦》，是"适应时代需要、实践早期革命文学主张而首先开放的花朵"[①]。综观这些论述，我们可以明白，程氏所言的"革命文学家"与"革命文学"是狭义的，是指后期创造社、太阳社所说的"革命文学家"与"革命文学"。这些所谓的"革命文学家"所发起的革命文学"应当而且必然是无产阶级文学"，是"以无产阶级的阶级意识，产生出来的一种斗争的文学"，是"为完成他主体阶级的历史的使命"服务的[②]。"革命文学家"的矛头指向鲁迅、茅盾等人，表现出极端的宗派主义倾向。1927年10月，鲁迅在《革命文学》一文中区分了两种"革命文学"，一种是狭义的标语口号式的"革命文学"，一种是广义的有血有肉的"革命文学"。对于前者，鲁迅持批判态度。他指出："世间往往误以两种文学为革命文学：一是在一方的指挥刀的掩护之下，斥骂他的敌手的；一是纸面上写着许多'打，打'，'杀，杀'，或'血，血'的"。鲁迅并不认为这两种文学是"革命文学"。他指出："我以为根本问题是在作者可是一个'革命人'，倘是的，则无论写的是什么事件，用的是什么材料，即都是'革命文学'。……在革命时代有大叫'活不下去了'的勇气，才可以做革命文学。"在鲁迅看来，只有"革命人"发自内心的"革命"所创造的文学才是"革命文学"，那些在指挥刀的掩护下斥骂敌手的东西和喊打喊杀的东西，都忽视"革命文学"。很显然，青年张闻天不是所谓的"革命文学家"，他所提倡的"革命的文学"也不是鲁迅所批判的那种"革命文学"，恰恰相反，他是鲁迅所肯定的那种"革命"的"文学家"，他所创作的小说《旅途》等作品是鲁迅所充分肯定的"革命文学"，亦即"革命的文学"。

文学研究会不赞同偏颇的狭义的"革命文学"，作为文学研究会会员的青年张闻天也是如此。张闻天的"革命的文学"的含义比较明确，其论文《从梅雨时期到暴风雨时期》云："我们还要革命的文学（包括国民文学，激昂慷慨的国歌，革命英雄的传记）来打动我们的感情，鼓起我们的热血，使我们对于未来的光明的中华民国，发生无穷的希望，使我们对于她的建设发生无穷的努力。"他还援引其友人茅盾的弟弟沈泽民《我们需要怎样的文艺》一文中这样的一段话："我们对于文学的要求是怎样可以发挥我们民众几十年来所蕴藏的反抗的意识，怎样可以表现出今日方在一代民众心理中膨胀着的汹涌的潜流；换一句话说，我们要一声大喊，喊出全中国四百兆人人心中的痛苦和希望；再换一句话说，我们需要革命的文学。"（第480页）张闻天与沈泽民的"革命的文学"是广义的"革命文学"，是鲁迅所说的"革命人"在革命时代以大叫"活不下去了"的勇气所写出的"革命文学"。张闻天的长篇小说《旅

---

① 程中原：《张闻天传》，北京：当代中国出版社，1993年，第60页。

② 李初梨：《怎样地建设革命文学》，《文学运动史料选》第二册，上海：上海教育出版社，1979年，第39页。

途》就是这样的"革命文学"。带着苦闷与爱的伤痛的王钧凯到美国后，赢得了具有中产阶级趣味的安娜小姐的一见钟情，但这并没有使这位中国学子摆脱颓废。直到与思想激进的玛格莱坠入爱河，他才焕然一新。失恋的安娜投湖自尽，王钧凯得知后痛不欲生，更加坚定投身革命的决心，并与玛格莱约定，一起奔赴中国参加革命。简言之，这篇小说描述了青年学子王钧凯从颓废走向革命的人生历程。青年张闻天思想稳健，警惕"左"倾思想乃至批判"左"倾思想。1932 年 10 月，他在《文艺战线上的关门主义》一文中对文艺上"左"倾思想进行批判。他指出，在文艺运动中的右倾机会主义是目前的主要危险，"但是，使左翼文艺运动始终停留在狭窄的秘密范围内的最大的障碍物，却是'左'的关门主义"。[1] 这种关门主义不克服，就不能使左翼文艺运动变为广大的群众运动。这种关门主义，第一，表现在对"第三种人"与"第三种文学"的否认。第二，表现在文艺只是其一阶级"煽动的工具""政治的留声机"的理论。另外，关于文艺大众化的问题，要批判只用旧形式而排斥新形式的错误观点，"我认为无论如何，现代文艺的各种形式比较中国旧文艺的形式是进步的。无产阶级级的文艺当然应该利用这种新的形式"。[2] 总之，青年张闻天批判"左"倾关门主义，是为了更好地建设文艺界革命的统一战线，是为了领导革命的文艺家走上马克思主义之路。张闻天对文艺上"左"倾关门主义的批判，是与狭义的"革命文学"水火不相容的，这进一步证明他所说的"革命的文学"不是狭义的"革命文学"。张闻天在《从梅雨时期到暴风雨时期》中呐喊："哦，怎样闷塞的梅雨期呀！我们需要暴风雨的时期！我们将长啸一声，叫醒中华民族，我们将为了中华民国的独立与自由血战着一直到发疯，一直到死——这就是永久的生！"（第 481页）他还在《旅途》中呐喊："前面冲锋队中的兵士不绝地丧亡着，但是从后面来的生力军愈增愈多，……似乎各地的男儿都到这里为他们的大聚会了。……/ 进行呀！/ 中华民国的男儿！/ 这两句话像海潮一般在这人海上激荡出来。……"（第 470 页）这不正是鲁迅先生所说的"革命人"在革命时代以巨大的勇气大叫"活不下去了"的革命文学吗？这种呐喊与鲁迅的呐喊有异曲同工之妙。认为青年张闻天是"革命文学家"，认为他提倡"革命文学"，这样的观念是错误的，是不符合历史事实的，也是有损其光辉形象的，不能不纠正。

作为共产党人，张闻天早期思想发展表现出一定的阶段性，他对马克思主义的认识存在一个循序渐进的过程，并在诸多时代思潮中逐渐选择适合中国国情的革命理论。在此过程中，他与"国家主义派"及其"国家主义理论"存在比较密切的联系，他对马克思主义尤其是科学社会主义的认识也不是原原本本的，而是吸收了"国家主义派"关于"国家社会主义"的

---

[1] 张闻天：《张闻天文集》（第 1 卷），北京：中共党史出版社，1990 年，第 307 页。

[2] 张闻天：《张闻天文集》（第 1 卷），北京：中共党史出版社，1990 年，第 310 页。

有益成分，形成他心目中适合当时中国国情的"社会主义"理论。作为不左不右而稳健的共产党人，青年张闻天主张既要防止右倾思想，又要防止"左"倾思想。他提倡真正的"革命人"发自内心呐喊的"革命的文学"，对文艺上的"关门主义"的"左"倾思想进行了有力批判，以便建设文艺上的革命"统一战线"。学界对青年张闻天的思想存在不同程度的误解或曲解，这既不符合历史事实，又有损张闻天的光辉形象，早就应该纠正。其实，类似的误解或曲解现象并不少见，拙文只不过抛砖引玉而已。

# 《苦闷的象征》之于鲁迅：文学理论与文明理论

白海君

【摘要】鲁迅是一位具有现代世界视野的集思想性和艺术性于一体的作家，他的文学具有鲜明的文明论色彩，只是并没有创作出属于自己的文学理论和文明论体系著作。不过厨川白村的理论对鲁迅有深刻的影响。鲁迅认为，《苦闷的象征》是一部自成体系的文艺理论著作，清晰明了地解释了文艺的发生和表达的问题，因此译介到中国。深入对比鲁迅和厨川白村的相关论述，《苦闷的象征》不仅是文学理论著作，也是社会文明批评的文本实践，更是东方学者对西方近代文明的思考、理解和表述。这里既有鲁迅的教学需要，也有二者在思想和心理深处的契合与共鸣；既是重塑文明的探索，也是抵抗个人精神世界的孤独与思想的苦闷的重要方法。

【关键词】鲁迅；厨川白村；苦闷的象征；近代文学十讲；文艺思潮论

【项目基金】2019 年辽宁省社会科学基金一般项目"二十世纪二十年代鲁迅对日俄资源的择取"（L19BZW014）

【作者简介】白海君，文学博士，鞍山师范学院人文与传播学院副教授（鞍山 114003）

1924 年，鲁迅认为厨川白村的《苦闷的象征》从理论上回答了文学的起源问题、现代知识分子的精神更新问题和价值承担问题，因而将其完整地译介到中国文坛，此后将其作为重要的文学理论著作广泛应用于大学课堂并大力推广。两人作为东亚国家具有世界性眼光的同时代学者，都积极刺取欧洲近代文明，以批判和反省本国文学文化和文明的缺陷。厨川白村和鲁迅面对本国和本民族在近代转型期出现的相似的传统压力、精神的萎缩、意志软弱和无力的内生活现象，都有着相似的忧虑和犀利的批判。对鲁迅而言，《苦闷的象征》不仅是文学理论，而且是近代文明的一种思考，也是促使鲁迅深入思考中国知识分子的使命，抵抗内心孤独的理论支援。

## 一、近代思潮：两种力的冲突与调和

厨川白村（1880.11.19—1923.09.02）是日本明治末年和大正初期的一位学者。就影响力而言，似乎无法与上田敏、夏目漱石、森欧外、有岛武郎、片上伸等人相提并论，但他却是那个时代及后来对日本和中国现代知识界有较大影响的重要学者，特别是因为鲁迅的译介进入中国文坛而地位飙升。可以说，他通过社会文明批评理论对市民性和知识分子的"缺钙"现象进行了尖锐的批判。他直面明治以来的日本现实及日本国民性，以社会批评和文明批评干预日本社会和国民思想。虽然厨川白村在经历了《走向十字街头》和《走出象牙塔》的战斗后提出"苦闷"的理论，但是这"苦闷的象征"正是精神思想的实践。他对欧洲文艺和文明思潮的探讨也好，对文学理论、文学研究、社会文明批评实践的探讨也好，都充满了对近代现实人生的反省和批评。

厨川白村的文学理论体系的建立，既有其本人对世界思潮的独特理解和会心，也有挑战当时的日本文学理论的追求。当时的日本明治文坛正处于由传统向现代的转变，伴随着社会的功利主义、经济至上、物质主义思潮，自然主义文风兴起，享乐主义和欲望书写成为文坛主流。在厨川白村看来，这是日本学者对欧洲文明和文艺发展脉络的把握过于机械的原因，因此自觉地对此种社会和文坛有所反省和批判，并展开自己的文学批评实践。《苦闷的象征》作为其理论的代表作，包括"创作论""鉴赏论""关于文艺的根本问题的考察"和"文学的起源"四个部分。核心观点便是对物质和科技的机械理解的近代文明造成了近代人的人间苦、社会苦和劳动苦，而近代也包含着人的非物质的自由的生命力，对前者形成了强烈的抵抗和创造，现代知识人的书写和思考正是对二者的矛盾和冲突进行思考和表达。简而言之，便是"两种力的冲突理论"："创造生活的欲求"与"强制压抑之力"。现代意义上的文艺应该是人对外在世界和自我精神世界的双重反抗，"文艺是纯然的生命的表现；是能够全然离了外界的压抑和强制，站在绝对自由的心境上，表现出个性来的唯一世界"。[①] 以自然科学技术为基础的近代文明前所未有地丰富，人类的精神世界也变得机械化和科学化。人既是物质生活的创造者，也是享乐者，同时也是被物质社会压抑、奴役、异化的对象，因此，人的精神、思想、心理则处于各种苦恼的状态。

明治以来的日本在福泽谕吉的"脱亚入欧"理论的引导下，逐渐失去过去被看作"小希腊"的日本特色而渐渐成为欧洲的一部分。他们在物质文明方面极速近代化，思想和精神方

---

[①]［日］厨川白村：《苦闷的象征》，鲁迅译，王世家主编：《鲁迅著译编年全集》（伍），北京：人民出版社，第 301 页。此文所引《苦闷的象征》文皆出自此版，不再另注明。

面则夹生化，而在审美方面又想要保留着变异的汉唐文化感觉，形成江户浮世感，这是矛盾的日本。日本在发展成亚洲强国的同时，上自政府，下至知识分子和普通民众，沉浸于西方物质文明的同时也变得更加保守。他们希望懂得洋学，但对近代欧洲的精神却并没有深刻的理解。真正懂得西方文明的人，不但在身份上，而且在精神上也与社会现状格格不入，他们在当时日本社会地位和现状并不理想，因此他们往往会对现实社会进行批判和讽刺。靳丛林和刘娟在《森鸥外〈沉默之塔〉与鲁迅〈狂人日记〉的社会批判》一文中讨论森鸥外和鲁迅的身份时指出，当时日本社会存在这种比照欧洲而认为本国愚昧和落后的知识分子。① 比较而言，厨川白村则以更加理性、透彻的真正近代化视角对比欧洲和近代日本思想和文坛现状。他的《近代文学十讲》是"述而不作"的文学史类著作，《文艺思潮论》则是对欧美现代文艺思潮的历史性观察，也是对《近代文学十讲》"没有言及的最近西欧文坛事实，加以对之作我自己独立的历史解释"②。厨川白村认为，欧洲文明是"希伯来主义 Hedrewism"和"希腊主义 Hellenism"的神性、魔性与人性的对立冲突中发展起来的历史。古希腊的"人性论"也成为十六世纪文艺复兴以来的资产阶级反对封建专制和宗教的工具。

厨川白村把欧美社会的文化思潮归纳为两个思潮的此消彼长：希伯来——基督教思潮和希腊反基督教的异教思潮。这两种思潮也造成灵与肉的冲突，而这种冲突，既是现代人苦闷的根源，也是现代人生活的意义之所在。

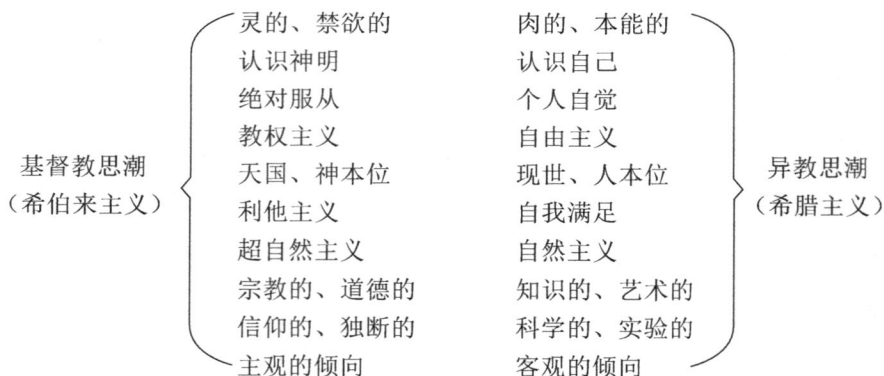

|  | 基督教思潮（希伯来主义） | 异教思潮（希腊主义） |
| --- | --- | --- |
|  | 灵的、禁欲的 | 肉的、本能的 |
|  | 认识神明 | 认识自己 |
|  | 绝对服从 | 个人自觉 |
|  | 教权主义 | 自由主义 |
|  | 天国、神本位 | 现世、人本位 |
|  | 利他主义 | 自我满足 |
|  | 超自然主义 | 自然主义 |
|  | 宗教的、道德的 | 知识的、艺术的 |
|  | 信仰的、独断的 | 科学的、实验的 |
|  | 主观的倾向 | 客观的倾向 |

图 1 基督教思潮和异教思潮对比 ③

在厨川白村看来，人生的全部现实不过是这两种思潮的对立冲突形成的生命现状，二者之间的压抑与抵抗便产生了现代人生。他说："两种力冲突的时候，产生人生所有的悲剧。理

① 靳丛林、刘娟：《森鸥外〈沉默之塔〉与鲁迅〈狂人日记〉的社会批判》，张福贵主编：《华夏文化论坛（第二十六辑）》，长春：吉林大学出版社，2021 年，第 87—93 页。

②［日］厨川白村：《文艺思潮论》，厨川白村全集（第二卷），东京：改造社，1929 年，第 7 页。

③［日］厨川白村：《文艺思潮论》，厨川白村全集（第二卷），东京：改造社，1929 年，第 23 页。

想与现实、个人与社会、理性与感情、知识和信仰——并且另外只有在肉与灵、所有的东西都冲突分裂的时候，能够见到最为惨淡的悲剧。可是人生的真味不是实在地是在这个悲剧之中吗？"① 人的生活现实和生命欲求之间总是对立冲突："倘没有两种力相触相击的纠葛，则我们的生活，我们的存在，在根本就失掉意义了。正因为生的苦闷，也因为有战的苦痛，所以人生才有生的功效。……人生的深的兴趣，要而言之，无非是因为强大的两种力的冲突而生的苦闷懊恼的所产罢了。"②

## 二、苦闷的现代人生："培物质""非物质"与"张灵明""重个人"

厨川白村对欧洲思潮的考察离不开他的知识背景和学术经历。1917 年 9 月，厨川白村留美归日后就职京都大学，在讲授文学概论的过程中产生了对当时日本文学理论体系和立意的不满，便有了基于欧洲文明发展实感基础上的革新突破意识。《近代文艺思潮》和《苦闷的象征》的写作正是基于此种思考。厨川白村所颂扬的雪莱、裴伦、普希金、莫里斯、培特那·萧、威尔士、托尔斯泰、伊孛生、默退林克、勃朗宁、勃澜兑斯、雪莱、拜伦等人，正是鲁迅在留日时期在《摩罗诗力说》《破恶声论》《文化偏至论》等文中所肯定的充满生命意志力的新神思宗、诗人、文艺家，他们才是近代欧洲文明精神的主要代表。

厨川白村所构筑的苦闷的象征的文学理论，与希腊人性主义、非理性主义思潮，特别是意志主义和生命哲学有密切的关系。事实上，在二十世纪初开始，尼采、叔本华、弗洛伊德、柏格森等取代康德和黑格尔等人，在东方的日本明治末年和大正初年形成了尼采热和柏格森热。日本自明治维新，为欧化、"开化"和"优等生"文化所支配，极端重视近代科技和物质文明，却在相当程度上忽视了人的主体性和生命力的近代化。当时的自然主义作家标榜"无目的""无理想""无解决"的生活态度，主体人的性情、个性、精神、思想的力量也为生活所吞没，这对于现代知识人而言是灭顶灾难。而厨川白村所理解的近代知识人，"第一义的艺术，无一不是用来直接表现生命的，艺术家的职责就是尽自己的所能用象征来表现这种生命力，不能成为生命象征的艺术就是不彻底的艺术"③。作为具有自由意志的艺术家主体，对社会生活和生命不能不进行审美化、象征化书写和观照。一切的艺术和表达都是生活和生命的象征化。尼采的自我扩张论、倭铿（德，Rudolf Eucken，1846—1926，一译"奥伊肯"）

① ［日］厨川白村：《文芸思潮论》，厨川白村全集（第二卷），东京：改造社，1929 年，第 21 页。

② ［日］厨川白村：《苦闷的象征》，鲁迅译，王世家主编：《鲁迅著译编年全集》（伍），北京：人民出版社，第 295 页。

③ ［日］田中保隆：《生命哲学的引进》，《近代评论集Ⅱ·日本近代文学大系 58 卷》，东京：角川书店，1972 年，第 11 页。

的伦理能动主义、弗洛伊德的力比多理论、柏格森的生命冲动论、立普斯的神人概念、泰戈尔和托尔斯泰的人道主义等，都是现代人生命力象征化的理论。人性不是生活与现实、伦理与道德节制下的抽象存在物，而是灵肉一致的存在。因此，个体生命对外在文明的束缚有所抵抗、有所战斗，又因为外在话语和传统道德伦理的强大而形成苦闷的情绪和心理。成仿吾也指出："近代人的精神上的痛苦，不在于把一切都否定了。而在于只是怀疑与苦闷，什么也不能肯定。否定是负号的肯定，近代人生真的否定起来，倒也可以减少痛苦，可是近代人之不能否定，正犹如他之不能肯定。真的近代人只是怀疑，只是苦闷，苦的是既不能肯定，也不能否定。"①

1905 年，鲁迅在《文化偏至论》中提出："掊物质而张灵明，任个人而排众数"，又总结新神宗派的"非物质"和"重个人"，张扬"灵明"与"个人"，事实上这只是近代世界的一部分。因为，所谓近代文明基础上的现代人生正是包含着物质和精神两个方面，后者以前者为其土壤。彻底否定物质和科技，事实上就是完全否定现代社会和人生。现代人类，既是近代文明的享受者，又是近代文明泛滥的受害者。个人主义便于其中成长。掊，从手，音声。本义，用五指扒土，亦有聚敛、搜括之意。所以，这并不能认定鲁迅完全否定和批判近代物质文明，而是一种客观叙述。人生的意义也便于此产生。人类的欲望和不满产生于近代物质文明，同时也受其制约甚至抑制。人类的痛苦和烦恼也于此产生，而人之创造的意志和力亦于此产生。叔本华说："世界所包含的一切有限性，一切痛苦，一切烦恼都属于它所欲求的那东西的表现，其所以是如此这般的痛苦烦恼，也是因为意志，它要这样。……它的个性是如何的，它所在的环境是如何的，所在的世界是如何的，它就是如何的担负生存，也就是为偶然和错误所支配，是有时间性的，无常的，永远在痛苦中。"② 现代人生也因为这种环境带来了精神的苦恼，"人生，即无非说是活着这事，就是反复着这战斗的苦恼。我们的生活愈不肤浅，愈深，便比照着这深，生命力愈盛，便比照着这盛，这苦恼也不得不愈加其烈。在伏在心的深处的内的生活，即无意识心理的底里，是蓄积着极痛烈而且深刻的许多伤害的。一面经验着这样的苦闷，一面参与着悲惨的战斗，向人生的道路进行的时候，我们就或呻，或叫，或怨嗟，或号泣，而同时也常常有自己陶醉在奏凯的欢乐和赞美里的事"。③

厨川白村关于文学的认识，与当时流行于日本的自然主义、新浪漫主义和新理想主义都有明显的不同，是有着比较扎实的人学理论和主体性理论，也是对明治以来日本知识分子和

---

① 成仿吾：《评冰心女士的〈超人〉》，《创造季刊》，1923 年，第 1 卷，第 4 期。

②［德］叔本华：《作为意志和表象的世界》，石冲白译，北京：商务印书馆，1982 年，第 482 页。

③［日］厨川白村：《苦闷的象征》，鲁迅译，王世家主编：《鲁迅著译编年全集》（伍），北京：人民出版社，第 308 页。

日本国民受资本主义文明所影响而产生的国民性弱点的强烈批判。他反复强调作家主体内生活的丰富、强大和国民性改造的追求，与鲁迅留日时期的思想有极大的相似性。

### 三、抵抗孤独的方法："心声"与"内曜"

留日时期的鲁迅的经历，可以看作他对现代人苦闷的思考和探索。1902—1909 年间的文言论文可以视为鲁迅思考和探索这种文明根柢的思想痕迹。其中最具代表性的便是《摩罗诗力说》《破恶声论》《文化偏至论》，三文中共使用了 45 处"文明"二字。伊藤虎丸在谈论《破恶声论》时肯定这是"独具我见的文明批评家的出现"。① 高远东先生也在《鲁迅的可能性——也从破恶声论寻找支援》一文中肯定鲁迅探讨的人的精神生活也是他的文明论主题。② 董炳月先生则从鲁迅在留日时期日本明治时代的思想主流，关联到福泽谕吉以来的国家主义文明观，之后又将夏目漱石对欧洲文明的批判与青年鲁迅的个人主义的文明论相连接，他指出："在英帝国留学的漱石与在日本帝国留学的鲁迅，目睹、体验了资本主义现代文明之后，同样成为现代文明的质疑者、批判者并各自阐发了个人主义思想。"③ 文中也引用鲁迅在《〈出了象牙之塔〉后记》中谈论中日差异时言及的中国文明和东方文明的一段文字，肯定了厨川白村对日本国民的微温、中道、妥协、虚假、小气、自大、保守等世态的批评的文字，只是在此并没有把厨川白村的理论问题作为重要的参照。

厨川白村的这种思想体系的形成，是在整体性思考欧洲文明和文艺发展史的过程中确立的，也以之为理论基础在对日本明治末年的文明和文化现象开展尖锐的批判实践中保持生命力。他也是这个时期重要的社会文明批评家。《近代文艺十讲》《文艺思潮论》及以后的《走向十字街头》《出了象牙之塔》都是这样的文本。厨川白村对当时日本文坛和批评主体意识的缺失表达了强烈的不满。因为，无论是自然主义还是新思潮派或白桦派，他们或限于小我的私人世界，或执着于新技巧，或空唱理想的人道主义，这都与世界近代人性的觉醒和人生的苦难现实有一定的距离。1904 年，田山花袋的《露骨的描写》，建立了自然主义文学观。此后创作出《棉被》与岛村抱月的《破戒》一同成为这一派的代表作。与此同时，反自然主义的批评也不断出现。岛村抱月本人于 1906 年 1 月创作的《被囚禁的文艺》指出欧洲新浪漫主

① [日] 伊藤虎丸：《鲁迅与日本人——亚洲的近代与"个"的思想》，李冬木译，石家庄：河北教育出版社，2000 年，第 19 页。

② 高远东：《现代如何"拿来"——鲁迅的思想与文学论集》，上海：复旦大学出版社，2009 年。

③ 董炳月：《鲁迅留日时期的文明观》，《鲁迅形影》，北京：生活·读书·新知三联书店，2015 年，第 79 页。

义正在取代自然主义，日本的文学已经落后于世界文艺思潮。除他而外，通口龙峡、安倍能成、田中玉堂、片山孤村、石川啄木等人都是批判自然主义的大将。厨川白村于 1909 年 4 月在《近代的短篇小说》中指责日本自然主义作家的恶劣描写和对抽象人生观的无意义讨论。1920 年 11 月始连载的《苦闷的象征》中的相关论述也直接针对自然主义："人生的大苦患大苦恼，正如在梦中，欲望便打扮改装着出来似的，在文艺作品上，则身上裹了自然和人生的各种事象而出现。以为这不过是外底事象的忠实的描写和再现，那是谬误的皮相之谈。所以，极端的写实主义和平面描写论，如果作为空理空论则弗论，在实际的文艺作品上，乃是无意义的事。"① 虽然自然主义在反对封建伦理和道德方面有意义，但同时又陷入了世俗生活的享乐主义和唯美主义。显然，厨川白村提出的生命之力，既是对近代文明思潮的把握和理解，也是参与 1907 年和 1908 年的关于自然主义的论争的体味，同时也与人道主义、新浪漫主义和生命主义的开始流行有密切的关系。事实上，十九世纪末以来，生命主义已经成为世界近代文学的潮流，而且在日本也已经开始流行。②

同时，十月社会主义革命也给日本知识人带来反思本国国民性的契机，厨川白村也好，片上伸也好，上田敏也好，都是如此。在厨川白村看来，北欧斯堪的纳维亚文化和俄苏十月社会主义革命都为人的解放和知识人的生命活气提供了希望。布尔什维克"是世界的最大的抒情诗人的他，同时也是大的预言者的一个"。③ 早在《小泉八云及其它》中的《凯尔特文艺复兴概观》（『ケルト文芸復興概観』）一文便是肯定北欧爱尔兰民族反抗英国基督教传统的文艺现状。其诗的想象力、忧郁的沉思、细腻的感情、神秘的灵趣，都对纠正资本主义国家的基督教化、机械化、权力、金钱等压抑下造成的个体生命的异化有重要的作用。在《北米（美）印象记》中总结了美国人的自由，不过是受到两个暴君和一个女王压迫的自由。两个暴君：群众（所谓民主）和黄金（金钱）；一个女王：女人（女子没有与男子同样的地位，在

---

① ［日］厨川白村：《苦闷的象征》，鲁迅译，王世家主编：《鲁迅著译编年全集》（伍），北京：人民出版社，第 314 页。

② 铃木贞美："大正生命主義とは何か"，『大正生命主義と現代』，东京：河出书房伸新社，1995 年。『生命で読む日本近代大正生命主義の誕生と展開』，东京：日本放送出版協会，1996 年；『生命観の探究——重層する危機の中で』，东京：作品社，2007 年。董得福：《生命哲学在中国》，广州：广东人民出版社，2001 年。白井澄世：《关于五四时期柏格森的生命主义——以瞿秋白为中心》，『五四期におけるベルクソン・生命主義に関する一考察：瞿秋白を中心に』，东京大学中国语中国文学研究室纪（10），2007 年 11 月 01 日，第 16—48 页。北村透谷：《内部生命論》，明治十二六年（1893 年），五月三十一日《文学界》第五号。

③ ［日］厨川白村：《苦闷的象征》，鲁迅译，王世家主编：《鲁迅著译编年全集》（伍），北京：人民出版社，第 342 页。

得不到感情需要和人权尊重的情况下，其欲望转向对金钱和权力的追求和享乐）。厨川白村强调知识分子生命的主体意识和个性生命力，明显与明治末年和大正初年的思潮是一致的。他认为诗人是时代的先觉者、预言者，而鲁迅则在引言中说："伯格森以未来为不可测，作者则以诗人为先知，弗罗特是归生命力的根柢于性欲，作者（笔者注：指厨川白村）则云即其力的突进和跳跃。"① 这种以解释文艺，尤其是文学的产生的理论，也可以说是厨川白村的文明论在文学领域的应用。1908 年鲁迅《摩罗诗力说》激烈地批判旧传统、旧文化造成国人心性的萎靡不振的现象。古代先民，本作天声自语，无他者的规约和束缚。但自文明生而达，便"必凄以有所觉，如脱春温而入于秋肃，勾萌绝朕，枯槁在前，吾无以为名，姑谓之萧条而止"。② 古民之"心声""神思"和"内曜"渐趋于静默而绝。中国文化之病乃在于"不撄人心"，使国民如散沙而不能凝聚为力。国民为强权和文明所治，终于变得既无苦闷，亦无思想，自然也无创造力可言。但在远离文明之地，依然有着许多野人或蛮人的野性存在，而这恰恰是人类未来的希望，"盖文明之朕，固孕于蛮荒，野人犹猱其形，而隐曜即伏于内"。③ 一个失去了"心声"和"内曜"的种族和民族，必然在现代伦理和文明面前渐渐萎靡不振。鲁迅寄希望于这样的诗人："诗人绝迹，事若甚微，而萧条之感，辄以来袭。意者欲扬宗邦之真大，首在审己，亦必知人，比较既周，爰生自觉。自觉之声发，第响必中于人心，清晰昭明，不同凡响。"④ 现代知识人必须首在"审己"，并唤起国民之"自觉"，这个自觉也无非是"白心""心声""神思"和"内曜"，以之为前提，知识人保持自我的思想和精神的生命强力和创造力，其后才能谈到唤醒国人内心的、人之为人的人性和生命意志力，先觉之士拨动并激起民众心弦，如此才能有生命力而至于人性之全的实现的可能。

鲁迅称这样的诗人为"立意在反抗，指归在动作"的"最雄桀伟美者"⑤，他们"无不刚健不挠，抱诚守缺；不取媚于群，以随顺旧俗；发为友声，以起其国人之新生，而大其国于天下"。⑥ 他们面对人生的苦难、缺陷、残破，进行不妥协的抵抗，在"寂寞为政，天地闭矣"的国家和民族，迫切需"正信"和"白心"，且有"内曜"和"心声"。所谓"内曜者，破黮

---

① [日] 厨川白村：《苦闷的象征·引言》，鲁迅译，王世家主编：《鲁迅著译编年全集》（伍），北京：人民出版社，第 392 页。

② 鲁迅：《摩罗诗力说》，东京：《河南》月刊,1908 年,2 月和 3 月，第 2 号和 3 号，署名令飞。收《坟》。

③ 鲁迅：《摩罗诗力说》，东京：《河南》月刊,1908 年,2 月和 3 月，第 2 号和 3 号，署名令飞。收《坟》。

④ 鲁迅：《摩罗诗力说》，东京：《河南》月刊,1908 年,2 月和 3 月，第 2 号和 3 号，署名令飞。收《坟》。

⑤ 鲁迅：《摩罗诗力说》，东京：《河南》月刊,1908 年,2 月和 3 月，第 2 号和 3 号，署名令飞。收《坟》。

⑥ 鲁迅：《摩罗诗力说》，东京：《河南》月刊,1908 年,2 月和 3 月，第 2 号和 3 号，署名令飞。收《坟》。

暗者也；心声者，离伪诈者也"①。即同于"诚善美"。此种特质，受历代统治阶级和伦理文明的侵污而几乎无存。如今，厨川白村和鲁迅所提倡的社会文明批评及苦闷的象征理论，正是看到了同为东方民族的中国和日本知识人对东方传统的反思和对西方近代文明的探取。厨川白村在《恶魔的宗教》《宗教与迷信》等文中，都对政治、权力、欲望和资本、基督教思想的控制加以批判。新时代精神和新民众道德应该成为社会的主流思潮。从鲁迅的阅读史上可以看到，他的民众观在一定程度上也受到了厨川白村的影响。他在《走向十字街头·重归民众之手》一文中看到厨川提到的金子筑水收于《文艺之本质》中的一篇《民众主义与天才》。鲁迅于 1925 年 3 月 5 日购得《文艺之本质》，"晚往东亚公司买「新俄美術大觀」一本，「現代仏蘭西文藝叢書」六本，「最新文藝叢書」三本，「近代劇十二講」一本，「藝術の本質」一本，共泉十五元八角"。还译出其中的『新時代と文芸』（《新时代与文艺》）一文载于 1925 年 7 月 24 日《莽原》周刊第 14 期。该文指出，文艺既是由时代 / 时代精神所产生，又可以造成新的时代 / 时代精神，只有作家赋予文艺以某种积极的生命力，创造力，文艺才能进化和发展。笔者在《鲁迅"立人"思想的变迁："天才"与"民众"之间》一文中对鲁迅受到此文观点的影响有详细深入的论述。② 鲁迅主张文艺 / 学问都是对世俗生活的反抗，是给国民大众提供抵抗世俗的力量。无论是艺术还是学问，反抗和创新都是其生命。"文艺是国民精神所发的火光，同时也是引导国民精神的前途的灯火。……我们的作家取下假面具，真诚地，大胆地看取人生并且写出他的血和肉来的时候早到了。"③ 可以说，厨川白村为鲁迅对中国知识分子问题的思考提供了重要而显在的理论支撑。此时的鲁迅，不但创作了深刻解剖自己的《野草》，而且对 1920 年代中期中国社会和文坛事件不遗余力地进行社会文明批判。对"现代评论"派、国学派、转向的创造社以及太阳社等年轻的作家和批评家都有过批评。鲁迅一直都希望真的文艺和真的批评家的出现，他相信真正的文艺是能够暗示出人生的趋向，也能够激起国人的向上的精神。诗人和真的批评都是主体对世界的一种观照。无论是深解文艺的作家还是深味人生的批评家，其创作或文章都是摆脱了任何物质、权力、利益、人际关系和形式的束缚的"精神底冒险"。

厨川白村的文学研究、文艺批评的理论和实践都具有社会文明批评的特点，常常从文学

---

① 鲁迅：《破恶声论》，东京：《河南》月刊，1908 年，12 月，第 8 号署名迅行。收《集外集拾遗》。

② ［日］金子筑水：《艺术之本质·民众主义与天才》，东京：东京堂书店，1925 年，大正十四年一月二十日发行，二月二十日再版发行。《民众主义与天才》，YS 译，《语丝》，1928 年，第 4 卷，第 10 期。白海君：《鲁迅"立人"思想的变迁："立人"与"民众"之间》，《鞍山师范学院学报》，2017 年，第 5 期。

③ 鲁迅：《论睁了眼看》，王世家主编：《鲁迅著译编年全集》（伍），北京：人民出版社，第 317 页。

文本挖掘出社会与现实，并从抽象的理论中宕开，激烈地针砭世界、社会、人生、国民及知识分子的生活和思想。鲁迅的文艺实践也无不具有这样的特点。

## 结　论

　　显然，《苦闷的象征》是厨川白村在梳理《近代文学十讲》和《文艺思潮论》的基础上写成的一部自成体系的"文学理论著作"，然而，无处不显出其鲜明的社会文明批评色彩。他对日本的国民性，日本的知识人在思想和精神的堕落现象的批判是激烈的。他指出，日本人存在缺乏内的生活之力、精神无活气、无创造性、生命力萎缩等现象。同样，对鲁迅而言，《苦闷的象征》也并不仅仅解释了他本人关于文艺诸多问题的疑难，同样也是对世界近代文明精神的东方式思考和有效表达。两人在国民性批判思想和近代世界精神的理解上有很多共通性。

【地方路径与文学中国】

# 散文的小说化与写人技法的多样化

## ——论张宗涛的散文艺术

闫庆生

**【摘要】** 张宗涛是陕西近年间崛起的一位实力派作家。他的散文集《一枝清莲》中，写父亲、母亲的一组作品显示了散文小说化的艺术特征——短篇小说中常见的场景描绘与横断面的剪辑（故事情节比较连贯），富于个性的人物对话，典型化的细节描写，对结构的精心组织——都得到了出色的运用。由之，作品呈现出具体描写较多而又精细、故事性较强、人物形象鲜活的艺术魅力。《一枝清莲》中的"母亲"形象，个性十分鲜明，是一位异常勤劳、饱尝苦难、深情温润而又坚韧不拔、处变不惊的农家女，堪称一个艺术典型。就写人的技法而言，这本集子中小说化的散文与非小说化的散文，都显示了多样化的特色。

**【关键词】** 张宗涛散文；小说化散文；场景描绘；横断面剪辑；《一枝清莲》中的"母亲"形象

**【作者简介】** 闫庆生，陕西师范大学文学院教授，博士研究生导师（西安 710062）

张宗涛是陕西文坛近年间崛起的一位实力派作家。他于 1984 年从陕西师大中文系毕业后留校任教，一直忙于教学工作，只是在"知天命"之年过后才投入文学创作。现已出版中篇小说集《地丁花开》，散文集《一枝青莲》，尚有长篇小说和多个中篇即将问世。他的家族历史充满起伏，个人经历也非一帆风顺；而在创作上，他是厚积薄发、一发而不可收、势头强劲的。他出道虽迟，但艺术修养较高，创作的起点不低；他以写小说为主，却在散文领域出手不凡；他为人低调内敛，但却坚实地开拓着属于自己的艺术天地。

他的散文，在正宗散文之外，出现了小说化散文与诗化散文这样引人注目的两大板块。本文试图论述其散文的小说化与写人技法的多样化。

—

《一枝青莲》共分三辑。《铭心篇》18 篇，以写家族家庭的历史与人物取胜；《体物篇》

19 篇，以写秦地风土人情见长（含游记、随笔）；《苦思篇》7 篇，则主要是创作自述。因题材的多样，作者的写法也就多变，在不同分支文体中展示了自己多方面的艺术才情和精湛的艺术技巧。

"小说化的散文"，正是张宗涛散文的一个特征（非整体性的特征）。他的有关作品表明，他在此方面取得了不低的艺术成就，值得我们进行专门的探索。短篇小说中常见的场景描绘与横断面连缀（故事情节比较连贯）、富于个性特色的人物对话、典型化的细节提炼和描写等写法，还有对结构的安排，在他的几篇散文中，都得到了很好的运用。著名散文家兼评论家李广田先生曾说："小说须全作具体的描写，即使是议论，是感想，或是一种观念的陈述，也必须纳入具体的描写之中；散文则可以作抽象的言论，以说明一种思想，一种感情，一种论断。"[1] 在谈到小说化散文的特点时，李广田先生明确地指出，这一类散文的长处，也就是小说的长处："比较客观，刻画严整，而不致流于空洞，散漫，肤浅，絮聒等病，——而这些却正是散文所最易犯的毛病。"[2] 具体描写较多，故事性强，人物形象鲜活，这是张宗涛小说艺术向其散文文体渗透的结果。

《铭心篇》苍凉悲痛，读来令人不禁唏嘘。家族家庭的历史里，交织着时代的风雨；多色调的伦理叙事中，透出人性的呐喊。很明显，作者在这里所着力描绘的，是艰难时世中自己的严父和慈母。集子的首篇《汤泡馍》，以父亲指派十岁多点儿的"我"前去"跟事"（行情，参加婚丧嫁娶）为线索，展开了故事。此文前半部分写了父亲此举的动因（"不能再野了，该学点人情礼数了"），送"我"出发时父亲和母亲的殷殷叮嘱，到了亲戚家后旁人的不解（"你爸咋不来，支个小娃！"），我在席间狼吞虎咽地吃汤泡馍（吃了三碗汤，三个馍），并听了"他们"关于"我"家父辈人寿短促（五十七好像成了一个定数）、多遭厄运的传说，回家后"我"放声大哭，得了心病：总怕父亲有什么不测。后半部分写"我"圆了父亲盼儿子考上大学的梦，父亲在农村实行土地责任承包以后庄稼比谁家务得都好，"可日子还是很穷，缺钱！"某一年的腊月二十，"我"亲自下厨，在母亲的帮助下，做了一顿"特香"的汤泡馍，父亲盘腿坐在炕头，端一碗一吃，边咳嗽边赞叹："跟厨子做的一模一样！"——原来，那天是他的五十七岁大寿！父亲吃汤泡馍，接受敬酒、敬烟、敬茶，知道了这是给他祝五十七岁大寿后，一下子泣下如雨，涕泪纵横。一直布在一家人心头的魔影是："五十七，那是我们整个家族忌惮的岁数，它是父亲同胞弟兄中寿命的大限！""穷困和动荡，让我的父辈们寿命都很短。"当年父亲虚龄五十，就把他十岁多点儿的儿子往人生舞台上推！工作

---

[1] 李广田：《谈散文》，《中国现代散文理论》，南宁：广西人民出版社，1984 年，第 143 页。

[2] 李广田：《谈散文》，《中国现代散文理论》，南宁：广西人民出版社，1984 年，第 149—150 页。

后，"我"把父亲接到了城里，给很想吃汤泡馍的父亲专门做了这种吃食——还请他吃了西安各种特色饭食，他吃了却感叹说："咋吃咋不香么！""咋都没有汤泡馍爽口！"父亲活到了八十三岁，我因日子好了，生活富足了，父亲却再不能享受天伦、看世事了，"我"徒然叹息："这多么悲怆！"

饥荒的煎熬，通过几句话凸显了——父亲送行语重心长："少喝汤，多吃饭！"母亲把装了五个蒸馍的旧布袋递给"我"，泪兮兮地叮咛："上礼时，随手把馍兜要回来，装好！"——这些话语的背后，藏着多少难言的辛酸！

小伙伴对"我"出门跟事，如此反应："齐刷刷瞅着我，嫉妒得眼睛发红，羡慕得目光发绿。"——以目传神，是现代派夸张的真实。

家族家庭的苦难和时代的忧患，化入了"我"幼小的心中。被以汤泡馍等为象征的农村记忆催得早熟的"我"，在祭奠父亲的亡灵时，仍在默默地咀嚼自己幼年的痛苦记忆：

> ……我把厨子做好的汤泡馍，舀头一碗献到父亲的灵桌上，冲着列祖列宗的牌位失声痛泣："爸，你再尝一口汤泡馍吧！"
>
> 回应我的，只有那高亢而悲怆的唢呐曲《祭灵》。
>
> 你说，故乡的汤泡馍，能不深深烙在我心，烙在我日渐退化的味蕾上，以供我细细品味？

《汤泡馍》全文四千余字。它既有散文作者刻骨铭心情感的直接吐露，又有小说的严谨结构、回廊曲院、场景和人物的白描。至于它对乡间风土人情的真切描写（如坐席、待客），笔力入木三分，令人每每有身临其境之感。

散文集里，一支笔并写三人：父亲、母亲和作者自己。集子中专写父亲的是《父亲的眼泪》。这篇散文，以大半个世纪的世道变故为背景，以父亲的多次流泪为线索，塑造了一位平生勤俭良善、半世病弱、关中硬汉子的父亲形象。全文一万五千余字。在写法上，将大跨度的简笔叙述与细腻的情境描写相结合，有点传统史传的味道；在叙述上，一方面先点明某年国内外发生的大事（如在 1964 年写道：那一年法国和中国建立了外交关系，大型音乐舞蹈史诗《东方红》在人民大会堂公演，中国第一颗原子弹引爆成功，国务院批准将邠县改为彬州），接着再叙写家中的事件，如："父亲把九岁的彩铃埋在了哪里？他至死都不告诉我们，人要问，他只会摇着头流泪，哽得一句话也说不出来。"继而交代有关事项，展开场景描绘——这种写法，很容易使人想到史传的轨范。父亲的大半生，可以说是在贫穷、饥饿、家计难以为继、亲人多夭亡的艰苦境况中硬撑过来的。"家贫如洗，常年告贷"，"父亲的胳膊、脚腕细如麻秆，上面的青筋暴起来老高老高"。行文中，截取的横断面在人生节点上都具有典型意义，而多次面临绝境的父亲，既极力支持，又痛极伤心，往往流下伤心的泪水。

弟兄六人只剩下了三个，父亲每天晚上都陪着爷爷，他想多尽尽孝啊！哪料次年，爷爷也撒手西去，享年六十六岁。爷爷白发人连送两个黑头儿，又眼睁睁见他最小的儿子常年疯癫在外，自是生不如死，终于在一九三六年春二月桃花吐蕾时咽下了他最后一口气……爷爷是死在父亲怀里的，是父亲合上了爷爷大睁着不肯闭上的双眼。母亲说差不多有三年，父亲的眼泪就没有断过。

母亲重病垂危，无钱医治，求告无门，全家大小陷入悲苦绝望的深渊。这一规定情境的逼真描写，撕心裂肺，痛断肝肠：

> 父亲弯着腰，弯弯地坐在坑头，旁边躺着奄奄一息的母亲；母亲旁边，半跪着我两个幼小的妹妹。
>
> ……
>
> 一阵寂静之后，勾着头的父亲奋着眼皮说，他已经跑遍了所有能去的人家，也没能凑到钱，要二哥（大伯的小儿子）也想点法子。
>
> 二哥烟锅里的火忽然熄灭了，停了半晌，喉咙里才挣出一句话："我有啥法子。"
>
> ……
>
> 我看见，父亲的嘴唇猛然哆嗦起来，紧接着，豆大的泪珠子一颗推着一颗砸到了他面前的光炕席上，也一并砸到了我的心头。
>
> ……

有道是：男儿有泪不轻弹。文中，凡写到父亲流泪之处，皆是悲痛欲绝之时，几近走投无路之境。应该说，父亲的眼泪里，折射着时代的风云变幻、家庭命运的变化。"我"上了大学后，从助学金和伙食费里一分一分抠、一角一角攒，放假回乡时买了些鱼肉、菜蔬、瓜果和烟酒，全家在农家小屋聚餐欢会，"当七大碗八大盘的饭菜摆上土炕头，盘腿的父亲百感交集，忽然就老泪纵横、泣不成声"。这是人情之常的乐极生悲，然而经母亲的一番解劝，父亲又笑个不停——在这里，生活与艺术的真实性，产生了征服人心的巨大魔力。作者正是运用画龙点睛的细节描写和"蓄势于前，突转于后"的技法，演绎了父辈的悲欢离合，兴衰成败，有力地弹拨了读者的心弦。当"我"在城里分得一套三居室的房子，回乡接父母进城时，父亲舍不得农家物什，都视之为宝贝，"一一清点，一一收好，一一用手摩挲，那种难舍难分的情状，让我五味杂陈"。好不容易拉他上车，刚一驶出院子，"父亲忽然间小孩子一般咧嘴泣下，失了声：'这损失大得很！这损失大得很！'""我"紧紧搂住父亲，任他瘦削的肩膀在"我"臂弯里耸动。紧接着，作者写道："那一刻，我心里，刺痛地感到，那个破败家园里的一草一木，都沾满了父亲的汗水，都浸透着父亲的心血，都牵绊着父亲几十年岁月、数代人的亲情，叫他怎能舍得下？"——几处都是这样，作者把小说的白描与散文的直抒胸臆，了无痕迹地糅合在一起，该铺排处铺排，该敛合处敛合，自觉不自觉地切合小说化散文的内在逻辑来行文，而这，恐怕是以写小说为主、兼写散文的作家一个可在文体间转移发挥的优长之处。

## 二

既然是小说化散文，那么就有一个人物形象的问题。传统的散文，如果写人物，一般地说，也只能产生片段的形象；但小说化的散文，如果故事性较强，有若干横断面的连缀，就可能塑造出比较完整的人物形象。作者写母亲的篇章，在这本集子里，有《煎汤面》《吃螃蟹》《火红的柿子高高挂》《一枝清莲》。其中，《一枝清莲》里，母亲的形象比较完整，加上其他几篇，母亲的形象就更丰满、更厚实了。细细省察的话，《一枝清莲》中的母亲形象，够得上一个典型形象。

《煎汤面》以吃煎汤面为线索，写饥荒岁月"我"家日子的艰辛，写娘的善良勤劳和大慈大爱。故乡风俗，腊八吃煎汤面，之后，就是腊月二十三，正月初一、初七和十五了。腊八那天，经娘巧妙有序的操作，一碗碗"有根有叶有花有果，红是红、绿是绿、黄是黄、白是白的煎汤面"，便香喷喷、热乎乎被递进家人手中。可是，娘不独为年节里的几顿煎汤面苦虑，更得为一年三百六十多天日子劳神。"出工回来，娘就春剜野菜，夏拾麦穗，秋打猪草，冬挖药材，每误了饭点，常常腰酸腿疼。"令人无限伤痛的是："娘从来不让我们看到她的脚，她说她的脚被碎玻璃烂瓦渣缠得淌过血流过脓，看一眼我们会几天不想吃饭。"多半的岁月，"娘都会抹着眼泪，怜惜地对我们说：'爹娘没本事，让我娃短精神。'"实行土地承包以后，情况好了，娘自主规划，精耕细作，一天三晌午，都在地里，粮油和瓜果、菜蔬，吃用不尽。每每孩子们回家，娘就会天天做煎汤面，满眼慈爱地瞅着一家人吃。到了城里。娘已经七八十岁了，力薄了，"要跪在高凳上揉面擀面，往往擀一案面，要歇好多次，但娘不听任何人的劝阻，并将此作为一种别样的享受"。一天，"我"说："娘，我都五十三了！"娘说："你就八十了，还是娘的娃！""——如此写母爱，真是力透纸背，举重若轻，感人至深！

《吃螃蟹》一文，通过进城后，日常生活中同母亲一起"吃螃蟹"的情景，写母亲总是"黏"在"我"的身边，问这问那，"我"嫌她烦，顶她几句，她赌气说不管了，可是没多久，她又来"黏""我"。作者敏感地觉察出了这一情感现象的深层心理内涵，他以"时光倒置"的回想，在文本中，插入少时自己总是像条甩不掉的长尾巴，颠颠地拖在母亲身后叽叽喳喳个没完没了的情景描绘。如问："鸡怎样尿尿？""面是白的，怎么蒸成馍馍又黑又红？""柴火是灰的，怎么火焰那么红？"母亲回答："妈不知道！我娃长大学本事了说给妈听！"在那艰难岁月，母亲得为她的家，为她家里几个少不更事的儿女在田间刨生计，灯下补日月。"可母亲从来没有烦过我们的叽叽喳喳和顽皮捣蛋。她咳着喘着，眼睛柔柔脸笑笑的，任由她的儿女在炕头打打闹闹，在屋子里争争吵吵。她把这些视为她苦焦日月里最大温情和暖心，以一个母亲的那份柔软，当作一份拥有和享受。"下边这个镜头，令人悠然神往："多半的时候，我就那样，攀在手拉风箱的母亲肩头，或黏在缝缝补补的母亲怀里，承受着心灵上的依恋和情感上的呵护，而母亲，则在这样的母子亲密中，享受着她既慈又柔的舐犊长情。"而现刻她在吃螃蟹时，问这问那，这正是在无意识地享受着亲子之爱，天伦之乐。全篇在这意象式互文写法（而非文字互文）的反复比照中，在情景的着力渲染中，既凸现了母亲天性的慈爱里，有着极为柔软温润的成分（"老小，老小"），又借母亲说螃蟹好吃，在文末揭示了一个平凡的道理："她所谓的好吃，多半非指那些膏儿黄儿肉儿，而是她越来越需要的这份关爱、呵护与陪伴！"——说这是一篇别开生面的至情之文，恐非过誉。

《火红的柿子高高挂》是一篇带有苦涩诗情的散文。饥荒时，"日日恓恓惶惶，缺吃少穿捉襟见肘，寻常不过的柿子都成了稀罕得不可多得的甜美"。母亲既得痛惜儿女，又得盘算日子，她数着人头，浆了一锅柿子，很严肃地说："不能多吃，更不敢做贼！"——这可以说是近乎严酷的母爱。母亲看着身边一张一张小嘴，一人手里塞一个："吃，豁出去了！"由于她这种苦涩母爱的浸润，演绎出了以下的动人画面：

> 弟弟一整个塞进嘴里，鼓着腮帮子嚼。姐姐剜他一眼，把她手里的那个也塞给弟弟，舔了舔嘴唇。弟弟都张嘴要吞了，却停住了看看姐姐，看看母亲，把一个柿饼扯成两半，一半喂进姐姐嘴里，另一半，叫着嚷着要喂给母亲。母亲心疼地说："妈不吃，娃吃！"弟弟喊着："不，妈吃！不，妈吃！"母亲低下头，衔住那小小的半个柿饼，向姐姐丢个眼色，两张笑笑的脸上，都漾出一汪涂了蜂蜜似的酡红。

这是出神入化的描写，是艰难境况之下的母爱熏陶出的寒素人家相濡以沫的群象，又是情至极境人性火花的喷射！但是，出人意料的是，生活改善，进城后，母亲唯一想的，仍是她的柿子。她面对儿孙们带来的各种柿子，如数家珍，吃法也好讲究。一位画家亲戚说："柿子能勾起老人家对故土的回忆，她吃的是一种乡情。"可见，母亲不仅热爱生活，热爱命运，热爱家人，而且由衷地热爱生她养她的乡土风习。她，真是一位深情执着、温情绵软、大爱无私的农家母亲！

与《父亲的眼泪》相对应，《一枝青莲》是铺展开来写母亲的。在此篇中，母亲的形象得到了很好的艺术概括。"娘七八岁就被使唤到锅台上"，她很快就学会了蒸馍擀面打搅团，学会了煎炒蒸煮煠炖焗，也学会了拆拆洗洗、缝缝补补。于是，一家人的冬袄夏衫、棉靴单鞋，便成了娘两餐忙罢后日复一日、年复一年的劳碌。小姨曾为她打抱不平，说她像个使唤丫头，谁都能指拨、派遣，娘呵呵一笑："总得有人当柱顶石，我倒情愿是我！"应该说，一个人做到勤劳并不太难，而在群体、家族中，任劳任怨，则需要开阔襟怀和牺牲精神的有力支撑！娘是兄弟姊妹十好几个里唯一的"睁眼瞎"，她说："我一个瞎子，换来十来个眼亮的，值了！""我是老大，长姐如母。"只是到了电子化时代后，她才后悔这一辈子没识字。这说明，她对早年的生活有所反思，并非一点没有主体意识。她一辈子都很看重读书，在苦难中也要把儿女送进学堂，严加管教。

那个年代的女性，难得逃脱摧残人的缠脚之苦。临缠脚，她垂泪问外婆："能不能不缠？"这乞求当然得不到满意的答复。缠脚后，"娘就那样，一瘸一咧嘴、一拐一抹泪地操持王家老少的茶饭、被服、鞋袜，一天也没有空过，一晌也没有歇过"。她的天性十分厚道，"从不跟人过不去，也从不跟自己过不去"。她守持的始终是自己内在的善良、纯美；她在家族、家庭里，全力以赴，非常勤勉；她的语言质朴，随口而出，有啥说啥；她心里亮堂、纯净，恨不得把心掏出给人看！

在岁月的推移中，一个大家庭不可能一直风平浪静，总有风雨来袭的时候。"家大业大活便稠，人多嘴杂事就多"。家里一些人把她的能干多干、待人宽和视为应该，于是，就有了难缠的口舌之争。在这种常人难以忍受的处境中，娘心如止水，平静地说："我就爱做个饭缝个衣的，一大家子都对我又痛又爱的，他们也就说了闲话！"她一席话，倒叫性情刚烈的外公落下了眼泪："我娃好心性，福报在后头！"出嫁后，她依然勤苦——除了家务活，还得下地劳动。"春种、夏收、秋晒、冬积，她踮着小脚像男人一样出力流汗，裤腰煞紧，袖子挽高，间苗、锄地、割麦、扬场、担粪，一点都不惜力。"但是，慢慢地六七个妯娌间起了生分。面对妯娌的躲奸、耍滑，"娘看在眼里，容在心里"。她的口头语是："有个病死的，没个活做死的！"妯娌们结了盟，背后对她进行攻击乃至诬陷。娘被孤立了。在此情境中：

娘心里再苦也不吭声，该怎样还怎样，没事儿人一样。活还拼命干，饭还精心做，照样妈长妈短、嫂亲嫂热地唤，你不请我我自来，你不搭理我凑趣，一副没肝没肺状。娘说："心里没鬼时，有鬼也自无；心里有鬼时，没鬼也自有。"

路遥知马力，日久见人心。娘用她不计长较短，不患得患失，让心地善良的奶奶和婶娘们慢慢消弭了隔阂，一大家人虽常有磕碰也难免纠纷，但总体融洽和睦，相亲相爱，在方圆几十里是出了名的。

娘不仅在繁重的家务中劳累，在妯娌纠纷中忍气吞声、宽厚待人，还须在时代变迁带来的家道衰落中勉力支撑。大伯、二伯因挑着担子枭粮买油落下残疾；三伯贩马途中咯血而终；四伯客死他乡；爷爷在家计艰难中落了个"烧心病"；二伯火暴脾气，打人骂人；奶奶遭受多重打击一病不起——"一家上下，全乱了套"。设身处地，任谁在此境况之下生活，都会感受到极度的压抑、无奈。然而，"娘此时候却格外沉静"。她不仅以自己朴素的、随缘而发的人生信仰从精神上解脱自己，还将悟得的道理讲给爷爷、奶奶听："人哪，没有享不了的福，也没有受不了的罪！你把罪当罪，它就是个罪；你把罪看成福，它或许真就成了个福！"——尽管她的这话并不完全妥当，但里面却包含着智慧和与命运抗争的坚韧毅力。应该说，在灾难、纷乱中显得格外地沉静，顽强地将自己开悟的道理付诸与命运搏斗的行动，并且有效地给长辈做"思想工作"——这是母亲形象一个十分突出的性格特征。还应该特别提到，上述的一些情节，说明母亲形象具有难得的"临事不惊"的品格。大事临头，不慌不忙，从容以对，尽力化解。作家孙犁曾指出，女性往往具有此种优点，而这一点，在当代文学的母亲形象中，还是较少看到的，因而，她的形象应该在当代文学的母亲形象系列中占有一席之位。

下面的这个情节，把母亲的临事不惊推演到极致，是扣人心弦的：奶奶在临终前，要将一点体己给娘，娘硬是不要，奶奶当晚就咽了气。这下子，家里吵成一锅粥，怀疑到娘。娘"遭到围攻，先搜身，再搜屋，一无所获"，而且受到谩骂。在蒙冤不得叫屈、父亲也从外地回来逼问娘的情况下，娘就把经过一五一十说给父亲。父亲决定："搜"，"各房全清一遍！"而出人意料的是，娘此时一把扯住要扑出去的父亲："家都这样了，你忍心？就搜出来了，你心里能好过？"父亲打了娘一巴掌……就这样，"娘把外公给她陪嫁的一百块银圆和父亲带回来的几百元票子，都搭了进去。多年后，作者问母亲承认的缘由，她的想法是："人要舍得吃亏！咱赔了，就没人再争竞了。当年就咱家嘴少，他们每家老老少少一大帮子，都得活命呀！"——后来银饰就在爷爷的柜子里露面了，爷爷临终前，给各房分了。读至此处，读者都会心里一震：天下竟有如此忍辱负重、看重群体利益的农妇——奇女子！

作家葛琴早在 1942 年就曾强调，散文写作的一个重要条件"便是朴素，有什么就说什么，不需要雕刻堆砌和虚构，这样才能显出原来的真实，情感，有许多美丽的散文，大抵是描写身边琐事，平平写来，却极动人，这就是由于它的朴素无华，行文如流水，任其所至不加壅阻，文章就显得自然真实。所谓散文美，也就是这种朴质和真实"。[①]1982 年，孙犁指出："散文的道理有三：一是要质胜于文；二是要有真情，要写真相；三是文字、文章要自然。"[②]

据此，我们可以说：因为《一枝青莲》是作者经历的纪实性散文，所以它的情节是真实的；又因为它是小说化的散文，结合了小说与散文两种因素，它在逻辑上就可能塑造出典型形象。而这最后一个情节，不是还有点传奇色彩和戏剧性吗？事实上，以上的分析，说明了母亲在这篇散文中，其性格是多面的、完整的、丰厚的，其形象达到了艺术典型的高度。她的形象，是与她生长的那个时代，那个家族家庭，血肉相连的，有着独特意蕴的。著名作家汪曾祺在论述散文化小说时，曾指出："散文化的小说不过分地刻画人物。他们不大理解，也不大理会典型论。"[③]但是，小说化的散文，却可能与汪曾祺所说的小说化的散文反一调——在作者较多地将小说中创造典型人物的技巧运用到散文中时，在现实素材足够支撑典型人物的塑造时，在散文与小说这两种文学体裁交织融会、难分难解时，典型人物的塑造，完全是可能的。

作家张宗涛，不正是小说家吗？

## 三

李广田曾指出：小说必有中心人物，散文却不必一定有中心人物。由此可见，小说化的散文，写了中心人物，正是合情合理的。散文家侯雁北先生，在给其弟子张宗涛的散文集《一枝青莲》写的序言中，重申自己的主张："人是生活的主体，和其他样式的文学作品一样，写人也是散文的主要任务。"我们可以说：散文也写景，也抒情，但散文写人也是很常见的。即如李广田所说的"正宗"的散文《背影》，不也写了父亲的形象吗？

这本集子第一辑 18 篇，除了《先生散记》等少数几篇，都是着意写家族、家庭人物的。这些篇章，是一种伦理叙事，也是一种创伤叙事。值得注意的是，在写法上各篇都有其特点。大略言之，《父亲的眼泪》近乎史传，《一枝清莲》是本色的短篇小说，《红红的柿子高

---

① 葛琴：《略谈散文》，《中国现代散文理论》，南宁：广西人民出版社，1984 年，第 139—140 页。

② 孙犁：《孙犁选集·理论》，西安：陕西师范大学出版社，2003 年，第 463 页。

③ 汪曾祺：《晚翠文坛新编》，北京：生活·读书·新知三联书店，2002 年，第 34 页。

高挂》则在叙事里多了些许抒情笔调。而《二娘》一文，则以对"炸油饼"的"保卫战"等细节的描写，情感上的悲喜相衬，结构上的缜密细致和草蛇灰线，音乐上的旋律感，达到了较高的艺术水平，从而塑造出二娘这个朴实的女性形象。文本余音绕梁，读后掩卷沉思，就会想到她的凄苦，她的善良，她对好日子的追求和对子女的关爱。《大嫂》一文，以大嫂的浓浓亲情，衬托她婚姻上的悲欢离合；《大姐如柳》，围绕大姐如柳虚岁不到15就被"伯"嫁人换得一石麦子的故事，来写她和家族的命运，主调悲苦，写来如泣如诉，令人肝肠寸断；《长姐漫记》，书写胞姊如民的不幸婚姻、生育状况与贫病交加，叙述随情节而起伏跌宕，在细节的白描中融入了议论与抒情，虽并不着力刻画主人公的性格，但却通过纪实性的描述，使长姐的弱女子形象跃然纸上。大体而言，这一辑里的多数散文，都是围绕家族、家庭某一人物的命运而展开的，背景是时代变迁和家道败落，其写法上也有共同之处：细节描写逼真，语言质朴，结构严谨。然而，细细揣摩各篇写法的同中之异，可以见出作者拥有较为娴熟的艺术修养。

作者在散文写人上的写法多变，也可以从集子里记叙的三位当代作家的散文明显看出。这三位作家是：作者的恩师、散文家、同事侯雁北（阎景翰），已故小说名家、同事红柯，已故小说大家陈忠实。这三位，都是陕西作家。

《先生散记》有小说的成分，而其余两篇则是本色的散文，也就是非小说化的散文。

先看《先生散记》。本文的特殊视点是在相对意义上区分了主人公的两面——一是艺术世界里的侯雁北，一是日常生活世界里的阎景翰；其写法，主要是运用主人公富于个性的语言来揭示其性情和深邃的内心世界；将其家累之重、工作之忙与对其文学创作的痴迷不倦相映衬；又在不少段落采用了留白的手法，还以心理分析的话语启示读者理解文本的意旨。作者写道，自己考大学（1980年），就是奔着陕西师大中文系有位作家侯雁北去的。他于1984年留校任教，与先生同在一个教研室工作，成了先生的入室弟子，30多年来，师生二人多有交往。应该说，在《先生散记》这样一个题目之下，可写的东西是很多的。但要写好，当然不能不对素材进行剪裁。先生体弱，多子女，在一个长时段里困于谋生，业余写稿子换钱，后来，老伴瘫痪多年卧床，"要服药，要康复，要雇人照料；要伏案写作，要备课上课，要批改作业，还要挤时间去给电大、夜大兼课挣那一节五元的收入贴补家用……"陕西师大的不少人都知道，阎景翰先生脸上有着纵横的沟壑（有人说先生的脸像"核桃皮"）。但是，敏感的张宗涛想到的是："那些纵横的沟壑里，到底藏了多少为人不知的困顿和辛劳、酸楚和忧愁？"他深深感到了恩师在日常生活中的内敛、沉静和倔强。有一个像魔鬼一样的细节，绝好地表征了先生多年被"饿怕了"的心理：他过八十大寿时，作者送去了一捧鲜花。先生当面夸奖："这个好！"作者以为自己给先生阴冷、简陋的屋子增加光彩的初衷不错，还很得意，但先生的另一弟子告诉他，先生的话分两头，一则说他送花这一行为"最浪漫""最懂得他"——这可以说是从精神世界说的；但先生又丝毫不掩饰自己内心的真实想法，说："要把这些钱买成肉，那我得吃多少天！"——这是从物质生活世界说的。因这后一句话，作者心里堵堵的，怏怏地躺在床上，怎么也睡不着，"感到了一种锥心刺骨的酸楚！"先生的话，既通情达理，又不掩饰自己，其性情之真，于此可见。

先生六十五岁退休，至今已近三十年。他一直笔耕不辍，著述颇丰，几乎每年都有一本厚厚的散文集或小说集问世。这是他的生活常态：

> 每到先生家里看望，他都躬身坐在电脑前，手握汉王笔，一笔一画码字，专注、投入、执着——先生已至耄耋之年了啊！

这一情景，我也是常见的——因为，我是他的堂侄，也在中文系任教，常去看望他。张宗涛写道，他曾劝说患了脑梗、需扶拐杖的先生，"还写啥嘛，劳神，花钱，出力不讨好！不如好好安享晚年！"作者看到的是："先生嘿嘿只管笑"。——这笑而不答，含义深沉，启人深思。这是艺术上的留白。

在先生老而弥坚精神的感召下，作者也旧梦重拾，写起了小说。头一次，他拿十多万字的三个中篇给先生看。谁知，仅三天先生就看完了。原来，"先生除过吃饭睡觉，一整天都在看，一会儿流泪，一会儿笑"，"晚上要看到十二点一两点"；几张纸上，写满了密密麻麻的批语。他对作者说："不要再受干扰，好好写！写一个，就给我拿一个！"——不得不说，先生是从灵魂深处热爱自己的学生的，是真正热爱着文学事业的。2008 年先生八十大寿时，文学院院长看到先生几十年来发表创作和科研成果的 PPT 后，十分感慨地说："阎先生居然有那么大的成就！看来我们北方人太缺乏宣传意识了！"当别人把此话传给先生，先生听后淡淡地说："人又不是产品，不需要叫卖！"作者对恩师的评价是："一个不问荣辱埋头写作的老派文人！"[1]——毋宁说，先生也是一位孤傲的人。

众所周知，散文比起小说来，更为讲究语言。[2] 再加上小说中人物富于个性化对话的需要，这两重性的叠加，更凸显了《先生散记》中主人公语言的艺术魅力。这篇散文，主人公富于个性化语言的选用，只有寥寥数语，但却言约意丰，耐人寻味——想着想着，会令人通

---

[1] 张宗涛：《一枝清莲》，天津：百花文艺出版社，2019 年，第 6 页。
[2] 阎庆生：《中文本科毕业论文写作片谈》，《陕西师范大学继续教育学报》，2000 年，第 1 期。

达于一种幽深之境。

《我眼中的红柯》，写法则不同。它最突出的特点是：在对主人公音容笑貌的刻画和事迹的叙写中，化入了不轻的、诗意的文学评论成分。整体上看，这是一篇本色的散文；但就其思想深度而言，完全也可以将其视为有分量的文学评论。作者由"我是眼见着红柯那头稀疏卷曲的头发一点点变白了，白得刺眼刺心"缓缓入题，写他在人们心中的印象："（常见他）手提两大袋书籍资料踽踽独行，满脸思虑，眼里装满很多心事似的"。——给人一种面冷、孤僻的感觉。连他的爱妻也叹息："红柯看着就像一个老头！"可是，接着作者笔锋一转："红柯要谈起文学，那定是眉飞色舞，比美食家谈名菜还要口水四溅，比情圣论美女还要眼睛放光……"——应该说，这才是文章真正的"入题"。回忆起最初读红柯小说《美丽奴羊》，宗涛惊异于"小说竟然可以这么写！"他极力赞叹："红柯的语言，像塞北的风，是能摧枯拉朽的。"一进入文学的话题，宗涛的心语，似水银泻地：

> 红柯用他手中那支神奇的笔，赋予世事以特殊的诗意和神性，让我们在功利时代感受到了一份暖心的温情。他不动声色地解构着当代人建立在物质基础上虚妄的幸福感，召唤人们向人之所以为人的精神高地靠拢。物境和情境、人性和神性、现实世界和诗性世界，在他的作品中完美地共构出一种极具内在张力的审美，抚慰人的浮躁，缓解人的焦虑，细雨一般滋润人们糙硬得几近板结的心田。

散文容纳诗意，诗意虚化散文、情化散文，这样可以促成情文并茂，容或酿成一种意境。张宗涛熟悉红柯，熟读红柯的作品，故他对红柯的感受是入木三分的：

> 我总觉着红柯是一瓶度数很高的烧酒，平时装在瓶子里，冷冰冰的，要不贴标签，看不出有多么稀罕。红柯多数的时候，给人的印象是孤傲的、沉默的、不大合群的，甚至有人很觉得他很傲气。但熟悉他的人或者是朋友，都了解他其实是一瓶能让人热血沸腾的烈酒，盖子一开就已经酒香四溢；两杯下肚，马上能让你闭合的毛孔迅速张开；倘见着一点儿火星子，会立刻燃起蓝汪汪的火焰——那是奔放的诗心啊！

作者还引用了红柯的一些关于文学创作的话语。多是当面听到的，有些是从其文章中引用的。如："人心太硬了！""现在还有多少人能静下来阅读文学？""文学是需要压力的，处于一种紧张状态，感觉就会灵敏，思维就会活跃，即使遍体鳞伤也乐在其中。"——妙在他不是生硬地焊接连缀，而是将其水乳交融地化入文章。上文提到，红柯表面冷，但其内心是火热的。当他得知张宗涛发表了几个中篇，立即动员出个集子，他来作序，并自顾自策划让谁谁题写书名，推荐哪家出版社出版，约哪些人开研讨会……张宗涛为其古道热肠所深深感动，他感慨地说："红柯的文学瘾很大，以至于凡跟文学有关，他就爱，就视为亲近，就当成盟友，可以交心倾情的。"然而，天妒英才，红柯英年早逝！作者衷心追悼之情，是难以压抑的："红柯注定要成为一棵兀立荒原的树，生命有限，但奇崛不倒！他重要的文学成果和可贵的文学精神，必将傲岸于生生不息的人世，成为久远的生命风景！"

发自肺腑的、诗意化的真情实感，人生与文学深度交融的视界，感同身受的体验，成就了这篇动人的散文力作！

千字文《挥不去的一抹痛》是记叙陕西作家陈忠实的。作家朱鸿邀请陈忠实和几位文友小聚，张宗涛是首次和陈老在非公开场合餐桌相聚。文人聚会，免不了高谈阔论，有些花絮。本文的一个绝妙之处是：全文未写陈忠实的一句话，只是通过描摹陈忠实的神态和抽烟的动作等外部情状，来窥测他那幽深沉重、无可奈何的内心世界，所作的分析是令人不禁凄然的。文本写道：满座熟人，却多了一张不熟悉的面孔，陈老几番"看我两眼"。机敏的作者"读懂了陈老的心意"——这是猜测，也是心理分析："陈老以为，朋友们给他安排了事情。有事情你倒说啊，比方要合影，比方要签名，比方要求字或者写序，抑或需要提携荐举奖掖，陈老等着，并会以长者的仁慈，敦厚，绝不推辞，也不拂意。"张宗涛写道："我从陈老那双明澈深邃的眼睛里，读到了他性情中的这份善意和盛情，那是一位宽厚的仁慈，更是骨子里的热肠。"观察继续进行："陈老明显苍老和憔悴。一支雪茄，他吸上几口，掐灭，一会儿又点上……我明显感到他体力的不济，因为他不时地在深呼吸，长出气，虽然他在极力掩饰。他身子板直地坐在一旁，在淡淡的烟雾后边，用他那写满沧桑的脸上那双幽深的眼睛，应和着大家的高谈低侃。"在此情此景之下，作者心里，不由忽生一阵痛楚。他所关注的不是文人聚会的话语花絮，而是作家陈忠实的生存困境和内心无奈。饭罢，告别时，陈老笑着回应大家，"未置一词"，"钻进车里绝尘而去"。作者对此眼前景象，在想：

> 他未置一词的无言里，到底沉淀了怎样的情绪、情感和情思。他是否在以个人魅力温润周围的同时，也对被剥夺的时间和精力、被破费的才情和沉淀而遗憾过？他是否曾在独处时也这样想过：假如《白鹿原》之后的二十多年里，不为时势所执，不为名声所累，他会给中国当代艺苑里，再添多少明艳的花朵？

此篇几乎没有写文友的活动（仅有请陈老给书签字，和饭罢的简单告别举动），也没有写陈忠实的哪怕一句话——这是很难奏效的写法——很大很大的"留白"；焦点集中了（通过外貌动作来透视其内心世界），陈忠实的生存困境却被凸显了。作者所作的心理分析，虽说是一己的猜测，但却是合情合理，读者容易置信的。它不是一幅草草的、平淡的速写，而是一篇颇具警示意味的杂感文！

《一枝青莲》中，写人的篇章，还有一些非小说化散文即正宗散文的写法，此处不及一一论析。而其写法的多样，是需要读者自己去细细琢磨的。

于此可见，在散文的写人方面，张宗涛适应着对象的不同，自己注视焦点的转换，而灵活地采用了多种不同的艺术技巧。这一点，说明了张宗涛在散文创作领域，已经达到了较为成熟的境地。他曾在私下对笔者说过："在创作上，重复别人，是效颦；重复自己，是取巧。"——这句话里，表征了他在创作上的苦心孤诣和不懈追求。在此，有一个提挈全文的东西，即作者张宗涛首先是一位小说家（编辑过大型小说丛书，讲授各文体创作二三十年），他将现实主义小说最重要的原则——"要贴到人物来写"（沈从文语）把握得很好。据汪曾祺回忆，沈从文在西南联大讲授创作实习时，反反复复地讲一句话："要贴到人物来写。"对此，汪曾祺的理解是："他的意思是：在小说里，人物是主要的，主导的，其余都是次要的，派生的。作者的心要和人物贴近，富同情，共哀乐。什么时候作者的笔贴不住人物，就会虚假。"① 不妨说，在写人方面，小说化散文与正宗散文在张宗涛的笔下，形成了一种张力，呈现出不同色泽与格调。在向散文的渗透方面，诗化的散文，与其小说化散文对举，也形成另一种张力。诗化散文这一议题，容当另文论述。

---

① 汪曾祺：《汪曾祺散文》，杭州：浙江文艺出版社，2001 年，第 268 页。

# 英雄精神在河北当代文学中的创造性转化与发展

詹　丽　臧传文

**【摘要】**自古以来，"英雄"就是文人笔下浓墨重彩的一笔。由于特殊的地理环境、文化特色、种族分布，河北成为创造英雄和书写英雄的重要区域。在河北当代文学中，相同题材的小说在不同时期呈现出各异的英雄书写，其中秉承的英雄精神一方面继承了河北燕赵文化中慷慨悲歌、勇武任侠的古燕赵风骨；一方面在国家精神和人类精神的双重影响下，呈现出不同的精神特质。这种精神演变体现了区域文化应对国家精神时发生的创造性转化和发展，既符合时代潮流又具有地方特质。英雄精神在河北当代文学的转化和发展过程中体现了变与不变的特质。

**【关键词】**英雄精神；河北当代文学；地域文化；时代精神

**【基金项目】**2021—2022 年度河北省社会科学基金项目"抗战时期华北沦陷区和东北沦陷区的文学互动研究"（HB21ZW005）

**【作者简介】**詹丽，文学博士，燕山大学文法学院副编审（秦皇岛 066004）；臧传文，燕山大学文法学院经济师（秦皇岛 066004）

## 引言：问题的缘起

古往今来，延绵不绝的"英雄"书写构筑了中国文学史上一脉相承的精神谱系。河北文学热衷于英雄书写，这是特殊的地域文化和时代精神相契合形成的特殊文学话语。河北是古燕赵之地，汇集英雄豪杰之所，远有上古五帝的尧，战国有慷慨重义、以勇气闻于诸侯的廉颇和英勇大义、智慧宏达的蔺相如，三国时期有刘备、张飞、赵子龙等历史名将，近有霍元甲、李大钊等民族英雄、革命领袖。"燕赵风骨、慷慨悲歌"的文化传统中贯穿着英雄侠义精神，如"风萧萧兮易水寒，壮士一去兮不复还"的悲壮慷慨、"救主功勋大，兴邦名誉彰"的忠贞勇猛、"视死如归本革命军人应有精神"的宁死不屈等，都构成了燕赵文化中的英雄精神底色。

学界关于"英雄"的研究论著成果颇丰。陈颖的《中国英雄侠义小说史》①梳理了从古至今的英雄侠义小说的流变历程，重点分析了现代以来的战争英雄小说，为后来的英雄题材小说研究提供了学术资源。朱德发的《现代中国文学英雄叙事论稿》"以史彰论，以论驳史"的写法，将"不同类型或样态的英雄叙事文本，分别置于不同的历史区段归为若干个既相关又相别的文学专题，进行纵横交织的重点剖析"。②关于河北英雄题材小说研究，虽没有相关专著，但是也有几篇具有启发性的论文。首先《河北学刊》于2005年组稿了一组关于"英雄叙事"的专题文章，有朱德发的《革命文学群己对立英雄观辨析》，王寰鹏的《梁晓声知情小说英雄叙事新解》，李宗刚的《"十七年"文学英雄叙述的隐喻性特征》，李钧的《两类"农民英雄"与两种英雄观》等，专题文章虽然不是专门涉及河北英雄题材小说，但是作为河北重量级的学术期刊《河北学刊》开设此专题，一方面说明了河北自古以来的英雄观念和文化对期刊建设的影响，另一方面对于启发其他学者从事该研究起到了推动作用。此后，杜丽荣的《抗战文学为何在河北大放异彩》③、张拥航的《区域文化视域下的英雄书写——以"十七年"河北题材小说为中心》④均对河北文学的英雄书写进行了专题研究，开拓了研究思路。但目前的研究均集中在河北的"十七年文学"研究中，对河北当代文学70多年的发展历程中"英雄叙事"缺乏整体上的观照和发展脉络的系统梳理。鉴于河北特殊的地理位置和经久不衰的革命历史题材小说的特色及当下国家的主旋律精神，该选题值得深入探究。

本文在中华民族崇尚英雄的大背景下，以河北当代文学中的"英雄"母题为考察对象，通过纵向观照河北古代文学，横向比较其他地区的"英雄"母题题材小说，梳理和分析英雄精神在河北文学中的显现、传承和创造性转化的历程和特质，探究地域文化精神在对国家精神和人类精神的双重接纳中，呈现出河北当代文学中的独特的英雄精神特质和其脉络体系，丰富中华民族英雄精神的内涵，确立河北文化在中华民族文化谱系中不可替代的重要作用。本文分为五个部分，前有引言，分析问题的缘起，后有结论，探析河北文学中英雄精神的一脉相承和创造性转化的深层原因。主体部分分别论述了新中国成立以来河北当代文学中的英雄精神的演变和发展，主要分为"十七年文学"、八九十年代文学和新世纪文学三部分。以下详述。

---

① 陈颖：《中国英雄侠义小说史》，南京：江苏教育出版社，1998年。

② 朱德发：《现代中国文学英雄叙事论稿》，济南：山东教育出版社，2006年，第4页。

③ 杜丽荣：《抗战文学为何在河北大放异彩》，《知音》，2018年，第12期。

④ 张拥航：《区域文化视域下的英雄书写——以"十七年"河北题材小说为中心》，《哈尔滨工业大学学报》，2019年，第5期。

## 一、宏大·理想·权威：“十七年”河北文学中的英雄书写

“十七年文学”这一时期，河北产生了许多歌颂英雄的经典文学，如孔厥、袁静的长篇小说《新儿女英雄传》，孙犁的《山地回忆》《吴召儿》《风云初记》，梁斌的《红旗谱》《播火记》，冯志的《敌后武工队》，刘流的《烈火金刚》，李晓明、韩安庆合著的《平原枪声》，张东川、翁偶虹、陈延龄合著的《平原游击队》，陈模的《少年英雄王二小》，雪克的《战斗的青春》，李英儒的《战斗在滹沱河上》《野火春风斗古城》，邢野的《狼牙山五壮士》，徐光耀的《小兵张嘎》等。相比较同一时期，河北地区的革命题材小说占据了中国文学的半壁江山，成为书写英雄、传承英雄精神的重要区域。在“十七年文学”中，河北革命历史题材小说中呈现的英雄叙事、英雄精神与国家主旨空前一致，并率先成为中国文学英雄书写的标杆。具体呈现以下几个特点。

### （一）国家意识和政治寓意

该时期的革命历史题材小说在宏大的场景中，通过设置具有浓厚地域风情的场景和方言土语，塑造出形象生动（如《小兵张嘎》）又精神相同的具有集体主义精神的英雄形象（如《狼牙山五壮士》）。价值观上善恶分明，英雄和敌人之间是你死我活二元对立的模式，创作技巧上继承了传统侠义小说的浪漫传奇色彩。这时期，无论《狼牙山五壮士》中的五位英雄，还是《新儿女英雄传》中的牛大水和杨晓梅，抑或《烈火金刚》中的肖飞，都是近乎完美的平民英雄形象：他们顶天立地，大公无私，英勇无畏，而且足智多谋。这些英雄共同构成了新中国成立后国民大众中的英雄气质。该时期河北文学中的英雄形象的塑造体现了国家精神的主旨。本尼迪克特·安德森在《想象的共同体：民族主义的起源与散布》一书中说：“没有什么比无名战士的纪念碑和墓园，更能鲜明表现现代民族主义文化了”[①]，这就隐喻了国家建设需要千千万万平凡的英雄在国家的正确领导下创造“人间神话”的传奇故事。

1949 年，中华人民共和国成立了。一个新的社会制度和文明的建立，需要文艺界在文学、影视等方面做正面的宣传，树立国家形象，坚定民众信心。该时期的河北文学对英雄形象的塑造和对英雄精神的传达，体现了国家意识形态的限定。1949 年在第一次全国文代会上，周扬就对广大作家提出了塑造新英雄人物的标准：“不但要写出指战员的勇敢，而且要写出他们的智慧、他们的战术思想，要写出毛泽东的军事思想如何在人民军队中贯彻，这将成为人

---

[①]［美］本尼迪克特·安德森：《想象的共同体：民族主义的起源与散步》，吴叡人译，上海：上海人民出版社，2005 年，第 9 页。

民解放军斗争历史的最有价值的艺术记载。"① 所以，该时期的英雄塑造一方面为国家树立形象代言，一方面也体现了战争的残酷与惨烈。为国家捐躯，为民族奋进而献出生命的英雄值得被记录和歌颂。

**（二）宏大叙述和传奇色彩**

抗战时期，河北地区是重要的敌后根据地。河北人民在中国共产党的领导下经历了大大小小的战斗，涌现了许多可歌可泣的英雄事迹和感人至深的英雄人物。比如，冀南抗日根据地、晋察冀抗日根据地的反"扫荡"斗争中的狼牙山五壮士、地道战中的冉庄民兵、成长在白洋淀的小兵张嘎等。新中国成立以后，河北地区汇集了大量的在河北战斗过的作家和河北本土作家，他们大多亲自参加过抗日战争，经历过流血牺牲，浴血奋战。他们深切地热爱着国家，对来之不易的和平倍感珍惜，愿意为国家建立形象代言，在创作上，自觉以刚结束的战争为题材，歌颂可歌可泣的英雄故事，为广大的革命英雄立传，弘扬不怕牺牲、勇敢无畏的英雄精神。

因此，该时期的河北作家在创作上表现出个体对国家和民族的高度的认同，手法上一方面继承了延安文艺座谈会的讲话精神，另一方面吸取了古代侠义小说的传奇色彩。如《烈火金刚》中的肖飞，出身农民，却具有古代侠客的影子，他潇洒俊逸，机智勇猛，具有飞刀绝技，且能飞檐走壁，任何困难在他面前都能被轻而易举地破解，是一位具有传统和现代双重特点传奇人物。他的成功塑造体现了读者的"英雄梦"，传达的是积极乐观的态度、昂扬斗志的精神和必胜的信念。总之，该时期的小说描绘宏大壮观的战斗场景，塑造勇敢无畏的战斗英雄，创造了风格激越、崇高感人的平民史诗与大众神话。

**（三）"平原""芦苇"：民俗风貌的融入**

在河北文学的英雄书写中，融入了河北地区独特的风俗民风，冀中大平原的辽阔，燕山山脉和太行山脉的延绵起伏的风采。其中"平原""芦苇"意象鲜明，是独特的情感表达和地域文学的独特风采。如孙犁的《走出以后》中的"平原"意象：

> 大平原的田野，叫庄稼涨满只有在大平原上才能见到的圆大鲜红的太阳，照着红的高粱、黄的谷、正在开放的棉花一切都要成熟。红光从大地平铺过来一直到远远的东方去。

《荷花淀》中的"芦苇"意象：

---

① 周扬：《周扬文集》（第一卷），北京：人民文学出版社，1985年，第529页。

> 要问白洋淀有多少苇地？不知道。每年出多少苇子？不知道。只晓得每年芦花飘飞苇叶黄的时候，全淀的芦苇收割，垛起垛来，在白洋淀周围的广场上，就成了一条苇子的长城。女人们，在场院里编着席。编成了多少席？六月里，淀水涨满，有无数的船只，运输银白雪亮的席子出口，不久，各地的城市村庄，就全有了花纹又密、又精致的席子用了①。

各种河北地域独特的景色描写和风俗风貌描写，体现了冀中大平原中的独特景观。这种景色一面唤起人们对美好事物的喜爱之情，营造一种田园风光的静谧图画，同时也为后来发生的敌人破坏活动做铺垫。当美好的事物被破坏的时候，必然唤起民众的激愤之情和保卫家园的决心及必胜的信念，这既是一种创作手法，为后来的英雄出场营造氛围，也是一种策略。此外，小说在景和情的交融中赞美家乡人民的淳朴善良和家乡的人杰地灵，形成了具有独特地域风采的文艺作品，成为区别于山东绿林好汉和东北胡子土匪的侠义书写，彰显出正统的生动的河北英雄题材小说特质。

## 二、反思·日常·诗意：20 世纪八九十年代河北文学的英雄书写

新时期以来，关于英雄精神的书写，仍在继续。在此之前，中国共产党带领中国人民在社会主义道路的艰难探索中，既取得了辉煌的成绩，也经历了痛苦磨难。最终在十一届三中全会之后中国迎来了社会主义现代化建设的新局面。社会全面转型时期，回望过去，展望未来，如何书写历史，如何书写英雄，成为新时期革命历史题材小说面对的新问题。改革开放伊始，文坛迎来了新的春天，思想空前解放，反思文学、伤痕文学、寻根文学、先锋文学等文体各领风骚。但河北作家却在异彩纷呈的文学思潮中，仍然坚守现实主义创作。不同于"十七年文学"创作者作为亲历者和参与者的身份特征，20 世纪八九十年代的创作者并未亲历战争，但他们却热衷书写战争和战争中的英雄，出现了对英雄的"想象书写"。可以说该时期的"英雄书写"在继承前人对英雄精神的肯定的基础上，融入了作家的主观想象和人性表达，进而构成了新时期"英雄书写"的独特价值，既传递了符合时代需要的英雄精神，又建构了创作者的主体价值和地域文化标签。下面以铁凝的"三垛"等系列小说为考察对象，谈谈该时期河北文学所彰显的英雄精神特质。铁凝在 20 世纪八九十年代分别创作了"三垛"系列、中篇《埋人》（1991）和《午后悬崖》（1997）及《笨花》（2006），均是作者在现实中回望历史的革命历史题材小说。但这种革命历史题材小说中的英雄书写，在继承了集体主义精

---

① 孙犁：《荷花淀》，《孙犁文集（1）》，北京：百花文艺出版社，2013 年，第 90 页。

神和国家意识的基础上又有所创新。

首先，强调英雄人物的"真"。20世纪五六十年代河北文学中的革命英雄是"高大上""真善美"的完美化身。英雄形象的塑造需要完全符合国家意识需要，彰显其民族大义精神和集体主义精神，弱化或者省略英雄人物的缺点和个体人的一面，这样就形成了"十七年文学"中人物高高在上，近乎"神"的存在，这种形象符合了毛泽东《在延安文艺座谈会上的谈话》提及的政治与艺术的统一、内容与形式的统一、革命的政治内容尽可能完美地与艺术形式的统一的艺术标准。而新时期的英雄书写呈现了对前期的反拨，如《棉花垛》中的乔和国再现了孙犁《荷花淀》中水生和水生嫂的革命英雄本色，却又避免了"高大上"的完美英雄的塑造，而是突出表现革命人在战争中面临的人生困惑和人性困境等问题，如面对友情和爱情的冲突、革命和亲情的抉择、个人与集体的关系等问题。这里的英雄人物呈现了复杂的一面，他们不是完美的神，而是立体的人。另一方面也表现了英雄人物作为人而非神的回归，深层意蕴是对英雄精神中"真"的发扬和展现。

其次，消解宏大叙述，还原日常生活。铁凝的《笨花》是消解宏大叙事，还原日常生活的典型个案。她之前的作品，如《棉花垛》《午后悬崖》等也运用了这种手法。到了《笨花》，作家集前期创作之大成，利用更加成熟老到的手法进行革命叙事和英雄书写。这部小说的革命线索就是向喜家和西贝家经历了种种磨难，各自以不同的方式走上了革命的道路，并在抗日救亡中，勇敢无畏，视死如归，有的青年不惜献出生命的故事。小说的主旨仍在赞美英雄人物的国家主义和民族精神，传递着一种向上的能量。但是作家在叙事中，却将革命情节作为底线，通过还原日常生活，表达一种对英雄的致敬。以向喜为例。向喜的人生经历可谓是"十七年文学"中典型的英雄传奇人物。他从农民走向革命，与敌人血搏战斗，到最后壮烈牺牲，可谓是一部宏大的革命叙述故事。但小说却以极克制的笔法专注于描写向喜作为普通农民的日常生活，诗意地书写田园、大地和民风民俗，淡化英雄传奇色彩，表现普通人的日常人生，凸显其传统文化本质。这种叙述手法成为新时期英雄书写的独特方式，体现了时代精神下作家立足于冀中平原对英雄的全新再现。这时的英雄叙述在肯定英雄人物的精神价值、弘扬民族精神的基础上尽量脱离了政治对人的限制，探讨了革命战争中普通平凡的英雄人物的文化内蕴，对其后来的英雄叙事都有启发和影响。

最后，打破二元对立，融入全新创作手法。《笨花》讲述了华北平原上一个叫笨花的村庄的百年故事。这个村庄虽是虚构设置，却分明有河北平原上几代普通农民的影子，笨花村庄中特有的"棉花"意象构成了河北地域文化独特的空间构建。宏大的历史没有构成小说的主要线索，同样没有与之相匹配的戏剧化情节和贯穿始终的传奇人物。小说以散点透视的手法，将宏大融入平凡，将传奇化为平淡，通过笨花村的普通而又个性鲜明的农民群像展现了冀中大平原上的民俗风情。这种创作手法打破了传统的二元对立，融入了西方的片段化叙事和中国传统的随笔写法。小说以全新的姿态赞美普通农民的民族大义，却又将这种精神作为底色，呈现出的是中国劳苦大众们"不败的生活意趣，人情之大类，世俗烟火中的精神空间，闭塞环境里开阔的智慧和教养"①，进而构成了一个民族强韧和发展的坚实砥柱，以向喜为代表的笨花村的农民身上有着中华民族几千年的道德秩序和人格品质，他们仅是历史中的一粒尘土，却是这一粒粒尘土建造了历史的大厦。作家铁凝的小说创作在注重时代精神的同时，将宏大叙事融入日常生活细节之中，尽量展现英雄人物的内心世界，并在地方志的基础上吸纳西方的创作思想和技巧，通过对历史的反思和建构，力图消解旧意识形态的禁锢，形成了对心灵的回望、对传统文化的坚守和对民族精神的把握，构建了当下与历史的二重对照，重新观察世界、反思当下的新视角，形成了完全有别于以往英雄叙事的创作手法，开拓了新的英雄叙事空间。

可以说，以铁凝为代表的革命历史题材小说继承了前辈们创作中的宏大叙事和其中的精神谱系，既有强烈的英雄情结，肯定英雄的人生价值观，弘扬民族精神和家国认同，又坚定地站立于人性理想的立场上，通过特有的清新笔体和民俗风貌成为该时期河北当代文学上重要的存在。

### 三、柔性·现代·多元：21 世纪河北文学的英雄书写

21 世纪以来，英雄精神再次成为河北文学创作的主要方向，尤其影视文学的异军突起，几年内推出了有影响力的影视文学作品，如赵四全的《少年赵子龙》（2012），范建全的《英雄黄骅》（2011），陈力的《周恩来的四个昼夜》（2013），王加世的《西柏坡》（2011），2020年河北文化界将《新儿女英雄传》改编成话剧《雁翎队》重新登上舞台。这时期的文学作品中的英雄精神呈现出显著特质。主要表现为以下几点。

**（一）还原历史，塑造典型**

该时期的革命英雄题材小说，无论是《少年赵子龙》《英雄黄骅》还是《周恩来的四个昼夜》都取材于历史上的英雄豪杰或伟大人物作为主角，但又不将其拔高成高不可攀的形象。通过还原英雄人物的点滴事件，传达英雄人物的平等、博爱意识，拉近英雄人物和民众之间的距离，传达一种"推己及人"的平等观，达到英雄就在身边，英雄无时不在，人人可做英

---

① 贺绍俊：《〈笨花〉叙述的革命性意义——重读〈笨花〉及其评论》，《解放军艺术学院学报》，2008 年，第 1 期。

雄的思想理念，从而建构最广泛民众的情感认同与文化认同，对于提高人民大众的英雄意识起到了推动作用。伟大人物，平凡事迹，推崇责任担当。新时代的英雄叙述更注重人本位的"仁爱观"的传达和感受，尊重个体价值的人道主义情怀。体现了新时代对英雄观念中尊重、平等、担当和责任精神的推崇。

### （二）尊重个体，"柔性"表达

以《周恩来的四个昼夜》为例，小说中无论是主任郭凤林，还是张二廷，或是连弟奶奶，都是鲜明生动的个体形象。这里没有你死我活的阶级对立和善恶鲜明的两极分化。小说中所谓的"反面"人物郭凤林主张说假话，理由是给总理添麻烦，而且这种理由是发自内心的而非利己主义。虽然这是中国几千年以来形成的"官本位"思想作祟的结果，但却也体现了农民对英雄的崇拜和不愿让英雄操劳的"善意"，而小说通过周总理的言行和思想，扭转了以郭凤林为代表的"假话派"试图传达"人民大于天"的民众思想。小说叙事犹如涓涓细流，更像平常百姓过日子，于平和之处，展现英雄伟人的博大胸怀和"士为知己者死"的互动关系。将中国传统的儒家文化融入英雄叙事之中。五六十年代高高在上的权威表达显然不能获得民众的认同感，难以达到大多数民众的共鸣。这种"柔性"的表达方式适应了新时代的发展要求，更符合网络时代的多元化观念表达。

### （三）责任担当意识，彰显人类精神

英雄精神一直是习近平总书记推崇和倡导的。党的十八大以来，踏寻英雄、缅怀英烈一直是习近平总书记情之所牵、行之所至。习近平总书记也在多种重要讲话中，表现了对英雄的崇尚。为此，新时代以来，国家出现了大量的主旋律文学和影视文艺。与国家层面推出的《建国大业》《建党伟业》的宏大叙事相比，河北文学中的英雄叙事更侧重从某一位英雄人物出发，通过片段式的横截面选取，展现英雄人物的责任担当意识。新时代铸造新梦想，世界处于百年未有之大变局的时期，人类命运共同体、大国担当意识、讲好中国故事、弘扬中国精神是新时代的重要关键词。所以该时期需要浓墨重彩记录英雄、塑造英雄，以此来引导人民树立正确的历史观、民族观、国家观、文化观，同时也要彰显中国的责任担当意识，这种担当意识是建立在全人类命运共同体基础之上的。不同于"十七年文学"的"高大上"的理想英雄形象，该时期的人物刻画更注重英雄人物的生动性。对民族精神和"先天下之忧而忧，后天下之乐而乐"的中国传统文化思想是在温情、温暖、和风细雨中表达出来的。

## 四、国家·时代·地域：河北文学中英雄精神的变与不变

英雄精神在河北当代文学中的传承和演变，体现了河北文学对国家民族的坚定认同，其

演变过程体现了时代话语、国家精神对地方文化的主导和干预。在国家、时代和地域三重影响下，英雄精神在河北当代文学中呈现了变与不变的双向特质。不变的是河北当代文学中英雄精神的正统表达和流淌在血液中的燕赵文化的底色。变的是时代精神和国家意识影响下的叙述手段和精神传递的方式。中国几千年的儒家文化的根深蒂固，在河北当代文学中也有深刻的体现。此外，河北与北京的接壤和同构文化的关系，形成了燕赵文化对京师文化的接受和传播，形成了河北文学中英雄叙事的繁荣和发展，以及对主旋律的敏锐发掘和创造性转化发展。河北革命英雄题材小说一方面受到时代精神和国家主旋律的影响，具有主流文学创作的特点。独特的地理背景和千年的燕赵文化精神，却也形成了河北当代文学中英雄叙事一脉相承的精神谱系。这种精神构成使河北地区英雄叙事不同于山东的好汉精神，也不同于东北的胡子精神，而是形成了正统的英雄气概。在创作中，表现为一丝不苟的现实主义创作，无论是"十七年文学"的悲壮、自我牺牲，还是八九十年代在各种文体作品层出不穷中却仍然坚守现实主义创作，少有消费主义文化和商品文化的浸染，以及新时代下对历史英雄人物的还原，从小事深入，传达英雄精神的创作，都可以看出河北当代文学中的英雄叙述既跟随时代主流，又不随波逐流。坚持不变的河北地域"文化意象"的构建和书写，河北延绵的燕山山脉、一望无际的芦苇荡和冀南大平原，都构建了河北独特的"文学意象"，如荷花淀、白洋淀意象，"燕山山脉""太行山上"意象，铁凝的"棉花"意象，"西柏坡"意象等，这些意象都构成了河北地域文化独特的文化标签。

【中国抗战文艺研究】

# 抗战时期东北首部个人新文学作品集的发现

## ——从寻访梅娘佚文的通信看文化场人情世态

张 泉

**【摘要】**随着信息工程技术的迅猛发展，数据库时代、网络化存在方式已经对人文学习与研究产生革命性的影响。就现代文史领域而言，在前实体文献手工检索时期，材料的获取占据了学者的绝大部分时间。而今，完全反转过来，往往一键就可以检索出过去需要经年累月才能部分获得的海量相关材料。尽管如此，如梅娘作品的辑佚过程所示，仍有数据库无法覆盖的部分。特别是其中的未刊稿、手稿、日记、书信乃至档案等，甚至有可能成为解决悬而未决疑难问题的关键材料。比如曾被推上门户网站头条的"南玲北梅"现象。沦陷区文学在现代文学史上占有不可或缺的份额，编辑代表作家的全集，是重写文学史的最为基本的材料准备。但在商品化大潮的冲击下，珍稀资料的获得越来越困难。梅娘作品的辑佚琐碎而漫长。由于有学界同人的有温度的鼎力相助，现已编成十一卷。记述这个过程，或可对当前的文献工作提供一个参考个案。

**【关键词】**梅娘；现代文学文献学；数据库；"南玲北梅"现象
**【作者简介】**张泉，北京市社会科学院文化研究所研究员（北京 100101）

## 引　言

对文学史上的"出土"作家作个案研究，穷尽其已经付梓的作品，是最为基本的材料准备。那些足够执着也足够幸运的研究者，如果搜集到了作家的未刊稿、手稿、日记、书信乃至档案等"独家秘笈"，无疑会大大增加他们洞见作品的微言大义和复原作家的历史原貌的可能性。不过，这些非出版物文献往往可遇不可求。一般来说，把作家的作品整理完备或基本完备，就可以认为具备了对作家作进一步探讨的基础。

其实，搜罗一位作家的全部出版物，也并非总是一帆风顺的。特别是那些由于各种各样的原因在文学史上长期被冷落的作家。

在新中国，有一大批现代作家作品是在改革开放四十年间，首次成为阅读和研究的对象的。其中，梅娘（1916—2013）是海内外关注度较高的女作家之一。她的代表作陆续被纳入现代文学经典，走进文学史。比如就在最近，2020 年 7 月 15 日，加拿大奎尔夫大学（University of Guelph）历史 / 女性研究中心（History/Women's Studies）主任诺尔曼·史密斯（Norman Smith）教授来信说，英美给两国大学生做了一套介绍中国现代文学家的简明视频，其中的《梅娘》这一集分配给了他，他把标题命名为 *Vindication—Meiniang in 1990s：One of China's Top 100 Writers of the Twentieth Century*（《洗冤——1990 年代的梅娘：二十世纪中国文学百家之一》）。由于新冠病毒疫情蔓延全球，各级学校的网络视频互动授课，已成为不得已的延续学历教育的应急措施。这套教材也算是雪中送炭。

民国时期，对于作家梅娘的最后一篇评介文，发表于 1946 年 4 月，是徐仍的《读书随感（"贝壳"袁犀著·"鱼"梅娘著）》（《东北文学》1 卷 5 期）。1984 年 6 月，新中国第一篇介绍文章《梅娘》面世，刊载在一家内部刊物上。[①] 这两个时间点之间，历时长达整整三十八年之久，其间，曾搬演过一幕幕至今还未被完整讲述的天翻地覆、跌宕起伏、生离死别……进入新世纪后，梅娘全集的编纂事宜提上了日程。

## 一、《梅娘全集》的编纂

在回忆录《静安别墅（五）母亲》中，梅娘仅存的女儿柳青说，母亲去世后，致力于把她生前的笔耕汇集起来。[②] 我是参与者之一，开始进入全力以赴状态。

其实，在选编《梅娘小说散文集》（北京出版社，1997 年）的时候，我就萌生了辑录梅娘全部作品的想法。为了方便，梅娘还曾给我出具了一份正式的《版权委托书》（19960100），全权代理她的著作的版权事宜。

在现代作家中，梅娘的特点是写作的时空跨度大，一些作品的版本多。例如，据初步统计，从 1941 到 2019 年，小说《鱼》印出过 17 次。而在永不停歇地追求跨越式高速发展的当下，转瞬即逝的时尚文化消费轮替成为主潮。在这样的语境中，"保持原貌的沦陷区代表作家的全集，或许是少数能够留存些许殖民形象和想象记忆的方式之一"。[③] 基于这种认识，从一开始，我就确定了这样的编辑原则：有文必录；选用最早的文本；而后做过大量改写的修

---

① 黑龙江社会科学院文学研究所：《梅娘》，《东北现代文学史料》，1984 年，第 9 辑。

② 柳青：《静安别墅（五）·母亲》，云上有声公众号，2020 年 7 月。

③ 张泉：《构建沦陷区文学记忆的方法——以女作家梅娘的当代境遇为中心》，《山东社会科学》，2013 年，第 10 期。

订本作为附录全文编入；改动不多但影响到时代背景的篇什，用注释的方式对同一作品的不同版本的修改情况加以说明。

我最初估算，梅娘的作品可能会有三到四卷。集中检索一段时间后发现，居然大致可以编成十二卷。待到 2016 年 4 月将文集的定稿以及复印件装箱送往出版社时，受到各种情况的影响，精编为十一卷：第 1 卷，小说卷·卷一（1936—1942）；第 2 卷，小说卷·卷二（1942—1944）；第 3 卷，小说卷·卷三（1952—1953）；第 4 卷，散文卷·卷一（1936—1957）；第 5 卷，散文卷·卷二（1979—2014）；第 6 卷，诗歌剧本通俗读物卷（1936—2002）；第 7 卷，翻译卷·中长篇小说卷（1939—1943）；第 8 卷，翻译卷·译文及译著卷（1936—2005）；第 9 卷，翻译卷·未刊稿卷；第 10 卷，书信卷；第 11 卷，未刊稿及附录卷。新发掘出来的大量未结集的创作、译作，丰富了梅娘在东北沦陷时期以及新中国初期创作的文学内容。这是我始料不及的。也给近代中国日据区文学研究者带来意外和惊喜。

2014 年 10 月 30 日至 11 月 4 日，我曾应东京都立大学大久保明男教授之邀访日。期间，在东京外国语大学和日本"满洲国"文学研究会各有一次学术交流。此时，值梅娘过世一年多，《梅娘全集》的基本框架也已初具雏形。我知道，研究会成员中有不少梅娘研究者，更有一些同行与梅娘有密切的个人交往。于是，在第二场交流中，我便特意设计了这样一个话题：《盖棺论定：梅娘研究的史料与方法问题》。要点如下：

第一，"梅娘文集"编纂情况

1. 梅娘创作分期：五个阶段

2. 生平谜团：梅娘的母亲；父亲；丈夫；梅娘的年龄；"南玲北梅"……

第二，华北文学与"满洲"离散作家

1. 移动／逃亡路线：满洲大同报社——日本《华文大阪每日》——北京武德报社

2. 在京"东北帮"的三个落脚地

第三，关于研究方法问题

1. 微观方法：文献、文本、档案、口述史

2. 宏观方法：与殖民相关的 4 个维度

3. 研究者观念的调整

不出所料，与会者更感兴趣的，是介绍《梅娘全集》编纂进度的部分。比如冈田英树教授回应说，很惊讶。梅娘复出后虽然出版了不少作品集，但许多篇目是重复的。大多以短篇

小说集《第二代》（新京：益智书店，1940 年）、《鱼》（北京：新民印书馆，1943 年）、中短篇小说集《蟹》（北京：武德报社，1944 年）以及《梅娘小说散文集》为主，有一些增减而已。真没想到，梅娘会有这么多的作品。很是期待。

也有人问到《小姐集》是否收录。我的答复让他们大失所望。也是，民国时期，在新文学的发展相对滞后的东北，《小姐集》是早在 1935 年 12 月就面世的新文学单行本，又是梅娘的处女作，无疑是探讨梅娘乃至东北新文学发轫史的重要材料，绝非无足轻重。没有纳入《小姐集》的梅娘研究，对这位跨代／跨域的北方代表女作家的理解，以及那个时代的区域文学乃至现代文学的理解，多少会打些折扣，留下遗憾。

尽管如此，梅娘作品的辑佚数量还是十分可观的。

仅以作品目录来看。1998 年，我的附在《寻找梅娘》（明镜出版社）一书后面的《梅娘著作目录初编》，大约 1.6 万字。而累积到现在，《梅娘作品系年》已超过 3.5 万千字。缘何会有这么大的落差？可以从梅娘的五个创作期分别加以查考。[①]

在漫漫八十载的文学生涯中，由于环境的动荡变迁和命运的沉浮升降，梅娘的创作被分割为 1936 至 1945 年（九年）、1950 至 1957 年（八年）、1958 至 1960 年（近三年）、1979 至 1986 年（八年）和 1987 至 2013 年（二十六年）这五个阶段。抗战胜利到 1949 年四年，1961 至 1978 年十八年，为时间较长的两个创作空窗期，合计二十二年。辑佚最多的时段出现在梅娘创作历程的第一和第二阶段，这两个时段合计十七年，正值梅娘青壮年创作旺盛期。

第一阶段，未收入过集子的作品，主要见于三四十年代东北的《大同报》以及《斯民》《新满洲》《电影画报》《青年文化》《诗季》等报刊；日本的《华文大阪每日》《支那及支那语》《大陆画刊》等杂志；北京的《民众报》以及《妇女杂志》《艺文杂志》《国民杂志》《吾友》《中华漫画》《华北作家月报》《黎明的喜剧》（《作家生活》连刊之一）等报刊书籍；上海的《文潮副刊》等杂志。其中，有一批重要的作品。比如《煤油灯》（《大同报》1937 年 10 月 9 日）等，为探讨作家身世提供了新的材料。梅娘改写的短篇小说《侨民》刊出后（收入 1998 年版《寻找梅娘》），早稻田大学岸阳子教授发掘出其初版本（《新满洲》1941 年 3 卷 6 期），并发现，修改本的"修改幅度很大，几乎被改写成了另外一篇作品。"[②]从而引发了后来

---

① 张泉：《从文 80 载的梅娘和成为研究对象的梅娘》，《上海大学学报》，2013 年，第 4 期。在《殖民拓疆与文学离散——"满洲国""满系"作家／文学的跨域流动》（哈尔滨：北方文艺出版社，2017 年）的十一章的第五节中，做了补充修订。

② ［日］岸阳子：《论梅娘的短篇小说〈侨民〉》，《中国文学研究》（早稻田大学），2000 年，第 26 期。郭伟的全译本刊《抗战文化研究》第一辑（2007）。

对梅娘旧作修改问题的讨论和争论。

至于第二阶段，即新中国建立初期梅娘在"《亦报》场域"中的匿名书写，[①] 直到庄培蓉的硕士论文《迎合、背离与反思：梅娘 1950 年代作品研究——以〈亦报〉、上海〈新民报〉晚刊和香港〈大公报〉上的作品为中心》（华东师范大学，2016 年）完成后，其基本面貌才初步浮出水面。目前已知，梅娘使用过的名字有梅琳、孙翔、加瑞、刘遐、高翎、瑞芝、云凤、柳霞儿、落霞、白芷、王崮等。其中的不少笔名，可以见出梅娘与自己以及与其亲属间的关联的蛛丝马迹。

对于《梅娘文集》各卷的基本内容，以及在编选过程中或主动或被动地所做的一些变通，我的长文《沦陷区作家全集的编印及其现代文学史意义——以 11 卷本〈梅娘文集〉各卷主编题记为中心》（即刊），已有介绍性的综述。这里只说辑佚。

## 二、辑佚过程

辑录作家全集，离不开同行朋友的帮助。

2007 年初秋的一天，在首都图书馆，我曾与蒋蕾老师不期而遇，从底层的演讲厅聊到图书馆门前的公交车站。我知道了她在媒体从业十余年后，又返校做有关《大同报》的博士论文（吉林大学，2008 年）。年底我获知，梅娘的新诗处女作《世间》曾获《大同报》新诗征文一等奖，[②] 具体情况不甚了然。我便电子邮件向她求助。11 月 20 日，得到蒋蕾提供的当年报端揭载的获奖名单扫描件。[③] 而后，在 2012 年 12 月 24 日，2015 年 9 月 26 日、10 月 2 日、10 月 10 日，以及 2016 年 4 月 7 日，她又回复我五次，大多言简意赅，有求必应。

比如，2012 年 12 月 24 日，蒋蕾写道："让您久等了。梅娘的第三篇获奖作品我找到了，还有刘中树老师回忆的校歌也一并发给您。"

其中的第二项求助，实在是我的不情之请："第二，在'国际鲁迅研究会第一届学术论坛北京论坛' 11 月 10 日的晚宴上，刘中树老师演出节目时，唱了一首他在伪满时期上小学时的校歌，歌词很有意思。我们以前没有见过，饭桌上聊了聊，很高兴。也许他还经常去学校。想麻烦你的是，烦请你帮忙，帮我向他问一下那校歌的歌词，告诉我（不长）。如不方

---

① 关于"《亦报》场域"的界定，详见张泉：《文学"统战"与当代文学在新中国的重建——以〈亦报〉场域中的"沦陷区三家"梅娘、周作人、张爱玲为例》，《学术研究》，2018 年，第 4 期。

② 玲玲：《世间》（43 行），《大同报》，1936 年 10 月 4 日。

③ 《满洲帝国国民文库第十四次征文揭晓》，《大同报》，1936 年 9 月 27 日。文中所谓"孙佳瑞（笔名美玲）"系误植。

便，请不要为难。打扰了。"

这首歌词我后来用在了《构建沦陷区文学记忆的方法——以女作家梅娘的当代境遇为中心》一文里，没有提及来处。这是为了避免可能会引起的麻烦。在四年后出版《殖民拓疆与文学离散》时，才具名致谢："这是前辈学者孙中田（1928—2015）教授提供的。2012 年 10 月，在北京的一次鲁迅研究国际研讨会结束时的晚宴上，孙先生在不得不出节目的时候站起来说：刚才捷克朋友唱的苏联歌曲，唱得非常好。我也曾学过好多，但革命歌曲全忘了，一句也不记得。我只会我在伪满时期上小学时唱的《朝读歌》。接着，浑厚、沧桑的男中音响起来，一首从小铭刻在心的儿歌，让全场动容。感谢吉林大学新闻与传播学院蒋蕾教授。应我的请求，她拜访孙先生，记下歌词寄给我。感谢孙中田先生。仅在晚宴上有一面之缘，还是愿意提供歌词。"（第 454 页）但追悔莫及的是，这条注释文中的孙中田，均应改为刘中树。借此机会，谨对各方深表歉意。

也有学术方面的问题探讨。蒋蕾的博士论文，写得扎实，言之有物。所论及的一些尖锐问题，分寸掌控得也合适。在得到她经过修订出版的大作《精神抵抗：东北沦陷区报纸文学副刊的政治身份与文化身份——以〈大同报〉为样本的历史考察》（吉林人民出版社，2015 年）之后，我于 2015 年 9 月 25 日发出一邮件：我的离散文学书稿"对你的博士论文多有引用。也有商榷。你的这个题目，做得非常好。"接着我又向她求助："在编《梅娘全集》。又要麻烦你的是，《红樱桃》，长春数字图书馆有电子版（见后），但需要有借书证才能阅读。我想确认一下，梅娘的《黄昏》，是否是《黄昏之献》。如果你有借书证，烦请帮我看一眼。还有，你的博士论文提到，梅娘在《大同报》上的第一篇作品是《花弄影》。但没有注明时间。"第二天，她就作了回复：

> 张泉老师好，您原来的雅虎邮箱不能用了，所以没法给您发邮件了，这下好了，可以恢复邮箱联络。
>
> 关于署名"敏子"的文章《花弄影》发表在《大同报》1936 年 5 月 20 日第五版，我很粗心，书里也没有加注解。附上照片。
>
> 长春图书馆的读者卡，我没有，以前去查资料都用一张"吉林省图书联盟"通卡，下周一我去长春图书馆办一张。
>
> 一直很感谢张泉老师，永远难忘您在首都图书馆那昏暗的走廊里对我说：要发挥我们这一行的特长——深挖。现在我给学生讲史料挖掘，就总是提您的这句话。这一回，近在咫尺的长春图书馆网站有这么多东西，而我完全不知道，您又给我上

了一课。

商榷是学术探讨，能引起商榷我很高兴。

您的《大同报》电子版是从网上下载的吗？如果有电子版可太方便了，麻烦您告诉我下载地址。我过去都是查缩微胶片。

祝中秋快乐！

信后还有附言："张老师，我又仔细研究了一下长春数字图书馆，发现关于图书部分好像是链接的'读秀学术搜索'，关于这本红樱桃的资料提供情况一模一样，都是只能看到版权页和目录以及附录页，长春图书馆的书目里没有这本'红樱桃'，我怀疑并不能下载。不过，我周一到长春图书馆去一趟，有个在那里工作的朋友，我请他帮忙看看。"客气周到，情理兼顾。

我总是邮件麻烦早已晋升为教授的蒋蕾："开学，又忙起来了吧？我又给你添乱了：励行健，励行建，当年是混用的吗？学生找到梅娘作品的一个片段。看来，5年后，把11卷本梅娘文集扩展成15卷本全集很有必要（梅娘60年代，开始有日记。她女儿现还不愿示人。可能有信口开河，得罪人的部分。其实，由她选一部分应该还是可以的）。"（2016年4月5日23点53分）她在给我解惑之后又写道："最近和学生探讨问题：报刊言论能否代表作者心态，想到自己过去一些看法还是简单化，不能设身处地、回到历史情境去考察。"（2016年4月7日10点16分）

这是学术研究不可或缺的反思精神。

我还曾求助北大中文系杨铸教授。2011年11月11日夜，我检索到他的邮址后，投上一书：

我是北京社科院张泉，多年前曾在北大东门外旧书摊邂逅，记得当时你买了一套丰子恺的画书。

日据时期留学日本的长春/北京作家梅娘的女儿，不久前委托我编《梅娘全集》。拜读大作《周作人的一篇佚文》（《中华读书报》2002年1月16日），感觉你见过梅娘的小册子《风神与花精》（中国故事篇），不知何处能拍一下。

梅娘在四十年代可能写了10本故事，我只有《青姑娘的梦》，最难找的，还有《小姐集》（作文习作集），署名：敏子，益智书店（长春），1936。不知你是否见过。

冒昧打扰为歉。

第二天，就收到回信：

　　张泉兄：你好！今天一早就外出了，回来后才见到你的邮件。迟复为歉。你的记忆力实在出众。十几年前的短暂邂逅，至今居然连细节都记得清清楚楚，真令人感佩。编纂梅娘的作品，是一件很有意义的工作；特别是由对沦陷区文学创作做过透彻研究的你来具体操作，一定会很圆满。本来应该极力效劳的，但是真遗憾。我虽然爱瞎买些旧书，不过很少遇到梅娘的著作。那本《风神与花精》，也得自书摊。当时转送给了一位专收藏新文学的朋友；后来为了写那篇关于周作人佚文的小文章，又暂时要了回来。可是，没想到在搬家的混乱之中，竟将此书丢失了。我明天会询问一下那位朋友，看他那里是否还有梅娘的其他作品。隐约记得，我后来还送给他一本新民印书馆出版的童话集中的小册子，只是记不清是不是梅娘写的了。不知你近况如何？还去淘书吗？顺颂时绥！杨铸

还未及我回复，第三天就传来好消息：

　　张泉兄：你好！昨晚曾回复一信，谅已收到。我今天与那位收藏新文学作品的朋友联系过了。经确认，我前几年送他的新民印书馆童话集之一，是梅娘的作品，名为《驴子和石头》。你如需要此书，他可以提供。敬颂文安！杨铸

接下来，本应由我设法获取该书。结果，最后还是他费神劳力，很快将完整的扫描版发给了我。

而后若干年，岁末总能收到他自制的电子贺卡。2016年3月31日，他的兄长杨镰研究员，中国社科院元代文学专家，也是作家、探险家，在新疆，在从吉木萨尔县赶往伊吾县的途中，发生车祸去世。惊讶惋惜之余，我曾去函表达哀悼之情。

杨铸的父亲杨晦（1899—1983）先生，是五四运动的参与者，著名作家、学者，北大中文系历史上的杰出领导。从报道中我陆续得知，2017年岁末2018年初，杨铸代表子女三次向北大校史馆捐赠了父亲的手稿、聘书、专著、证章等200余件文物资料。在2019年纪念五四运动100周年之际，遵照父亲的遗嘱，子女们将杨晦的494种5251册图书全部捐赠给家乡辽阳的市图书馆。11月12日，在中国现代文学馆举行的"杨晦先生文学资料捐赠仪式"上，捐出书信638封、手稿28件、字画6幅、实物2件、照片2张、图书54册、特藏品34件，合计764件。12月3日，又在国家图书馆举行杨晦手稿等文献捐赠仪式，赠品包括翻译著作以及他的师友书信手稿等，93种共3330册件。四次捐赠，杨晦先生的珍贵文献很有可能都

成了公器。

看来，杨铸对待文献资料的态度是一以贯之的。这是教养，也是家风。

大力提供帮助的，还有日本学者。

2004 年 9 月 9 日，在庆应大学的一次学术交流之后的晚餐上，早稻田大学杉野要吉教授惠赠我一册梅娘《青姑娘的梦》（1944 年）的复印本。同时，他还展示了战后国民政府最高法院的庭审档案《审判汪伪汉奸笔录》两大册，是不久前才在南京出版的。其中，有周作人对于《青姑娘的梦》以及梅娘的评价。对于这些材料，国内还未见有人注意，我一时无法与他进行对话。回京后经比对发现，沦陷期的周作人、梅娘，社会身份殊异，在文学乃至文化上并没有实质性的交集。周作人的有关言论，属于急不择言，反映了面临罪罚的周作人忙于开脱自己的窘迫心态。在《抗战时期的华北文学》（2005 年）一书的《引言》部分，我添加了《现场的证词（二）》，算是对杉野先生的一个迟到的回应。很不幸，这一节有一个注释脱落了，其来龙去脉，我曾在《殖民拓疆与文学离散》的《后记》中有交代。所脱落的注，除了向杉野教授致谢外，还说明这一节参考了杨铸的《周作人的一篇佚文》、陈言的《周作人与梅娘——抗战胜利后一个颇具戏剧性的插曲》（《博览群书》，2004 年第 12 期）以及美国汉学家丁乃通的民间故事类型分类专书等。

2013 年 3 月 1 日，我收到秋田大学羽田朝子教授的邮件。信中写道：

> 关于《我没看见过娘的笑脸》这一页的扫描，我了解了，打算三月末发给您。
> 我在日本的古书店找到了梅娘的几本单行本，都是新民印书馆出版的儿童读物。
> 虽然我想要买，但价格特别贵，一本 40000 到 60000 日元。
> 如果我买您已经有的单行本的话，太可惜了，把它寄给您也没有用。
> 所以请您告诉我，现在您有的这类单行本的名字，好吗？

三天后又来信说，她找到的是《白鸟》《青姑娘的梦》《驴子和石头》三本书。费用不要担心，她准备用属她支配的大学图书资料费购买，但经费有限，只能买其中的两本，具体买什么，要我来决定。我说明情况后，她不久便把《白鸟》的复印件发给了我。

至于大久保教授，他撰有纪念文章《缅怀与梅娘交往的日子》。[1] 这篇文章让我明白了，

---

①［日］大久保明男：《缅怀与梅娘交往的日子》，《新文学史料》，2013 年，第 4 期。后改题《缅怀与梅娘交往的日子——兼思梅娘的史境和言论环境》，收入柳青、侯健飞编：《再见梅娘》，北京：人民文学出版社，2014 年。

为什么他说梅娘在,是他出差中国时,有事没事也要绕道北京停留一下的理由。但是大久保的处世哲学很明确。他曾对我说:个人情感和历史研究是两回事。在他那里,两者是各自独立的存在,互不干涉。他是最早致力于满洲文学资料搜集的青年学者之一。正是由于他的鼎力相助,最难凑齐的梅娘译长篇小说《白兰之歌》,得以大体上成形。2015 年 10 月 9 日,百忙中的大久保又把《梅娘著作目录(大久保整理 • 不完全版)》发了过来,供我们查缺补漏。

在梅娘全集的汇总阶段,还曾征询、麻烦过不少资深人士。也有青年学生参与。对于他们,心存感念。

### 三、关于《小姐集》

有的时候,坏事也能变成好事。

由于各种原因,更名为《梅娘文集》的《梅娘全集》的出版日期,一拖再拖,迟迟未能面世。这反而成就了姗姗来迟的《小姐集》。

早在"文革"结束之后、文化解冻的初期,还在长春电影制片厂担任编剧导演的时候,柳青就已经开始寻访《小姐集》了:

> 我曾寄希望于她的老师,东北师范大学的教授孙小野老先生,他一直喜爱梅娘,又一直待在长春,可能存有他的学生的作品? 1977 年我去拜访了他在长春的家。孙老师是金石专家,致力研究甲骨文,著有研究屈原《九歌》的专著。我在他逼仄的住所,看到的是满眼的书籍,落着满目的灰尘。书架里,书桌上,地面上,楼梯的阶梯上全部堆满了图书。可以想见,他在妻子去世后,老年生活的孤苦和狼狈。他全神贯注在他的研究上,没有余裕的时间打扫他的空间。我想问他要四十年前的一本对他并不重要的小书,怎么找啊? 真是无法开口啊。寻觅这本书没了线索。[①]

她也曾不懈地联系过东北好几位藏书家,其中最负盛名的长春上官缨先生回复说,他没有看到过《小姐集》。

这些年,涉及《小姐集》域名的讯息,都会拨动相关研究者的神经。比如,2007 年 8

---

① 柳青:《静安别墅(五)母亲》,《云上有声》公众号,2020 年 7 月。孙晓野(1908—1994),1931 年吉林大学教育系肄业。吉林名士,汉语言文字学家。擅长文字学、音韵学、训诂学、甲骨金石以及书法篆刻。新中国成立后,曾任东北师范大学中文系主任。他与梅娘异乎寻常的关系,参见陈言的《思念无法投递:孙晓野与梅娘》(《新文学史料》,2013 年,第 4 期)以及王确的《梅娘与孙晓野:诗化的情缘》(《文存阅刊》,2014 年,第 1 期)。

月，人民文学出版社推出了同名作品集。9 月 26 日，我就收到了史密斯的邮件："when I first saw the title of this book，got very excited – I thought someone found Mei Niang's book – but evidently not! They have used her title though!"（乍看书名，我以为有人找到了梅娘的《小姐集》，激动无比。定睛再看，不是梅娘的！是他们使用了《小姐集》书名！）兴奋与失望，在瞬息之间轮转。原来，这本《小姐集》收录的是抗战后期，上海文坛八位"小姐作家"的 21 个中、短篇小说，作者包括汤雪华、施济美、俞昭明、邢禾丽、郑家瑷、杨依芙、练元秀和程育真。她们各具风格，活跃期与张爱玲同时，后因大时代的一场场疾风暴雨而被文学史遗忘。这部选集把有别于张爱玲、苏青也有别于左翼如关露的"文坛上别一种风景"（见陈子善序），大而化之地展现出来。实际上也是一种发掘和填补。

又如，2014 年 5 月 7 日，梅娘逝世周年之际，由人民文学出版社、中央广播电视大学出版社主办的"《再见梅娘》《梅娘怀人与纪事》新书出版座谈会"，在中国现代文学馆举行。我们请到了中国现代文学史家吴福辉研究员作学术演讲。在有限的时间里，他扼要分析了梅娘创作的三个特点，并总结说：

> 沦陷区作家的风骨就体现在梅娘身上。她打破了通俗文学和非通俗文学的界限。她的小说有故事、有悬念。特别重要的是，其中始终体现了市民最积极的人生态度。相信中国近现代文学史上一定会有梅娘的地位。[1]

他知道我们在编梅娘全集。在叙谈时，他问我《小姐集》找到没有，并反复强调，一定要找到，否则缺憾太大。

就在我们等了 40 多年准备放弃的时候，"一封朋友转来的微信"，着实令梅娘全集的几位具体参与者为之一振，引发了讨论。

2018 年 9 月 9 日。

A："其实这本书跟孙小野没有关系。何霭人题的书名和写的序，是何在东京题写的。[2]现在藏家不愿意示人，不愿意出手，懂行，知道价值，所以不知道用什么方法打动。"

我："如果要价太高，尝试索要扫描件就可以了吧？估计，《小姐集》的字数，不多，2—

---

[1] 桂杰、孙梅雪：《梅娘：〈在灰暗的人生里找到光〉》，《中国青年报》，2014 年 6 月 17 日。

[2] 何霭人（1899—？），留日返回吉林后，任女子师范学校教师、伪满教育部编审。1923 年，曾与穆木天（1900—1971）等人组织新文学社团白杨社。1950 年进入东北师范大学。后被打成"汉奸文人"。1957 年被定为"右派分子"。"文革"中自杀身亡。后来得知，孙晓野还是和这本书有关系：封面是他设计的。

3 万字。"

　　A："会尽量谈的，因为太重要了。索要扫描，藏家是绝不同意的。过几天会有消息，还请耐心等待。"

　　我有点小人之心了："封面很素雅、别致。藏家是行家，没有漏出著者。如果有，照片就可以用了。也有这种可能：中间人就是藏家。这样，便于谈价。"

　　接下来的报价，叫人怎么也高兴不起来。我从柳青那里得知，中间人透露，匿名藏家打算以每页 13000 元的价格提供照片，且需现金购买全书，不零售。

　　2018 年 9 月 15 日。

　　中间人致柳青说，经过"半个月的拉锯，今天上午降到 5000 元 / 页，有文字的页一共 116 页，您考虑"。

　　对于这个结果，我们的反应是可想而知的。

　　A："只是拍照的价格。如果是我，我就不拍了！藏书人太黑心！！！如果咱们不买，估计不会有人花钱买的。"

　　B："这是所谓藏书家的一种耻辱！像一个明抢明夺的强盗！一本民国版名家签名本拍卖会也不过一两万元，每页照片五千元，合计六十多万！如果梅娘先生活着，她一定会说：'瞎掰！'这真让我这个穷小子长见识了！请柳青老师把我个人意见转给这所谓的藏家，请他收好《小姐集》，一百年之后值百万英镑。但这套《文集》不需要，或者说，如果有缘，另一个藏书家会把《小姐集》拿出来，这种情缘才值千万金！"

　　柳青致中间人："你至少可以告诉我藏家是谁吧？藏书是为了文化传承，如果为了钱，明明手里有书，就是不肯让这书印刷出来，是与原意相违背的吧？我注意到你发来的图片隐去了作者梅娘的名字，不知为啥？"

　　A："他没有刻意隐瞒藏家，这是他谈过之后的价格，先告诉您一声，如果有意愿，他会让您跟他直接谈。不过这样的情况，真的不知道该如何继续下去了。"

　　中间人回复柳青："看您回复，全集进展缓慢，有的是时间跟他耗，我不主动联系他了。看看价格能不能降下来。您有没有心里（理）价位？"

　　我："这次可以放弃，不与书商谈了。我的意见：买他的扫描版，3 千；纸本书 8 千。可给我孙小野的儿子、孙子的电话。我明年可能长春有会。我去他们家看看。"

　　2018 年 9 月 27 日。

　　我应邀发了一个介绍《小姐集》的邮件。大意是，收作品 20 篇。知道名字的有 12 篇（书评提及）：陶娘、邂逅、芳邻、玲玲、秋、暮、天秤、迷惘、春之夜、落花与瓶花、母亲。现在，最后一篇已收入《梅娘文集》第一卷。《秋》《暮》，有可能是《梅娘文集》第四卷中的

《立秋》《秋·黄昏》（作品收入集子中的时候，常常会有所修改）。还有 8 篇，不知作品名称，估计其中也可能有已经收入《梅娘文集》的篇什。以《母亲》为例，它取自富彭年编《爱的新小说》（1936 年 5 月 20 日），5 页（陈霞女士提供照片）。好吗，《母亲》这一篇 920 字就得支付 2.5 万？全书也就 2 万多字，100 来页。还有版权、目录、序等。藏家的要价是没法谈的。随他（它）去吧。这不仅是钱的问题。

与藏家的协商，遂终止。柳青是这样描述她当时的感受的：

> ……这太意外了！我原来以为这本书真的找不到了，没想到它还在，是可以摸得着、看得见的了，心里压抑不住一阵喜悦。想一想，他要价 58 万！还不是实体书。我想，如果我答应了，妈妈在九泉之下一定会骂我是冤大头。她写作一生都没赚到这么多的稿费，我这样做，她会很生气。她从来没觉得她的作品有多好，我在她生前要帮她出全集，她都认为没必要、不值得。我太了解我妈妈的脾气了，不是付得起付不起的问题。我得想想，是不是要接受这次的敲竹杠？①

一年以后，2019 年 9 月 20 日，长春业余文史学者张曦灏医生发来的书讯，使得纸本《小姐集》很快按商家的原始标价一举成交。书的品相略差一些，这说明，它进入阅读流通的频次较高。它完整无损，这对辑录全集来说，至关重要。而其价格，则是那位藏家照片版要价的 580 分之几。

《小姐集》与作家梅娘即将正式步入社会（文坛）前的人生际遇、时代环境和个体秉性紧密关联。第八篇《过去的生命》是一首 23 行的新诗，回顾中学生校园生活的最后半年，时间是如何分分秒秒地在教室里、在宿舍中、在操场上流逝的："我都听见那索索的，轻轻的，悄悄的步调。/ 我去抓它。/ 它从指缝间溜去。/ 我去追它，/ 它又在脚步中逃去。/ 我惘然了。/ 于是，拿起笔来，/ 我企图留它在纸上。/ 然而从笔尖留下来的却只是：/ 朦胧，凄寂。/ 真的，它真的去了。"一咏三叹，在逝者如斯夫的渲染里，凸显出一个时不待我、立志从文的女性的孤独、倔强的生命意志。柳青的阅读感受是："在我眼前出现了一个活脱脱的高中生。"②柳青还谈及《小姐集》里的那些类似现在的小小说的速写：

> 比如《秋》的开头两行："认识光，纹是在做梦。待伊从梦中醒来的时候，光

---

① 柳青：《静安别墅（五）母亲》，云上有声公众号，2020 年 7 月。
② 柳青：《静安别墅（五）母亲》，云上有声公众号，2020 年 7 月。

已经离开伊去了，而且永远的。"凝练，没有缀笔，是写家庭男教师光，和消费青春的阔小姐纹的故事。另一篇《暮》，写在冰雪中，灰色的行列——没有了男人的老少三代：四个讨饭人的故事，很有些果戈理的风格。《陶娘》写了家里的老保姆的不幸遭遇；《天枰》则是写偷汉子的婆姨在相好的和自家爷们之间找平衡的故事。涉入的世事很广、很深，不像是刚刚入世的女孩子写的。①

在柳青看来，母亲的小说笔触沉稳、成熟，出手不凡。

我一向以为，作家亲属实质性地介入该作家的研究，甚至卷入具体的争执或论争，是一件与文学风马牛不相及的事情，往往会适得其反、不欢而散。协助披露相关的文献、特别是非出版物文献，撰写亲人视角的回忆录、鉴赏文和流水账，反而有可能山高水长，对于全面认识这位作家及其时代留痕大有助益。柳青的《静安别墅》似可归入此列。②

一波三折四十载，《小姐集》终于尘埃落定。

## 四、结语——数字化时代的文献问题

作家辑佚，特别是当代以前作家的辑佚工程，很难一蹴而就。虽然众人拾柴，仅已知还未能觅得的梅娘作品，还有不少。

比如沦陷时期，《斯民》杂志上的《迷落》《应该受罚的人》《风尘》。

抗战胜利四天后，《中华周报》停刊，长篇小说《夜合花开》刊至第 31 节《望穿秋水》中断。据说，从第 32 节开始，改由新创办的《新平晚报》继续连载。③

新中国成立前夕、初期，梅娘翻译了日本的小册子《论殖民地与半殖民地》。改编过《一朵小红花》《增产越多越光荣》《志愿军的未婚妻》《向阳河干的时候》等等许多连环画（小人书）。发表在报纸（刊物）上的小说有《钗头凤》，纪实作品有《车云山游记》以及连载《上海弄堂舞女》。后者是梅娘这位北地沦陷期代表女作家偶然为之的十里洋场风俗画。张爱玲以深耕殖民语境中的沪港《传奇》《流言》著称。引入梅娘的上海舞女系列散文，或许有助于进一步探讨"南玲北梅"间的异同。值得继续寻访。

梅娘资料的搜集，前后历时近四十年，经历了在文献资料获取方式上所发生的颠覆性的转换，即从手抄目录卡片到计算机检索。

---

① 柳青：《静安别墅（五）母亲》，云上有声公众号，2020 年 7 月。
② 柳青：《静安别墅》，《财新杂志》，2020 年 6 月 22 日，第 24 期。
③ 李景新：《有关孙加瑞的证明材料（1956 年 5 月 14 日）》。

随着信息工程技术的迅猛发展，数据库时代、网络化存在方式已深入到社会生活的方方面面，也对自觉承担"为往圣继绝学，为万世开太平"（张载）的人文学习与研究，产生革命性的影响。就现代文史领域而言，在前实体文献手工检索时期，材料的获取占据了学者的绝大多数时间。而今，则完全反转过来，往往一键就可以检索出过去需要经年累月才能部分获得的海量相关材料，而且是跨学科、跨领域的。尽管如此，如梅娘作品的辑佚过程所示，仍有数据库无法覆盖的部分。这部分数量虽然越来越少，但至关重要。如果当今在文献的获取方面还存在突破点的话，那么这一部分可以归入其中。

另一个在文献方面还有可能有所突破的门类，当是那些还未被数字化数据库纳入其中的档案、日记、笔记、书信、口述史等。有的时候，这类非出版物私人资料有可能成为解决悬而未决疑难题的关键。以现代文学史上的"南玲北梅"现象为例。

早在 1998 年，我曾在史料罗列的基础上，以原始依据不完整为由，对"南玲北梅"说提出疑问。[①] 而后，读书界时有质疑和讨论。到 2006 年，特别是在梅娘逝世前后，出现武断的编造说，引发了各执一词的商榷。举其要者，如谢其章的《当年就没有"南玲北梅"这回事》（《玲珑文抄》，山东画报出版社，2012 年）、《自编自演之"南玲北梅"》（上、下，《东方早报》2014 年 5 月 11、18 日）、《不是回应——我为什么质疑"南玲北梅"》（《中华读书报》，2014 年 7 月 9 日），陈福康的《所谓"南玲北梅"》（《深圳特区》，2013 年 9 月 7 日），以及陈言的《也说"南玲北梅"》（《东方早报》，2014 年 6 月 8 日）、《"南玲北梅"之我见——兼回应谢其章之观点》（《中华读书报》，2014 年 6 月 18 日）。这些争论文章最大的问题可能是，主要纠缠于梅娘本人 1980 年代及其后所发表的回忆、自述。

众所周知，在确认史实时，史料第一。说有，容易。有一条史料即可。说无，难上加难。因为其前提是要穷尽那个时空里的所有文献。在文史研究领域，如果盲目坚信数学算法可以解决历史研究中的史实问题的话，比如自信地说"'南玲北梅'这个伪命题很像上初中时的解几何题，已知条件越多，解题就越容易。现在我手头的材料足够给出答案了"。[②] 那么，这实际上已经与材料第一没有什么关系了。史料不足理论凑是其必然结果。于是，便引入人心"心理学"，大胆演绎出这样的结论："自导自演'南玲北梅'闹剧的梅娘同志，自己与张爱玲同时期成名，眼瞅着张爱玲如日中天，自己却被文坛边缘化，心有不甘。心态一失衡，遂编造了这么一出闹剧。"至于有的文章转而从政治上或道德上上纲上线，那是材料不足观点凑的另一种主观主义的方式，更是远离了探讨"南玲北梅"说有无问题的初衷。

---

① 张泉：《华北沦陷区文学研究中的史实辩证问题》，《中国现代文学研究丛刊》，1998 年，第 1 期。

② 谢其章：《自编自演之"南玲北梅"（上）》，《东方早报》，2014 年 5 月 11 日。

沦陷区文学的政治评价是一个重要且宏大的论题。在中国现代文学中，沦陷区文学占有并非无足轻重的份额，如何在政治的层面上对其作出评价，是重写文学史无法规避的一个问题。对此，我曾专文做过一些粗浅的初步探索。[①] 对于这个论题的探讨还在继续，大致思路见我的《整合四十年代文学的宏观方法问题——以东亚地理与中国文学场为中心》（《当代文坛》，2020 年 2 期）。这里不赘。

回到"南玲北梅"。这只是一个证明历史事件有无的问题，关键是史料。2017 年，上海欧阳文彬的《孙嘉瑞的现实材料（1955 年 9 月 5 日）》《抄于新民报·唐云旌交代的社会关系（1956 年 1 月 7 日）》等新史料面世。[②] 这些 1950 年代的历史档案材料明白无误地证明，"南玲北梅"的说法，并不是在中国拨乱反正之后，在 1980 年代的北京城里被编造出来的。

由纷纷攘攘的"南玲北梅"现象以及《梅娘全集》的辑佚过程可以见出，即使在近乎无所不能的互联网时代，在非数字化的出版物资料，特别是非出版物文献中，仍存有斩获关键材料的广阔空间。

当然，数字化数据库能够满足绝大多数的资料需求，毫无疑问是材料准备工作的首选。但在使用数据库时，有些细节还需注意。比如应用广泛的晚清民国时期老旧报刊数据库，包罗万象，可以下载单篇文章，相当便捷。但其随意性较大，无法窥见报刊全貌，且缺漏、张冠李戴的现象比比皆是。只要细加辨析，反而能够检索出意想不到的被埋没的资料。这实际上也可以将其视为在数据库内展开的一种史料发掘工作。

此外，重要作家的全集往往卷帙浩繁，在资料收集、编纂成册以及审稿校对的漫长过程中，由于各种各样的原因，不少重新编排的文本，与原始首发文本不尽相同。在做历史研究，特别是加以引证时，当与初版本作比对，尽量使用初版本，至少予以说明。这样做，有助于达到返回历史现场的目标。

---

① 如《关于"大东亚文学者大会"》，《新文学史料》，1994 年，第 2 期；《反抗军事入侵与抵制文化殖民——抗战时期北京沦陷区文学中的民族意识与国家认同》，《北京社会科学》，2005 年，第 4 期；《殖民语境中文学的民族国家立场问题——关于抗战时期日本占领区中国文学中的亲日文学》，《汕头大学学报》，2008 年，第 2 期；《试论中国现代文学史如何填补空白——沦陷区文学纳入文学史的演化形态及所存在的问题》，《文艺争鸣》，2009 年，第 11 期。

② 张泉：《殖民拓疆与文学离散——"满洲国""满系"作家／文学的跨域流动》，哈尔滨：北方文艺出版社，2017 年，十一章第五节中的《作家的历史记忆问题：关于"南玲北梅"说》，以及《文学"统战"与当代文学在新中国的重建——以〈亦报〉场域中的"沦陷区三家"梅娘、周作人、张爱玲为例》，《学术研究》，2018 年，第 4 期。

# 试论笳啸及其"暗影文学"

代　珂

【摘要】从作品出发考证笳啸的文学，重点探究其作品中性描写的源头，再结合笳啸在文学主义上的转型，可以看出笳啸的创作之路贴合了中国新文学运动的脉络。也可由此还原一个活跃在东北沦陷初期文坛之上的文学青年肖像：笳啸受五四文学影响，尝试以性为主题进行文学创作，通过作品中的自省，最终契合了文学革命的思潮。笳啸后期作品里的左倾气息颇显浓烈，这正符合当时中国文学的潮流，也体现了东北文坛在沦陷初期仍存在着文学的间接性流动。这种潮流中的独特性与关联性，也是东北沦陷区文学研究的重要的比照材料。由此亦可更为完整地发掘和概观中国文学史中的东北沦陷区文学。

【关键词】笳啸；五四文学；左翼文学；东北沦陷时期文学

【基金项目】2020 年国家社科基金青年项目"十四年抗战时期东北地区文学社团与作家文化心态研究"（20CZW042）

【作者简介】代珂，文学博士，日本庆应义塾大学讲师（东京 108-8345）

## 一、关于笳啸

"伪满时期文学资料整理与研究"丛书资料卷中，大久保明男在专著《伪满洲国的汉语作家和汉语》中曾就《满洲报》的《星期》副刊有过论述。他将该文艺副刊对文坛的价值总结为给东北沦陷初期的文坛注入一丝活力，同时为年轻作家提供了在文坛崭露头角的宝贵舞台。他还补充道："这些人当中，有的在积累了一定的经验后继续活跃在日后出现的中央文坛，而另一批人却被遗忘在历史深渊，但他们曾在《星期》副刊上留下的脚印，将会渐渐地浮出历史地表。"① 这句话正是本文的创作动机和目的。

东北沦陷时期汉语文学的研究呈现出了精英化趋势。纵观上述丛书作品卷所录作家，有山丁、古丁、爵青、梅娘、袁犀、小松、吴瑛等，即便是这些"明星"作家，能在研究领域

---

① 大久保明男：《伪满洲国的汉语作家和汉语文学》，哈尔滨：北方文艺出版社，2017 年。

受到持续关注的也寥寥无几。对代表性作家的深入研究无疑十分重要且急迫，然而从还原该时期文学史的角度来看，重新梳理文坛脉络，发掘更多作家，将关注扩大至"面"亦属必要，由此才能使其中"点点明星"更为具象、立体。基于上述观点，本文将关注一位历史深渊中的文学创作者——笳啸。

笳啸是徐俊高的笔名。徐俊高曾就读南满中学堂预科，中途退学，在本溪湖煤矿任职，后因对公司克扣劳工工资行为表示不满而遭解雇。关于其生平与文学生涯，前述大久保文献已阐述详尽，在此免去赘复。笳啸在《星期》副刊受人瞩目之事有二，一是就金音的抄袭闹剧长期与诸多作家笔战，一是因连续创作了几篇性题材短篇小说而被指为"张竞生第二"①。尤其后者为其打上"低俗"的烙印，至今未能化解。研究界对笳啸的关注本就不多，关于这些作品的论述更是凤毛麟角，仅有的一些评价，也不过重复当时文坛留给他的"低俗""猎奇""哗众取宠"几顶帽子。唯有大久保就作品立意、存在价值以及当时文坛的反应三个方面给出中肯的评价，指出类似作品在东北沦陷区没有第二个例子，这也已是现有研究中最正面的评价，但在其论述中这些作品仍被定义为了"低级趣味"。

由此可见笳啸相较于沦陷区文坛具有突出的个性与乖僻。笔者认为笳啸和他的文学可用"暗影"一词概括。一方面，他以性为内核的几个短篇在当时饱为诟病，进而被贴上异端、扭曲、无价值的标签，可谓文坛十足的"暗面"；另一方面，他作为初期文坛极为活跃的文学青年之一，后期却几乎销声匿迹，成了被抛在"满洲国"文学背后的影子。他的存在价值是否只能是无数挫折文人中的一员？笔者对此持不同意见。这也是对他展开进一步研究的重要意义之一。论战一事证明他对文学的追求不可谓不执着，而"张竞生第二"这一名号若以今日价值观衡量亦有不同意义，他的几篇"问题"作品或也可更换解读角度。从上述问题意识出发，下文便从翻译、性以及文学追求三个角度逐层深入，尝试以新文学运动的脉络重新审视笳啸的创作行为，进而窥见东北沦陷初期文坛的更为具体的细节。

## 二、《画家之妻》的错译和改译

《画家之妻》是日本作家冈田三郎创作的短篇小说，由笳啸翻译并分六次刊载于《满洲报》。它讲述了妻子春子为支持丈夫达雄的绘画梦而做出牺牲的故事。达雄在婚后不久丢下春子和尚未出生的儿子守，只身前往巴黎研习画技，一去就是八年。在母亲帮助下，春子靠着公司文员的工作带大儿子。达雄因为过度劳累和营养不良而双目失明，靠朋友资助只身返回日本。春子迎接并安慰了丈夫，出钱让达雄住院手术，又在达雄复明后拿出所有积蓄，支持

---

① 神斧:《斥〈欲难〉》,《满洲报》,1932 年 6 月 27 日。

他回到巴黎完成心愿。最终，在公司老板的帮助下，春子也顺利调至巴黎办事处工作，得以带着孩子和丈夫团聚。

之所以选择该作品进行分析，是因为笰啸在译作完成后又以画家和女性为主题接连创作了两个短篇《画家与女人》《车上的舞女》。前者讲述妙龄少女拜访孤独画家要求其创作裸体画的故事，后者则刻画了题为"车上的舞女"的油画所引发的画家与青年间的矛盾。将这三篇时间相近、人物设置相仿的作品横向比较，更可直观展示笰啸的文学图景。以下论证以翻译检视和文本分析为方法，首先考证笰啸的日语水平；其次着眼于他对作品的改译，从中还原笰啸的女性观和伦理观；最后结合多篇文本对笰啸的文学创作进行分析。

**笰啸的日语水平**

正确把握笰啸的日语能力，对后续论证具有重大意义。因为大久保考察笰啸时曾推断其"色情与荒诞作风，很有可能来自日本的自然主义文学，或大正时期以来以'煽情、怪异、荒诞'为代表的大众消费文化"，而针对笰啸曾在报纸上刊载启事征换郁达夫、张资平、茅盾等关内作家书籍一事，给出了"笰啸虽然对这些作家的作品表示关心，但并不至于直接从那里接受过某种影响，他的文学熏陶仍然大多应该是来自日本"的判断。那么在日本文学译介的质和量均存局限的环境中，通过翻译作品接触日本文学直至受到创作熏陶的程度显然不现实，这只能依托于笰啸对日语文学选择性地自主了解，意味着对日语能力的高度要求。

笔者对笰啸译作《画家之妻》和冈田三郎原作《画家の妻》进行了逐句对照，结果来看，《画家之妻》存在大量错译、跳译和改译。首先针对误译列举三段材料以作分析。用于比对的日语文本取自冈田三郎作品集《无言歌》①，下文中【A】为日语原文，【B】为笰啸译，【C】为笔者译。【C】部分在确保语义无偏差的前提下尽量在结构和用词上与【B】保持一致，只修改错译和漏译部分以进行比照。

【A1】朝の食事の跡片付けをしていたのを、中途で何か思い出して、あわててやって来たと云う様子であった。

【B1】朝饭已经都吃过了，中间与平素一般的没什么改样。

【C1】她正收拾早饭后的桌子碗筷，中间似乎想起了什么，赶紧跑了过来。

【A2】今夜あたり、きっとまた、いらっしゃるに違いないんだから…

【B2】今晚上就有了一定吧！没有差错的。

---

① 冈田三郎：《無言歌》，东京：春阳堂，1933 年。

【C2】他今天晚上一定还会再来。

结合【A1】和【A2】可以判断，笳啸对于出现在句子中的日语假名存在阅读障碍，而在翻译这些句子时，借由汉字猜测文意是一个主要解决办法。例如【B1】中译作"没什么改样"应推测自【A1】中"様子"，而【B2】中"没有差错"则来自对【A2】中"に違いない"及前后部分的误读。

【A3】今では社長の秘書格として、一般事務室からはなれた社長室に終日勤務するようになっている。

【B3】现在任了社长的秘书，终日在一般事务室与社长室里勤务。

【C3】现在任了社长的秘书，终日在远离一般事务室的社长室里工作。

【A3】进一步证明了笳啸难以阅读假名的弱点，将"一般事務室からはなれた社長室に"译作"终日在一般事务室与社长室里"，表示其误读了社长室的修饰语部分的假名"からはなれた"，而短语作名词修饰语在日语中同样是极为常见的语法。误读的结果是，为了保留汉字，将汉字部分的两个名词由修饰关系译作并列关系，形成【B3】句式。

笔者将此种误译定义为"单纯错译"，即词汇、阅读及语法能力的不足所导致的错译，以和下文中的改译区别开来。《画家之妻》自 1932 年 6 月 13 日至 8 月 1 日期间分六次在《满洲报》文艺副刊连载，两个月的时间跨度对于不足一万字的短篇翻译而言足矣。大量出现单纯错译，只能说明其并非来自注意力的分散而是能力有限。

单纯错译的频发被证实，包含了两层意义：文学中的很多细节描写，例如情感、心理、人物动作的细致刻画都在这样的错译中丢失了，这意味着笳啸通过阅读日语文学，"原汁原味"地汲取其中关于创作、理念或者主义方面的影响近乎不可能，甚至这样的能力根本不够支持他阅读长篇日语文献，进而否定了笳啸的日语文学阅读量。再者，基于前项分析又可以判断，在《画家之妻》的翻译过程中，必然出现大量译者无法理解日语原意的部分，在无法理解原作者意图的前提下，笳啸对此或刻意或无意的改译和误译，均可视为他个人意愿所致，即代表其可作为在主观层面分析笳啸的文本材料。

笳啸改译出的母亲和妻子：

【A4】母親は、隣の茶の間で一人で遊んでいる守の方へちらと眼をやると、さすがに遠慮らしく聲を低めるのであった。

【B4】母亲遂走到守的屋子里，小声的哄着守玩着。

【C4】母亲瞟了一眼正独自在隔壁房间玩耍的守，终于有所收敛，压低了声音。

【A5】わたしは自分の娘ながら、春子の健気な心には感心させられましたよ。（中略）春子は自分から金を才覚して、夫を外国へ修行に送りだそうと云うんです。可愛いじゃありませんか。達雄さん、折角の春子の志を無にしないで。

【B5】我对于春子的壮气的心，感触了我的心……春子拿出自己的钱送丈夫到外国，不是令人可爱可钦的吗？达雄先生，春子不是没有志节的，你就拿着去。

【C5】春子是我女儿，她这样无畏的精神却让我不得不佩服……春子居然说要自己筹钱送丈夫到国外进修。她多天真？达雄先生，你就不要辜负了她的好意吧。

【A6】後に残る春子の母のことだが、これも話にきけば、春子の兄の方へもともと引取られていたのを、守が生れたについて、春子の方へ来ていたので、もとどおりになったら心配はない。

【B6】至于剩下春子的母亲也谈到了，送到达雄的哥哥那处。

【C6】至于剩下春子的母亲也谈到了，她原本是春子的哥哥负责赡养，因为守的出生才过来了，接下来再回去便是。

通读箝啸译《画家之妻》，可以发现一处异常，即对春子母亲的处理方式。原作中这位母亲是春子的生母，因可怜春子一人拉扯儿子而与春子住在一起照料起居，同时见春子长期与丈夫失联，劝其另择栖身之所。经箝啸改译后，母亲的身份和行为产生了变化。最明显之处是母亲劝说春子改嫁的部分被刻意隐去了。原作中母亲曾说："难得稻本先生一番好意，而且万幸你与达雄先生并未正式办理手续，我觉得现在该是你下决心的时候了。"这段话箝啸选择不译。再看【A4】，原作中母亲试图撮合稻本与春子，中途又意识到不该让孙子守听到这些，心有愧疚而收敛了话语。但在箝啸译文中，由于刻意弱化了母亲劝女儿改嫁的部分，此处的母亲便也没了尴尬，而是十分自然地哄孙子去了。

母亲为何产生这般变化？结合【A5】【A6】的改译便可看出，箝啸调换了母亲的身份，将其处理成了丈夫的母亲。【A5】中"春子是我女儿"一句没有译出，十分明显地暴露了译者的这一意图。原作结尾，春子将带儿子追随丈夫一同前往巴黎，而母亲则回去和春子的哥哥一起生活；可在【A6】中，母亲最终被送到了达雄的哥哥家，而原作全篇并未提及达雄有哥哥。译者偏执地认为母亲是达雄的生母，最终也只能让男方的兄弟来照料，这显然是基于父权制下"养儿防老"的观念所致。

从针对母亲进行改译的行为，可以窥见箚啸的伦理观中固执的传统守旧。春子作为一个已婚女性，不应该再同生母一起生活，而是受丈夫的母亲恩惠，在这种情况下，母亲不去劝春子改嫁也就顺理成章。同时，针对春子的改译同样存在。若对于母亲形象的改译是基于伦常，春子的改译则归顺于"妇道"。同样在【A5】中，除了隐去母亲的身份标识外，此段还有两处改译，分别是将"天真"译为"可爱可钦"，将"好意"译为"志节"。

关于春子的改译侧面证实了箚啸对女性的伦理道德要求。原作中的母亲将女儿形容为"天真"，因为她不但允许丈夫为追求梦想长年远赴他乡，甚至还要为他筹钱。"天真"在此处是带有些许贬义的，即"傻"的意味。但箚啸译出的"可爱可钦"不仅扭转了这种贬义，更要歌颂这是值得钦佩的行为。同时，原作里母亲劝说达雄接受妻子"好意"的话，被改为"春子不是没有志节"。如前所证译文中的母亲是达雄的母亲，那么此处即是婆婆对媳妇的审判，暗示自己的儿子可以相信妻子，大可放心地走。这段译文完全地推翻了原作的意图。原本是岳母劝说女婿接受自己女儿的好意，是一种慷慨；译文演绎为婆婆以评价媳妇的方式安慰儿子，同时将春子的付出视作理所当然，并强调了女性的属性——贞节。

【A7】巴里の女はとても綺麗で優しいと云う話だから、向こうで何をやっているか解ったものではない。（中略）便りもよこさない旦那様の帰りを、おとなしく待っている。本当に当世珍しい人だ。

【B7】巴黎的妇女都称赞着他的作品。……心里总是期望着主人的归来，这当然是世间可尊贵的人了。

【C7】巴黎的女人漂亮又体贴。……丈夫对她不闻不问，她还老老实实地等人回来，在这个世道也真少见。

【A8】わたし絶対に再婚なんかしないことよ。わたしはどこまでも、守の母として一生を送りますから。

【B8】我绝对不能再婚，我到了什么时候，还是尽我的一生之力供给我的守与母亲。

【C8】我绝对不再婚，我这辈子永远只是守的母亲。

【A9】絵をかく人が、目が見えなくなるなんて、それこそ、生き甲斐もない
ようなものじゃありませんか。（中略）ですからね、帰ってらしったら、お母さん
と、わたくしも、坊やも、みんな暖かい心で慰めてあげましょうよ。

【B9】他为的绘画，眼睛看不见什么了，然他是归回来了！母亲、我、小孩
子、心里当然都很温然的安慰了。

【C9】画画的人眼睛看不见了，等于活着也没什么意义。……所以等他回来了，
母亲，我，还有孩子，我们都要贴心地安慰他。

　　【A7】是母亲转述邻里对春子的评价，翻译延续了【A5】的方法，将原本中性的"在
这个世道也真少见"译作褒义的"这当然是世间可尊贵的人"，体现了对女性贞洁的崇尚。
【A8】是母女推测丈夫失联或因已丧命，母亲继续劝春子改嫁时春子的回应。此处"我绝对
不再婚"译为"我绝对不能再婚"，不再婚的结果虽然一样，但原作中春子的主观意愿却由此
转为被动。"不能"以及紧跟其后的"还是"，让春子的这句话有了另一层意思：妻子不可在
丈夫落难时抛弃家庭，这将为世俗所不齿。后半句的改译也印证了译者对"大难临头各自飞"
的批判。原作中春子坚持为了孩子不再婚，本是一个独立女性的形象，而改译为"尽我的一
生之力供给我的守与母亲"之后，一个即使失去丈夫也要恪守妇道，代替丈夫赡养老小的女
子形象便鲜活了。【A9】是母女得知达雄并未丧命而只是失明后，春子的反应。"活着也没什
么意义"一句未译出，或因"贤妻"不应这样去评价自己的丈夫。而后一句又再次推翻原文，
本来是春子要求母亲善待丈夫，却变成了春子一家因丈夫的归来而感慰藉。

　　关于春子的改译，在独立女性的基础之上，更加强调了"奉献""忠贞""妇道"，可以
视为译者女性观的体现。这应属笳啸在潜意识层次的作为所致。一方面，译介文章中无须在
无关之处大费周章，另一方面，结合笳啸的日语能力来看，改译处目标语言的选择，极可能
是在无法精确把握原文语义的情况下进行的，是译者的一种主观判断。

### 三、关于笳啸作品中的"性"

　　由上述论证来看，笳啸的女性观及伦理观可谓封建传统。他在《画家之妻》的翻译过程
中所展现的潜意识层面的极端保守，与他在《追求》《饿鬼》《冲突》《贼》《欲难》中的扭曲、
执拗和偏激极为矛盾。他虽被贬为"张竞生第二"，但他曾以颇为辛辣的笔触发表过杂文《张
竞生的夫人死了》①；面对不明身份的"雪人、冯骞、孙"三者间可能存在的抄袭行为，指出

---

① 笳啸：《张竞生的夫人死了》，《满洲报》，1932 年 5 月 9 日。

此为"拾人牙慧的美，这种美是不值一个铜板的，更不值一句的赞美"①。可见他视文学为一种追求，且存在一定程度的洁癖心理，因此他的几部问题作品的动机也不可简单归为哗众取宠。那么筱啸作品中的"性"从何而来？关于这一问题，笔者认为应将其纳入五四新文学的背景中观察。

### （一）对文学革命运动的关注

筱啸熟知且关注了文学革命运动。他在《沉默期中之新诗》中写道："中国的新诗可概分为三个分野的时期，时光已经移去了两个伟大的时期，一个从民国六年、五四②运动到十年为止的革命时期，一个继之而起的至民国十五年的创造时期，那两个时期可好譬作春夏般的序季的，现今已踏入了秋天的路去。"除此之外他还细致分析郁达夫、邵洵美、戴望舒、杨骚、卢冀野、章衣萍、李金发、胡也频等诗人的特点和创作，指出"现今所最缺乏的，是昔日创造的诗派郭沫若的诗风，他是拿'跨大豪放'的四个字作诗的魂"。这表明他对当时的五四文坛有着深入了解。民国六年（1917年）起的十年，正是"从文学革命到革命文学"的十年。胡适、尼姆威尔斯在当时就曾称之为"文艺复兴运动"的时期③；当代则有陈思和称这一时期是中国新文学发展史上以"启蒙、提倡民主与科学、白话文"为主题的一段"共名"④时期。

1932年的东北文坛，"普罗""革命"在一些作品中偶有出现，而对新文学发展做到精准理解并把握的作家，筱啸应当是其中一个。这一时期他刊载在《满洲报》上的多篇文章都证明了他对新文学动向的关注。例如同在《沉默期中之新诗》中提及"上海一般的大杂志，都是改头换面，大喊着民族文学，这虽是环境的所致，然新兴文学之在中国是毫未走到红运，这种诗的表现，更属寥寥"，表现出对文艺走向的理解和捕捉；在《文艺家片段的汇集（续）》⑤中，他指出"东北的一帮报屁股作家，能踏入素称是中国新文学发源地的上海的杂志里得一角地方，出个名字，除了吉林的大学教授穆木天先生并能在文坛上握把交椅而外，就是前年泰东报的作家丁焕文了"，其中对东北文艺的没落和对上海文坛的崇尚之情颇显直白；另外，筱啸还在《评一篇历史小说——石秀》的开篇，提到了他对《小说月报》和《新时代

---

① 筱啸：《副刊杂评》，《满洲报》，1932年5月9日。

② 此处原文为"五三运动"，笔者认为应是笔误。

③ ［美］尼姆·威尔士：《现代中国文学运动》，斯诺：《活的中国》文洁若译，长沙：湖南人民出版社，1983年。

④ 陈思和：《新文学整体观》，广州：广东人民出版社，2018年。

⑤ 筱啸：《文艺家片段的汇集（续）》，《满洲报》，1932年6月13日。

月刊》的持续关注。再结合箭啸曾在报纸上刊载启事征换郁达夫、张资平、茅盾等关内作家书籍的事实，可知他对新文学运动中以创造社为据点的浪漫主义派和以《小说月报》为代表的现实主义派都有关注。所以，对于箭啸的文学创作，应该视其受到了五四文学的直接影响。

### （二）《追求》和郁达夫、张资平以及自然主义

《追求》于 1932 年 2 月 22 日起在《星期》副刊分三次连载。宗子是一名信奉革命文学的青年，写过一些诗和小说。某个饮了酒的雨夜，"种种的过去与未来的幻想愁思，由霉雨促他忆起了人性的淫靡"，使他再也无法压抑心中的欲望，脑子里只有"女人的肚子、女人的双乳、女人的红唇，尤其是双女人的白脚，……赤裸裸女人的曲线"，高唱了一声"我可怜的青春呀！"就在这时他听到隔壁房间年轻夫妇的对话，"臆测必定施行肉的接和的动作"，他掏出偷来的妹妹的贴身马甲，回想着偷窥妹妹时的景象，在床上"经过了那一刹那的最高的生与死"。他焚烧了自己的作品，捧出张资平《最后的幸福》《飞絮》，虔诚的忏悔。他觉得"我的革命文学是空虚的，骗人的……"第二天，宗子在强吻了隔壁年轻的女性后，留下一封遗书，表示自己将"决计走向死的路上去"。

通过文本比对，笔者认为《追求》和郁达夫《沉沦》在结构设置和一些细节上高度重合，很可能是一部效仿之作。首先，箭啸曾在文艺评论《郁达夫》[①]中明确表示自己读过郁达夫包括《沉沦》在内的诸多作品。其次，一些文本细节也可作为佐证。宗子是一名受性欲极度压抑之苦的青年。他在压抑中高呼"我可怜的青春呀！"不能不让人想到《沉沦》中"槁木的二十一岁！死灰的二十一岁！"甚至在描写女人裸体时，都有模仿《沉沦》"那一双雪样的乳峰！那一双肥白的大腿！这全身的曲线！"的痕迹。宗子住在窄小的屋子里，没有电灯，床下有老鼠作祟，甚至连桌子都是缺角的，可想而知与他紧挨着的隔壁邻居的境遇也相差不大。然而听到隔壁女子与丈夫的呢喃细语，他竟生出"有钱的人，就能娶来时髦的女子"，邻人的女人"不也是被金钱娶到那个男性的手"的念头，这种因性欲而产生的变态自卑也和《沉沦》的人物设定重叠。并且，宗子的病态、偷窥、自慰以及视之为"麻醉的堕落"的思想、最终的不择手段和选择死亡，这整个过程就更是雷同了。只不过，《沉沦》中的青年为宣泄性苦闷和内心的压抑，进了青楼买醉，因这无法解决的矛盾而觉得自己背负了国难；《追求》中的宗子最终选择的是强吻，将矛盾抛给了"我没有搂爱人吃大餐的机能，我没有相当的金钱"的现实困境而已。与其说这里是对革命文学的讽刺，倒不如将其看作模仿写作时的概念置换更为合理。最后从题目设置上来看，"追求"和"沉沦"之间，通过上述比照，不得不承认似乎存在有除语义之外的呼应意味。

---

① 箭啸：《郁达夫》，《满洲报》，1932 年 11 月 7 日。

对于《追求》的评价，或可引用夏志清在《中国现代小说史》中关于郁达夫风潮的观点：可惜后来学他的人虽然写欲情和颓废着墨很多，却谁也没有他那种老实和认真的态度，等到1928年"左"倾运动风行一时，他那一路的小说很快就不时髦了①。不过放在当时的语境里，在笳啸之前，并无此类作品的出现，这似乎成了新文学运动的一种滞后反应。

《追求》中还出现了张资平的两部作品，并且从细节可知作者的确读过这两部作品。和郁达夫描写灵与肉的文学追求不同，张资平的性欲描写在文学史上通常被评价为空洞和功利。就笳啸而言，作为一名刚走上文学之路的青年，同时接触二者很可能影响了他的创作理念，也就是将性欲描写作为文学追求的方法。这实际上可以理解为自然主义对五四的渗透在沦陷区文坛得到体现的过程。

有过留学经验的郁达夫和张资平受到当时日本自然主义文学思潮的影响已有定论。其中最具代表性者即郁达夫的《沉沦》和佐藤春夫《田原的忧郁》的比较研究②。而张资平更是推崇自然主义中的性欲描写。他在《欧洲文艺史纲》中表示"近代精神把人类弄成病态的了"，进而要"把这种人生的病的现象赤裸裸地描写出来"，由此提出了"暗面描写"的必要，"暗面即人生的黑暗污丑的方面"。他尤其强调，"在这暗面中描写最盛的就是性欲""性欲支配人类生活的力量很强"③。

笳啸是否直接从《欧洲文艺史纲》中汲取了张资平的理论观点现阶段无法考证。一个间接的证据是，张资平曾列举了十位日本作家并表示这些作家的作品是他"写恋爱小说的典范"，其中就有吉田弦二郎在列④，而笳啸在《满洲报》上发表的两篇译作中，除前述《画家之妻》之外，另一篇就是吉田弦二郎的诗作。再结合第一节中关于笳啸接触日本文学可能性的结论，笳啸很有可能通过张资平受到了自然主义的间接影响。或许正由于这种"张资平式"的间接影响，笳啸在《追求》之后的几篇作品中，放弃了模仿的手法而几乎将文学和性描写画上等号，对"性欲支配人类生活"的强调尤为突出。这些作品中的主人公都具备"无法化解的病态性欲"的通性，在"暗面""污丑""病态"等方面皆有表现。例如《饿鬼》中为亲近曾经爱恋的女子而将其从坟墓中刨出；《冲突》中不惜借钱去妓院却在黑暗中与母亲发生关系；《贼》中的私通和误杀；《欲难》里的同性和人兽。

单就文学性而言，笳啸的上述作品或不足为道，笔者并不反对这一定论。然而在此基础

---

① 夏志清：《中国现代小说史》，上海：复旦大学出版社，2005年，第78—79页。
② 小田嶽夫：《郁達夫伝－その詩と愛と日本》，东京：中央公论社，1975年。
③ 张资平：《欧洲文艺史纲》，上海：上海联合书局，1929年，第86—91页。
④ 智晓静：《自然主义与五四文学》，厦门大学硕士学位论文，2006年。

上需要注意的是，这些作品均为短篇，且属一名文学青年的初期创作，以文学性的标尺去衡量批评无甚意义。对于作品的定性不应局限于内容上的低俗，通过前文考证已可发现，笳啸创作的动机，是将其视为文学的方法，这呈现了一种脉络，即自然主义经由五四作家转述后传递至东北文坛。

**（三）关于文学追求的反思——几个连续的文本**

上述论证中所有作品均创作于 1932 年，时间间隔并不长。其中《追求》和《饿鬼》最早，《冲突》《贼》《欲难》的创作和《画家之妻》的翻译同时进行，期间还经历了两个多月的论战，作品在内容上也不具备连贯性。论战结束后，笳啸以相同的人物设定分别创作了三个独立短篇《画家与女人》《某作家的爱》《车上的舞女》，内容上虽无直接关联，但应视为一个连贯的整体文本进行分析，因为这些作品的主题皆为笳啸关于文学创作方法和主义的反思。

《画家与女人》

H 是一名工厂的工人，同时是一名画家，居住在深山中，常在山间画风景画，拒绝与人交往。某日 T 女士慕名前来，她声称自己也是一名女工，并脱光衣服要求 H 为自己画一幅裸体画，但遭 H 拒绝。二人对饮交谈至深夜，在同一张床上入睡。第二日清晨 H 醒来，看着身边裸体的 T，留下一封信离开。小说通篇几乎都由对话构成。

面对裸体的 T 女士，H 先生高叫"危险"，接着二人间有如下对话。

"可爱的 H 先生，不要总在那邪念上着想，你的艺术已快达到成功的一天了，可惜你没有一件很好的'模特儿'。"

"我缺乏勇气，女人的一切我更不想描写，我爱自然，我爱疾苦无告的可怜的劳工。"

"我并不是小姐太太，我是女工我也爱自然。女人并不是什么最神秘的东西，只要你的艺术完成伟大，我什么也能牺牲。"

在最后留给 T 女士的信中他写道："假如找到一本称为近代的诗，一册完全画，在那上还在证明，女人是艺术的骨子，那你再找到这些美丽的作者，一定能令他们落泪的狂欢着。"

献身创作的 H 先生一直执着于风景画，而 T 女士出现并要为他提供一位"很好的模特儿"，对此 H 先生表示出在创作上远离女性而亲近劳工的信念。但从最后的信中可以看出，关于女性与创作的关系他并非全盘否定，甚至有着肯定的态度。

H 先生 23 岁，作画，写诗，是一名工人。这样的形象，很容易与笳啸本人重合。而执着要求以裸体形象出现在 H 的作品中的 T 女士，可以抽象为笳啸作品中有关性的元素。小说通篇几乎全由对话构成，可看成作者通过作品完成的自我审视。

《车上的舞女》

一位自巴黎归来的画家在 S 埠举办画展，其中有一幅名为"车上的舞女"的作品吸引了众人关注，该作品"背景是一片绿荫浓碧的远林，白堤岸上行着一轮人力车，车里坐着一位美丽风骚极具浪浪姿态的舞女，乳头整然的露出，裤子也没有穿，只披一件紧短的轻纱外套，因为是疲倦，左足搭在车夫的背上，脸腮露出舒适的微笑，全身表现调和的曲线美"。一名青年工人突然出现，以"这不是作品，是对人类的侮辱"，"很显然的看出来你对下层劳动阶级不当为人类"为由撕毁并焚烧了这幅画。画家则声称"那是我艺术纯美主义的精粹表现"，是"我心血的结晶"，斥其"无故烧我的艺术品是件最大的侮辱"。于是二人扭打起来，众人随之起哄，这时外面又扔进一个火团，整个展馆化为火海。

该作品较《画家与女人》在情节构造上稍复杂些。表面上将矛盾设置在了形而上的艺术家与社会底层阶级之间，但背景描写中还透露出另外的信息。比如开篇介绍"S 埠，虽是通商大埠，而艺术界在呈着特别冷淡气象。中间很有几位落拓的文士，发行文艺刊物，后因环境的不允许，为当局所误解，致招 ×× 嫌疑。听说有位女诗人，曾利用飞机在全市空中散布'文艺复兴'口号的宣传单"。"文艺复兴"一词的引入，为小说基调增添了新的意味——一方面，因提倡"文艺复兴"而遭受当局管控的文艺刊物，很容易让人联想到在上海被迫解散的创造社，再次间接证明了他的创作以五四文学为背景；另一方面，文艺复兴不难与诸多裸体画相联系，维纳斯就是其中代表者，暗示了文艺追求和性描写的关系。

围绕画家和青年的冲突，作者还对旁观者的前后态度转变进行了详述。青年出现前，"观客蜂拥的都围在了画的前面，像在个室中，有人发现了一种奇迹似的"；打斗开始后，"观众四面喧腾，'吁！吁！疯子！画家……车上的舞女……打到……侮辱……'"颇有些围观砍头的好事者的架势。结局处，作者在画家与青年之间并无偏袒，"烈火炽燃的红光中还见出青年人与画家的格斗，还听出死力的呐喊！"

这两部短篇在内容上与译作《画家之妻》并无直接关联。但不可否认，在人物设置等方面，尤其是"画家"这一执着追求艺术成就的角色，必然是来自译作的灵感。作者在创作过程中也将自我追求代入进了画家 H 先生这个人物里。

同时，两部短篇呈现出了明显的相对关系。"画家"和"女性裸体"是《画家与女人》和《车上的舞女》的共通元素，然而前者的画家逃避性描写，后者的画家追求性描写；前者的画家得到女性工人的奉献，后者的画家遭到男性工人的摧毁。若基于上述对照进一步抽象理解，画家是文艺道路上的创作者和追求者，而性描写则象征了他的文艺方法和追求目标。这很明显地说明了融入作品里的性是主动选择的结果，这种选择并非为了哗众取宠，而应将其视为一条文学路径。但是，从画家 H 对女性裸体的拒绝可以看出，对于这种方法他已经感到了矛盾。

《某作家的爱》

23 岁的 H 是一名酷爱文学的青年。他孤身漂泊在异地，在一家大工厂做拾煤块的苦工。T 的父亲是某银行买办，她是父亲的三姨奶奶所生。T 对 H 示以爱恋，H 起初拒绝，忽一日起了一种幻想，"假设我能得位女性，那我的作品的丰富更见得是能气色的"，虽心存顾虑，但"需要女性作模型的念头却油然而兴"，遂与 T 结了婚。两年后，H 悔恨"投在你怀里的初志，却是利用你的一种心理的推动，我为的拿你做模型，以备写文字的原因"，"这虽算是一段爱恋，但他终认为是一串无聊的把戏"。最终 H 选择了离开，因为他"要转回原来的路子里"，"要用文字的宣传工作"，要用文字"感化一般人们的兴趣"。

《某作家的爱》脱离了画家的人物设定而直接将 H 还原为作家，与《画家与女人》呈现相对关系。如果说后者中存在对于"女性"和"追求"相融合的恐惧和疑惑，那么前者就通过 H 的内心独白展示了化解恐惧和疑虑的过程。画家 H 拒绝将"女性"作为模特，而作家 H 为了写作的模型与"女性"结合了。最终的结果是：作家 H 认为这一结合是无意义的，是无聊的把戏。

如果将上述三个文本作为一个整体，就可以清晰地发现这其实是筘啸关于文学上的追求和"女性＝性描写"之间的关系的反思。并且，在这一反思过程中，"工人"是左右了画家和作家抉择的一个重要因素。无论为了描写工人也好，回到工人身份也好，在文学主义上都可以归结为一个方向，即远离浪漫，投身左翼——这正是当时革命文学的思潮。

**（四）筘啸的左翼倾向**

以译作《画家之妻》为界线，筘啸在创作方式上呈现出较大的转变，如果说之前的以《追求》为代表的五个作品是以性为方法的文学，之后的《画家与女人》及外两篇是筘啸对这一方式的反思，那么以诗配文的形式创作的《石炭工》①、独幕剧《死灰》②就在一定程度上体现了反思的结论。筘啸也通过这两篇作品完成了创作转型。

《死灰》讲述一个老者途经一座山间土屋，发现就快饿死在屋内的母女，于是选择牺牲自己将所有食粮留下。作为独幕剧来说，《死灰》将刻画重点放在场景描述，但情节和对话过于单薄，这是作者创作经验不足所致。相对而言《石炭工》以一场矿井事故为背景，极具

---

① 筘啸：《石炭工》，《满洲报》，1932 年 11 月 28 日。

② 筘啸：《死灰》，《满洲报》，1932 年 12 月 5 日。

写实意味，作品也更加饱满。

《石炭工》的主体是一首写给因矿井事故丧生的劳工们的吊唁诗，但是配有大篇幅的长文详述了创作背景——休息室里接到一个电话，井下死了七个人。但"此种事故像晴天忽然降了几滴雨水般的无关紧要。现场方面不过在工人负伤册子上多记载几个死鬼的家乡住址姓名年龄及死亡的原因。（中略）公司方面不过发给死者遗族几个些微的价值而已"，并且"这死的消息新闻上是从来没有披载"。文中尤其还对死伤者进行了细描："死的与伤的遍体都有鲜红的血浸着，有的痛得支着白牙，有的只剩气息奄奄的呻吟，有的大腿切断，有的手臂不存，在最后被抬出一个来的满脸虽有血浴着，我的心灵却不禁打一个转颤，再看左腿被车挤成平板形体，胸间覆着凝血，气息已经早不呼吸。"

这显然是笳啸以矿井的实际生活和工作经验为素材进行的创作，或者就是写实的文学。而对于这些对劳工来说早已司空见惯的死伤，他在文后所附的诗中如下提及。

> 这不是你们的傻性
> 虽然你们的力与血制成的煤炭
> 虽然供给那消费者的无劳而燃烧
> 这可是表现自食其力的骄傲——
>
> 几个人惨死的灵魂烟般飘散
> 从此得以自由逍遥纵放
> 再不受艰辛再不受煎熬
> 空遗臭骸任凭野土埋葬

这篇作品得以刊载的意义更大于其内容本身。即便作者自身没有意识到，无论文中或诗中的左倾气息都是强烈的，强烈到编者要在文后专门注明"本文及弔诗凡有触忌讳等处皆为编者所删削，然此固为笳啸君前途计"。这不由让人联想到时间上相去不远的左联五烈士。而在东北沦陷区，《石炭工》刊载前几个月，仅因杂文诗《岂有此理》中涉及一些对官员不作为和贪污的讽刺，作者徐心影就被解雇了，这一事件使当时很多作家开始对针砭时事或直抒心意讳莫如深。在此环境下创作出《石炭工》这样的作品，一方面反映笳啸在文学追求上的执着，另一方面，可以验证他在文学主义上的转型已经确立。

至于转型的原因，一是在《星期》副刊上与众作家的论战或许起到了间接刺激的作用。

这场论战本身并无太多内容可言，无非是笳啸抨击抄袭之后受到反驳，论战演变为骂战，参与者也逐渐增加。整场论战中，除在后期受王秋莹从中调停与笳啸和解的编辑芙蓉有过几句中肯言论外，无一人站在笳啸一方，这中间为众人诟病最多的就是他那几篇问题作品。这样的经历自然可以成为他对自身创作进行反思的动机。另外，笳啸曾在一篇自传性文章中提到，他于1932年冬季因不配合公司上级从劳工身上非法获利而遭辞退[①]，这很可能成为他思想改造的直接动机。尤其，笳啸重点关注的三个作家中除郁达夫和张资平外，还有茅盾。左联的成立正是受到了茅盾的支持。那么选择了转变文学主义的笳啸是否受也到了茅盾的影响？至少从转型后的两篇作品来看，将其纳入1932年左倾思想在中国文坛盛行的背景之中显得必要且合理。

## 四、笳啸"暗影文学"的再考证——性、文学、革命

本文从作品出发考证了笳啸的文学，重点探究了其作品中性描写的源头。再结合他在文学主义上的转型，可以看出笳啸的创作之路贴合了中国新文学运动的脉络。也由此还原了一个活跃在东北沦陷初期文坛之上的文学青年肖像。他受五四文学影响，尝试以性为主题进行文学创作，通过作品中的自省，最终契合了文学革命的思潮。

就文学中的"性"而言，本文基于对笳啸译作的分析，否定了他直接受自然主义文学影响的可能。同时，出于笳啸在改译及一些文学活动中所表现出的道德观、女性观和价值观，不认为他将性作为文学的主题是出于金钱或更为低俗的动机。自然主义渗透入五四文学，笳啸从郁达夫、张资平身上汲取这种影响，最终将其作为文学创作的主义，这体现了东北沦陷初期文坛仍存在着文学的间接性流动。在完成转型之后，笳啸作品里的左倾气息颇显浓烈，这正符合当时的文学潮流。但是放在当时的语境中，哪怕当时报刊检阅制度尚不完善，除笳啸外也并没有出现能书写并发表类似作品的作家。这种潮流中的独特性，也是东北沦陷区文学研究的重要的比照材料。在笳啸之后不久，还有骆驼生试图将左联和革命文学引入东北文坛却未遂，如果将这些事件以及更多被遗忘的作家文人联系起来，是否可以更完整地发掘出中国文学史中的东北沦陷区文学呢？

"满洲国"的文艺统治最终斩断了关外和关内的文学联系，也斩断了笳啸的文学路径，让他真正成了"暗影"。但如开篇所说，这无法否定他在文学上的意义。笳啸是初期众多文学青年中的一员，甚至还不能称之为作家。他后期虽还有作品问世，但也寥寥几篇杂文而已。他若能坚持自身的文学主义会是怎样景象？这不能不说是殖民地语境下一种文学的无奈。如果说笳啸的暗影文学曾经落入了历史的深渊，那么今后或许还有更多文学的"影子"将重见天日。

---

[①] 笳啸：《本刊作家小史》（三），《满洲报》，1933年1月23日。

【语言学视界】

# 从河间地名变迁看冀赵方言见系果摄字的演化（下）①

李云龙

**【摘要】**本文从河间地名中见系果摄字的历史演化入手，联系该类字在周边方言及元明移民地区中的使用，将其声母、韵母离析出不同层次，可以见出冀赵方言疑、影母字声母存在两个层次：一个层次与《中原音韵》同属一系，今读ø-声母；一个层次源于明初山西移民，今读ŋ-、n-鼻音声母。见系果摄字韵母亦有两个层次：一个层次源于金元时期，开合口舒声字俱读合口；一个层次为明山西移民进入本地后，合口舒声字开口化，合口入声字读开口。随着与北京间持续不断的人口交流、融合，冀赵方言历史上的这些语音特点，对今天北京话的面貌亦产生了影响。

**【关键词】**冀赵方言；山西方言；北京话；语言接触；见系；果摄；疑母；影母

**【作者简介】**李云龙，北京师范大学文学院课程与教学论专业博士研究生（北京100875），中国教育出版传媒集团高级主管、编审（北京100073）

## 一、从河间方言看冀赵方言对北京话疑、影母字声母的影响

关于北京话、东北方言与冀赵方言的关系，林焘在讨论北京官话时有过说明。②北京话自金代以来，以幽燕方言为基础直线发展，至清代则与东北方言融合。无论是幽燕方言还是东北方言，都因河北人口的流动而与冀赵方言具有密切的关系，高晓虹因此指出，清代之前北京话与冀赵方言关系密切，清军入关后与东北话关系密切，"没有经历重大变化的河北方

① 本文在写作过程中，蒙刘少杰、左炳文、毕根廷、王世友、王巍、金龙、萧凌波、贾丹、蔡成普、张玉涛等提供相关资料，又承徐国律先生、赵金阁女士等多位古稀老人作为河间方言调查对象，谨致谢忱。

② 林焘：《北京官话溯源》，《中国语文》，1987年，第3期。

言回归原地，与当时的北京话接触融合，形成现在的北京话"①。

高晓虹认为，韵母、声母、声调文读产生有阶的差异，声调最难受到影响，而声母其次，她认为反映明代北京音的《合并字学集韵》清入字读阴平是受到了随流动人口入京的河北方言的影响。既然北京音最难受到影响的声调已经发生变化，那么声母自然不会幸免。疑、影母字读鼻音声母的河间方言，与同属冀赵方言、保留鼻音声母疑、影母字的其他地区相连成片，这些鼻音声母对北京话产生影响自在情理之中。

明代以来的文献表明，冀赵方言读 ŋ- 的疑、影母字在 400 年间持续不断地对北京话产生影响，并程度不等地留在其中。成书于朝鲜中宗十二年（1517 年）崔世珍的《四声通解》记录的今俗音，孙建元认为反映的是"16 世纪初期的北京音"。②《中原音韵》疑母字读 ŋ- 已是残迹，16 世纪的北京音照理不会再存 ŋ- 母，但《四声通解》所附《四声通考》凡例云"本韵疑喻母诸字多相杂"，疑、喻多相杂说明的仅是部分疑母消失，表明不相杂的部分仍读 ŋ-。孙建元对朝鲜人崔世珍所撰《四声通解》中的疑母情况进行了分析：一是直接置于喻母之下；一是收在疑母下，但注明俗音或今俗音读入喻母；一是收在疑母下未作说明。③ 孙建元认为三者并无本质差别。《四声通解》凡例说，"今俗音，或著或否者非谓此存而彼无也，随所得闻之音而著之也"，由此可以看出，崔世珍是据"所得闻之音"将疑母分三类标出，一部分疑母字要读 ŋ-，一部分要读 Ø-，另一部分则存两读。从《四声通解》记录的今俗音来看，有些韵的今俗音存在喻母和疑母的对立，譬如"额"字，今俗音读疑母或喻母。这在崔世珍的《翻译老乞大》和《翻译朴通事》中亦有反映，"疑"右音［ŋi］、"鱼"右音［ŋiu］。崔世珍的记录反映的是冀赵方言 ŋ- 声母对北京话的影响。

成书于 1615—1642 年间的《音韵集成》，明末北平人莫铨所撰，该书反映了 17 世纪北京话的语音面貌。据李子君的研究，《音韵集成》中绝大多数疑母字与影、喻同读，但在江阳、皆来、山寒三韵中有独立的疑母字，如江阳的"昂、卬、枊、䎷、映、泱、盎、夁、鄂、碍、谔"、皆来的"崖、涯、睚、啀、儴、虐、疟、岳、鹭、外、瞦、喝"，山寒的"颜、眼"④。这些读 ŋ- 疑母字的存在，反映的是同《四声通解》一样的冀赵方言的影响。不过在徐孝作、刊于 1606 年代表当时顺天府（北京）音的《重订司马温公等韵图经》中，疑母字却几乎都读为

---

① 高晓虹：《北京话入声字的历史层次》，北京：北京语言大学出版社，2009 年。

② 孙建元：《〈四声通解〉俗音、今俗音的性质》，《广西师范大学学报》，1989 年，第 1 期。

③ 孙建元：《中古影、喻、疑、微诸组在北京音系里全面合流的年代》，《广西师范大学学报》，1990 年，第 3 期。

④ 李子君：《十七世纪北京话声母系统》，《古汉语研究》，2003 年，第 3 期。

零声母，这或许是因为徐孝所持编书理念的不同，他在《合并篇韵字学便览引证》中说，"其吴无、椀晚、玩万、悟勿之类，母虽居二三音，实为一味，不当分别而分别也。或曰：'唇、牙、喉三音，安得而为一乎？'不然，此乃器异金同之象，今并于影母领率"，既然是编写反映顺天方言的韵书，讨论的前提无疑是当地口语读音，"或曰"的人不会据明显有别的"唇、牙、喉"的古音地位提出不同意见，他们见到的应是实际存在的仍读牙音的"吴、玩、悟"，近 90 年前的《四声通解》中"吴、悟"分处疑母模、暮韵下，"玩"属疑母翰韵，但有喻母又读可证（刊于 1747 年朴性源所撰《华东正音通释韵考》，与"玩"音近的"顽"仍读 [ŋuan]）。对徐孝来说，他或者未见读 ŋ- 的疑母，或者以读 ∅- 的疑母为正、将 ŋ- 读作为"不当分别而分别"，因此没有收录 ŋ- 声母，不过该书中"牛"却读 [niəu]，该字在此前的《中原音韵》《蒙古字韵》等书中读同"尤、由"。

山东青州驻防八旗始置于清雍正八年（1730 年），后从京师八旗中选拔未被甲壮丁二千调往戍防，雍正九年（1731 年）上谕中言及此事，"青州驻防官兵，自今即著选派……应派之兵二千名，不必拨派蒙古，止于满洲内拣选"。[1] 随官兵及眷属共计 15000 名京旗来到青州的，还有他们口中的北京话。据张树铮调查，北城满族话中"爱、欧"等字有声母 ŋ，它反映了"260 年前的北京话"的特点[2]。《谐声韵学》为清康熙时韵书，"吾、五、误"三字同属影母，但其同摄疑纽再出，叶宝奎认为这是"对中古传统读音的保留"[3]。该书"知、庄、章"混同为舌尖音、见精组腭化、入声韵尾消失、-m 尾消失都未保留中古传统读音，特别是清浊不分这一与传统读音最为不同之处，还受到李光地的激烈批评（李光地《榕村集》卷二十九），《谐声韵学》若是保留古读，要做的恐怕比保留疑母还要多得多。我们认为，要保留古读并无不可，问题是如果影、喻、微、疑已经同音，与 ∅- 声母对应的疑母字当全部在影、喻、微母与疑母中两出，否则为何"多有重复"不易理解。由此看来，当时的疑母字有 ŋ- 的读法，但很多字读零声母。从与其他反映清初北京音韵书的对比来看，该书记录的也应是当时的北京音，其疑母读 ŋ- 是北京话受到了冀赵方言的影响。

英人威妥玛所撰《语言自迩集》，以威妥玛拼音记录了 19 世纪的北京口语。其《音节总表》有说明，"下列音节，即 a, ai, an, ang, ao, ê, ên, êng, o, ou, 其发音经常是 ⁿa, ⁿai, ⁿan, 等等"，可见疑、影母开口呼字几乎全读 ŋ- 声母（"俺、唵"字读 [nan]）。另外，

① 刘小萌、王禹浪：《山东青州北城满族村的考察报告——关于青州八旗驻防城的今昔》，《黑龙江民族丛刊》，2001 年，第 4 期。

② 张树铮：《山东青州北城满族所保留的北京官话方言岛记略》，《中国语文》，1995 年，第 1 期。

③ 叶宝奎：《明清官话音系》，厦门：厦门大学出版社，2001 年。

大量疑、影母齐齿、撮口呼字读 n-，如"虐"读 [niao]、"言"读 [nien]。疑、影母齐齿、撮口呼字有的只读 y-，比如"涯"仅读 [yai]、"蔫"仅读 [yen]，有的存在 n- 母异读，比如"嗽"读 [nien]、[yen]，联系此前北京话中三四等字多读 Ø- 声母的情况，这里的 n- 音当为后起。序于同治九年（1870 年）、潘逢禧作《正音通俗表》，记录的是清代后期官话音，其"通俗表中概从俗读。于北音取其七，南音取其三"[①]，这"取其七"的北音俗读反映了北京话疑、影母字的读法，其齐齿呼大多数读 j-，但"臬业"等字读 [niɛ]、"牛"读 [niu]。疑、影母开口呼字读 ŋ-，如"傲、奥"读 [ŋau]。另有两个疑母字合口呼"外、聩"，竟也读 [ŋuai]，不过这两个字与上文提到的《音韵集成》"外、聩"两字倒是一致的。这一时期北京话疑、影母字在读 ŋ- 之外增添了新的 n- 音字，是因为在清代又受到了河间等疑、影母读 n- 的冀赵方言的新影响。

与清入字不同的是，冀赵方言中的鼻音声母是在近乎消失之后由山西方言引入，且鼻音声母也分出 ŋ-、n- 不同读法，并一直处于和零声母的共存与竞争之中，从河间话方言"鹅、饿"等字的两读可以看出，鼻音声母尚未最终胜出，因此力量薄弱的鼻音声母对北京话的冲击终究有限。从北京话自身来看，《中原音韵》之后的疑、影母字演化为零声母倒是整齐划一，这无形之中增强了整体上的"拒变"能力。比较而言，北京话的入声字本身归派就较为多元，这就使得河北方言清入字读音能够更容易进入北京话。400 年来韵书作者对待疑、影母字的态度与此呼应。徐孝《重订司马温公等韵图经》疑、影母字不读鼻音声母，刊行于 1810 年的《李氏音鉴》、1816 年的《音泔》俱同此。成书于 1840 年的《音韵逢源》虽设氏母（ŋ- 声母），然而据王为民、杨亦鸣的研究[②]，这个声母是为解决满汉翻译的困难实施的人为举措，实际并不存在。至 1898 年美国人富善的《官话萃珍》、1913 年王璞《京音字汇》、1915 年高本汉《中国音韵学研究》，都不设 ŋ- 声母。不过，鼻音声母 n- 的读法却一直在北京话中延续，譬如义为"吃，连舔带吸地吃"的"唵"读 [nan][③]，"恶心"之"恶"读 [nau]（此字《中原音韵》入萧豪韵、《中原雅音》入萧韵女告切，河北多地读 [nau]），"宜兴壶"读"泥性壶"[④]。

张世方认为，北京官话区中疑、影母开口一等字的地理差异反映了音变过程的不同发展

① 叶宝奎：《明清官话音系》，厦门：厦门大学出版社，2001 年。

② 王为民、杨亦鸣：《〈音韵逢源〉氏、毕、胃三母的性质》，《民族语文》，2004 年，第 4 期。

③ 白宛如：《北京方言本字考》，《方言》，1979 年，第 3 期；徐世荣：《北京土语辞典》，北京：北京出版社，1990 年。

④ 徐世荣：《北京土语辞典》，北京：北京出版社，1990 年。

阶段：疑母 ŋ- 先并入影、喻母，变为 Ø- 声母，然后发生回头音变成为 ŋ- 声母，在一些方言中又由 ŋ- 声母变为 n- 声母和 Ø- 声母。这个设想着眼于不同音韵层次之间直接的继承与发展关系，对应的是剔除合口呼与齐齿呼、撮口呼的语言事实，我们不同意他的看法。"语言的空间差异反映时间的发展序列"针对的是变化前后两种形式的继承关系，着眼的是语言的分化，而语言并非孤立的自行存在，它也常常处于和其他语言的接触、竞争、融合过程中①。如果疑、影母开口一等字在北京话中确实发生过由 Ø- 向 ŋ- 的内源性音变，那么时代接近的《重订司马温公等韵图经》《音韵集成》和《音韵逢源》《语言自迩集》对其反应为什么截然相反？比较而言，基于方言接触的"叠置式音变"对冀赵方言和北京官话的形成更有解释力，它显示的是某一历史层面上一种方言与另一种方言间的接触与竞争②，韵书表现不过是折射了其作者对于外来方言的态度而已。

## 二、从河间方言看冀赵方言对北京话见系果摄字韵母的影响

冀赵方言对北京话的影响不只在果摄字的疑、影母层面，它同时体现在疑、影母果摄字的韵母上。有代表性的阴声字是"讹、我"。"讹"在《中原音韵》中读 [ŋuo]，至《中原雅音》读 [uo]，河北蠡县今仍读 [uo]。《四声通解》"我、讹"今俗音读 [o]，表面上看与后来带合口介音的 [uo] 不同，但放在今俗音的语音系统里来看，"o 与 uo 互补"③，"《通解》一律写作 o，审音稍微宽泛一些"。《四声通解》o 韵字已变入 ɤ 类，但"我"读 [o] 并不是"例外"，该书中"我、娥、饿、鹅、俄、莪、哦、蛾"等字今俗音俱读 [o]，甚至"讹、卧"亦与之同音④，说此时"我、讹"读 [uo] 亦无不可。至徐孝《重订司马温公等韵图经》《合并字学集韵》和威妥玛《语言自迩集》，"讹"在冀赵方言影响下于 [o] 之外产生了 [uo]（[wo]）读。按唐作藩的看法，"'我'是疑母字，属牙音，现代念 [uo] 是个例外"⑤，但放在河间等冀赵方言背景下则容易解释，"我"在《中原音韵》中读 [ŋo]，《中原雅音》中与之接近的"莪、饿"读 [o]，《四声通解》今俗音读与 [uo] 互补的 [o]，《重订司马温公等韵图经》中"我"读 [o]，但《合并字学集韵》读 [uo]，而刊行于 1810 年的《李氏音鉴》中"我"亦读 [uo]，

① 徐通锵：《语言论——语义型语言的结构原理和研究方法》，长春：东北师范大学出版社，1997 年。
② 王洪君：《文白异读与叠置式音变——从山西闻喜方言的文白异读谈起》，《语言学论丛》，1992 年，第 17 期。
③ 孙建元：《〈四声通解〉今俗音研究》，北京：中华书局，2010 年。
④ 李得春：《〈四声通解〉今俗音初探》，《民族语文》，1988 年，第 5 期。
⑤ 唐作藩：《音韵学教程（第三版）》，北京：北京大学出版社，2002 年。

其后的《语言自迩集》中"我"有 [o][wo] 两读。[uo] 的出现，不是源于汴洛方言，无论是早期的《皇极经世声音倡和图》《四声等子》，还是明代的《青郊杂著》《交泰韵》，都不见"我"读 [uo] 的记录；直到到高本汉的《中国音韵学研究》中，开封话里"我"字才读 [uo]，但"蛾、俄、鹅、饿"都读 [ɣɯ]，推想 [uo] 的出现当不会太久。因此，北京话中"我"读 [uo] 是受到了承自金元的冀赵方言的影响。

金元时期河间等冀赵方言"鹅、饿、蛾、河"等其他由开口而变合口的见系果摄字，亦影响到了北京话中相应的一些字。《四声通解》今俗音中，"河、何、荷、贺"等字今俗音有开口 [ɣɤ] 与合口 [ɣoɤ] 异读，其中合口 [ɣoɤ] 一读正反映了冀赵方言影响之下的情形。成书于 1840 年裕恩作的《音韵逢源》也有可比的例子，个别果摄开口一等见系字读为 [-uo] 韵。而一些派入果摄的入声字，也体现了这样的变化。"握、喔、渥、齷"等本属影母江摄开口二等觉韵字，它们在《四声通解》中的今俗音为 [ʔio]，而后来徐孝的《合并字学集韵》中读 [uo]。再如"涸"字，本为下各切一等开口字，《李氏音鉴》中读合口 [xuo]。

另如上文所述冀赵方言读开口 [-ɤ] 韵的"阔、括、扩、豁、脱、托"等入声字，也随进入北京的流动人口而给北京话带来了影响。《四声通解》中，"郭"正音为 [koao]、今俗音为 [ko]，"廓、扩"正音为 [kʻoao]、今俗音为 [kʻo]，"获"正音为 [ɣoao]、今俗音为 [ɣo]，"霍"正音为 [xoao]、今俗音为 [xo]，《翻译老乞大》记录同其接近，"豁"左音为 [xruʔ]、右音为 [xo]，它们都体现了与冀赵方言 [o (u) ɔ]〈 [-(u)cu]〈 [-ucu]〈 [-uɑu (ʔ)] 一致的演化过程。刘晓南从《四声通解》今俗音入声字入手，推测"明代前期北方官话口语中入声韵尽管大为削弱，有的字已弱化而转读阴声，但入声作为一个韵类仍然存在"[①]，但既然该书今俗音反映的是当时北京官话的实际语音，那么"仍然存在"的入声如何解释此前《中原音韵》和此后《重订司马温公等韵图经》入声都已消失的情形呢？我们认为，山西方言入声字进入冀赵方言后，经历了由入转舒的过渡状态，《四声通解》今俗音反映的恰是受冀赵方言影响之下的北京话。至徐孝《合并字学集韵》，"霍"字存 [xo][xuo] 二读。而《语言自迩集》中，"廓、扩、获"等字都有 [-o][-uo] 两韵。也许是冀赵方言中这些字由入转舒的过渡状态本身不稳定性的制约，特别是残存的 -ʔ 的影响，它们最终未能改变北京话早期的合口读法。

北京话存在舒声果摄合口见系读开口的情况，譬如"科、颗、课、讹、戈"，但这似乎不是《合并字学集韵》以来发生的内源性音变，因为该书中只有"讹"一个舒声字发生了开

---

① 刘晓南：《从〈四声通解〉今俗音看明代前期官话入声》，耿振生编：《近代官话语音研究》，北京：语文出版社，2007 年。

口变化。早在宋修《集韵》中，"讹"即在《广韵》合口之外衍生开口"牛河切"，注为"徐邀读"。《蒙古字韵》将合口"讹"置于开口歌韵最后，《古今韵会举要》"吪、卧"则分属疑母"歌、箇"韵，且只用一个八思巴元音字母表示，表明"吪、卧"在元代可有 [o] 一读。今日个别方言同宋明韵书记录一致，太谷"讹"与"蛾、鹅、饿、俄、我"同读 [ŋie]，河间"讹"与"蛾、鹅、饿、俄、讹"同具 [nɤ] 一音。比较张洵如所记河间方言读厂さ [xɤ]"祸"字，北京话中至今不见，可以推想，18 世纪以前的冀赵方言在与北京话的接触过程中为后者带来了读开口的舒声果摄合口见系字，刊于 1810 年的《李氏音鉴》中"颗、课"两字反映了这个新情况。《语言自迩集》著录的字数稍多，"和、火、伙、货、戈"有 [-uo][-o] 两种韵母。这类有开口读法的见系果摄舒声字最终在清末的北京话中定型，并一直延续到今天。

　　类似于河间"侯安村"作"侯南村"那种冀赵方言中阴阳平混同的情况，在北京话中亦有反映。根据郭力的调查[①]，徐孝《重订司马温公等韵图经》中次浊平声读阴平的字共有 32 个，而《中原音韵》中次浊声平声读阴平的只有"麽"字，该书的次浊平声字基本上归阳平。徐孝当时已经注意到，这些次浊阴平字为"冀赵之音"。

---

[①] 郭力：《〈重订司马温公等韵图经〉研究》，龚煌城编：《古汉语研究论稿》，北京：北京语言大学出版社，2003 年。

# 论东西方学习者汉语普通话学习需求及背景

吴　双

【摘要】近代东西方来华学习者为了满足强烈的交际需求，能够更快更好地掌握汉语，初来华时自觉学习方言，来自西方的传教士就曾经用各种汉语方言在中国传教，但发现方言有碍交际。后来发现其实中国早已有"普通话"——"官话"，于是积极学习汉语"普通话"。这体现了汉语作为第二语言的学习者对汉语普通话的一个认知过程。东西方学习者学习背景存在着极大的差异。由于汉字超稳定的特性，汉语产生言文分离的现象，来自东方汉字文化圈内的学习者脱离语音，运用"笔谈"方式进行交际。西方学习者对语音的敏感和创造性地应用拼音识字，引发了汉语拼音文字的改革运动。而这一改革也深得东方学习者的青睐和呼应。东西方汉语学习者从异文化的眼光来看汉语，以己所长为汉语发展注入了新鲜血液，从而帮助了汉语的发展。他们都不是被动的学习者，相反，其主动精神甚至还会促使目的语发生巨大变革。在某种意义上，汉语普通话"以北京语音为标准音"的发展和成熟，就得益于汉语国际教育的促进和推动。

【关键词】汉语作为第二语言的学习者；官话；方言；学习背景
【作者简介】吴双，文学硕士，北京语言大学汉语学院副教授（北京 100083）。

## 前　言

在人们的印象中，将汉语作为第二语言学习的人虽多为成年人，但学习过程却如刚发蒙的孩子，总是安静地在教室里等待教师教授基础汉语知识。其实，历史上的将汉语作为第二语言的学习者并不总是被动地学习，相反，其主动精神不仅极大地促进了汉语国际教育学科的发展，甚至还促使目的语发生了巨大变革。中国近代史上，汉语普通话的发展和成熟，就得益于汉语国际教育的促进和推动。普通话的形成，与将汉语作为第二语言的学习者的汉语学习密切相关。

1956 年 2 月 6 日，国务院发布《关于推广普通话的指示》，其中说道：

"汉语统一的基础已经存在了，这就是以北京语音为标准音、以北方话为基础方言、以典范的现代白话文著作为语法规范的普通话。"

众所周知，汉语普通话是近代以来汉语发展变化的必然结果。在1840—1949年间（即近代，其中1840—1912年为晚清）这段时间里，世界格局发生了很大变化。

在欧美主要国家，西方的工业生产力在工业革命完成或迅速发展的情况下，已具备向世界各地传播的能力。随着英美等国家宗教界"大觉醒运动"的深入发展，西方宗教界面对世俗化社会下宗教势力的衰弱，为维系其国内信徒的宗教热情，掀起了海外传教运动，19世纪初至第一次鸦片战争后，以基督教新教为主的包括天主教、东正教等各教团体纷纷派遣传教士来华开展大规模传教活动。要让中国人信教，须得说服中国人。语言不通的传教士为了达到目的，首先须要学习汉语。在文化不够普及的当时，为使传教事业发展兴旺，传教士开展了一系列汉语教学、编写教材和词典的活动。

在日本，明治维新（1868年）以后，日本的新政府迫于政治、外交、通商，以及军事上与清朝往来急速扩大的需要，逐步地强化了中国语学习、教育的体制。这个时期，在日本出现了很多兼具语法功能的汉语词典，尤其重视关于北京音的汉语教学。

在朝鲜半岛，20世纪上半叶是日本帝国主义殖民时期，在此期间，朝鲜半岛出于学习汉语的需求，编纂了一批数量可观的汉语教科书。这批汉语教科书大多为汉语会话教材，也有少量语法书和汉语词典。

而在中国，各方第二语言的学习者、中国知识阶层，以及政府官员，都看到了中国方言众多，言文不一的现实，意识到汉语统一的重要性和必要性，并都自觉选择了以北京语音为标准音，促进了这场语言变革。

那么，汉语作为第二语言的学习者是怎样促进汉语普通话的语音变革的呢？

## 一、来华学习者为了交际而学汉语方言

### （一）传教士为在中国传教而学习汉语方言

传教士来到中国，首先要掌握汉语才能达到传教的目的，而掌握汉语发音成为首要问题。但是，方言语音成为其习得汉语的第一个障碍。

其实，自古以来，汉语方言（Varieties of Chinese）就差异显著，正如胡适所言："战国时，各地方的方言已很不统一。"[①]

直至今日，现代汉语方言仍是如此。从广州浸信会信徒黎忠于1897年发表的《辨明正音

---

[①] 胡适：《国语文学史》，合肥：安徽教育出版社，1999年，第3—4页。

正装正夷论》，可见近代中国方言各异的情况：

> 福哉今也，万国通商，五洲互市，幸矣风气大开，真光临世，内地诸君如出井口矣，勿嫌干犯，待鄙人不得已辨明，以显中外亲爱之情，而壮华夏仁让之风。如以中国十八省论，各有土音，以南北官话为正，是本国之通行。如以五洲万国通行言语而论，以东西两半球、英美两国为正。[①]

按照基督教圣经公会（Bible Societies）的指示，在尚未出现书面文字的地方，传教士们应该使用拼音文字记录下当地流行的口语译经。虽然中国早有自己的书面文字，但"以中国十八省论，各有土音"。传教士们为了便于向中国各地民众传教，纷纷学习当地方言，并编写了《上海方言译本圣经》（1847 年）、《福州方言译本圣经》（1854 年）等，专门用于方言口音与"官话"相距甚远的上海、福州等地。[②]

一方面，为了对后来的传教士开展教学；另一方面，为了帮助受教群众学习教义，基督教新教传教士纷纷编写教材。美国第一位来华新教传教士裨治文（Elijah Coleman Bridgman，1801—1861，1830 年来华）编纂了词典《广东方言中文文选》（*Chinese Chrestomathy in the Canton Dialect*，1841），该词典中大部分词汇都列有英文翻译、中国汉字和粤语拼音，并采用三栏式排版；1850 年，到宁波传教的美国传教士丁韪良（William A. P. Martin）开创了用拼音拼写宁波方言的方式，并用这种拼音文字撰写了赞美诗等基督教读物；罗蒂（Elihu Doty）"编了一本《翻译英华厦门腔语汇》，英汉对照，用罗马拼音注厦门话"（熊月之：《西学东渐与晚清社会》，第 165 页）；吉士编写了《上海土白入门》；高第丕（Tarlton Perry Crawford）编了《上海土音字写法》；等等。

为了提高教学质量，传教士们还在中国陆续开办教会学院，教新来的传教士们学习汉语方言。例如葡萄牙汉学家伯多禄（Pedro Nolasco da Silva，1842—1912）就在澳门圣若瑟学院教授汉语课程"粤语的文法和口语""官话（即北京话）口语"，强调"书面语与口语结合，粤语与官话结合，注意培养听、说、读、写等基本功"。

**（二）汉语作为第二语言的学习者认识到方言有碍交际**

二语学习者学习方言的时间并不长，因为他们认识到汉语方言有碍与以汉语为母语者之间的日常交际，并不是理想的教学语音。

---

① 黎忠：《辨明正音正装正夷论》，《中西教会报》，1897 年，第 3 期。

② 张西平：《西方人早期汉语学习史的研究初论》，《海外华文教育》，2001 年，第 4 期。

在教会办的报纸《益闻录》中就记载了一个中国官员因说"方言"而造成误解的笑话：

> 沈桐威先生《谐铎》中载夏器通一事因误成名，殊足令人绝倒。今观于平潭林姓武员，可谓寡二少双矣。林本一乡曲民，但解土谈，不知官话，只因交情得保今职，为百夫之长。昨自省中办公回往，见上司陈协戎，问及官场有何消息。林强作官话曰："抚左营恭将庄大人与长福营恭府王大人相互吊死。"其实吊死二字乃调署之误也。陈与庄、王二人交情素密，闻林言大惊失色，推案而起，作叹息声曰："二君才识明通，有何意外，忧而自寻短见乎？"旁人知陈意，乃代解之。陈始悉林语音之误，因当面申诉，逐出署门。林亦满面怀惭而退。[①]

清代地方官员任职时，按规定要回避本省，若是外任官在籍（原籍或寄籍）五百里内者（包括邻省），都得回避，因此近代地方官员大多是不通当地方言的外地人。这位在他乡做官的上司只能用"官话"和当地人交流，而这位下属"但解土谈，不知官话"，虽是"强作官话"，却按方言发音，将"调署"说成"吊死"，于是造成误会。

汉语由来如此，虽然书面语言——文言文是统一的，然而口头语言——方言各异，一读出音来不免造成误解。尽管各种方言趣事早已成为中国人茶余饭后的笑谈，然而这个刊载于二语学习者办的报纸上的笑话，却有着非同寻常的意义，它反映了来自二语学习者的认识、观察和思考——中国方言复杂，即使说官话，但由于语音产生的负迁移，也会导致官话发音不准，而造成误解。那么，学习汉语方言对于传教意义有多大呢？

其实，汉语言文分离的情况与中世纪拉丁文在西方的状态十分类似，在西方，拉丁文只是有能力的少数人才能使用的语言。汉语方言发音的繁杂与分歧，同音字和声调的微妙变化，对于母语者都会造成困扰，二语学习者的学习障碍就更大了：

> 发音如此分歧，一个音的确和另一个音同样正确，很不容易判定哪种是方言，是土话，或者是讹误。[②]

另一方面，令这些跨文化交际目的格外明确的在华外国人深感担忧的是——万万不能因为方言分歧而误了传教大业啊！

威妥玛在《语言自迩集》中选择的不是其他方言而是北京话作为口语教学的内容，而这

---

① 《不会官话》，《益闻录》，1884 年，第 384 号。
② 卫三畏：《中国总论》，陈俱译，陈绛校，上海：上海古籍出版社，2005 年，第 423 页。

一选择是众多在华西方人长期实践总结和学术争论的结果。

1840 年以后，西方人大量进入中国，在学习语言的过程中，他们发现中国各地方言林立，差别极大，而书面语言则相对统一、各地通用。但绝大多数西方人忽视了汉语书面语在文体上的巨大差别，纷纷以儒家经典作为书面语的学习材料，但很快他们就在实际应用中遇到了难题。儒家经典著作与清末公文的行文风格大相径庭，其内容也与外交事务以及实际生活毫不相干。较早意识到这一问题并对汉语书面语进行系统分类研究的是时任英国驻广州领事馆译员的密迪乐。[①]

## 二、学习者自觉选择学习汉语共同语——官话

### （一）学习者发现中国早已有"普通话"——官话

如前所述，中国方言各异，造成跨文化交际的障碍。那么，有没有避免方言歧义的"普通话"标准音呢？有！

其实，中国古代早已有"普通话"。事实上中国人早已意识到了"必立一雅言为之准"的重要性。汉语方言虽然复杂，方音分歧，但是由于汉字的特性，在词汇和语法方面上的差异相对比较小，所以如果树立一种标准音，书面语的视觉形式扫除了方言在语音上的听觉障碍，方言便可附类而通，不同方言地区的人便可展开交流。这种标准音，早期叫"雅言"，后来叫"官话"。前面所举方言笑话乃因"不知官话"而成为笑谈，说明"官话"就是一种与方言对立的共同语。

传教士很快就发现了"官话"这种语音是最值得学习和应用的。

早在《利玛窦中国札记》里，明代来华传教士利玛窦清楚地看到，中国虽然方言复杂，但是幸而有一种与方言并存的通用语——官话：

还有一种整个帝国通用的口语，被称为官话（Cuon hoa），是民用和法庭用的官方语言。这种国语的产生可能是由于这一事实，即所有的行政长官都不是他们所管辖的那个省份的人，为了使他们不必学会那个省份的方言，就使用了这种通用的语言来处理政府的事务。官话现在在受过教育的阶级当中很流行，并且在外省人和他们所要访问的那个省份的居民之间使用。懂得这种通用的语言，我们耶稣会的会

---

① 程龙、威安玛：《〈语言自迩集〉浅析》，《中国文化研究》，2012 年，春之卷。

友就的确没有必要再去学他们工作所在的那个省份的方言了。各省的方言在上流社会是不说的。……这种官方的国语用得很普遍，就连妇孺也都听得懂。①

美国传教士丁韪良意识到宁波话毕竟是小众使用的方言，事实上，中国有比方言更普及有效的官话发音：

> 我很快就发现，当地的方言对于这一社交圈子显得有点不太合适，所以我就开始学说官话，后者不仅是宫廷和官场上的语言，而且也是各地区人民之间进行交流和沟通的共同语言。②

被费赖之称为"中国文学造诣最深者"的法国耶稣会士马若瑟（Joseph de Premare），于1698年来华传教。他在1728年写于广州，1831年在马六甲出版的《汉语札记》序言中说：

> 在中国的不同地方，汉字的读音各不相同。很多文人在读单词的时候，用的都是他们从小就学会的地方口音。如果你的老师就是这样，而且他还不知道官话里的发音，那你就不能求教于他。在我的书中，我尽量把所有的汉字注上我认为是官话里的读音。如果你的老师像我注的那样来读这些汉字，那你就可以相信他。③

英国人斯当东（George Staunton）跟随英女王特使马戛尔尼于乾隆五十八年（1793年）前往中国时，看到的景象是：

> 广州有本地特殊方言，所有住在广州的人，除了官吏而外，都讲这种话。官吏都是外省来的，他们讲的是一种全国通行的官话。④

---

① ［意］利玛窦、［比］金尼阁：《利玛窦中国札记》，何高济译，桂林：广西师范大学出版社，2001年，第22—23页。

② ［美］丁韪良：《花甲忆记——一位美国传教士眼中的晚清帝国》，沈弘、恽文捷、郝田虎译，桂林：广西师范大学出版社，2004年，第39页。

③ ［丹］龙伯格：《清代来华传教士马若瑟研究》，李真、骆洁译，郑州：大象出版社，2009年，第98页。

④ ［英］斯当东：《英使谒见乾隆纪实》，叶笃义译，上海：上海书店出版社，2005年，第498页。

威妥玛认为，对于有志学习中国语言的外国人来说，"五分之四的帝国民众"都会的"帝国官话"，毫无疑问应该成为他学习的首要对象：

几乎所有外国人说起汉话口语时，可能都会留意到其中的一种，即所谓"the mandarin dialect"。这就是"Kuanhua"；严格说来，应译作"官府口头语言（the oral language of government）"。"官字"即"衙门"（official），已通过葡萄牙语而被欧化为"mandarin"，而这个术语，正如埃德金斯先生（Mr. Edkins）所说作为"官"的等价物，已变得太合适方便了，以至于"mandarin"，再也不能被轻易地放弃了；而"dialect"这个词则导致误解。"官话"作为口语媒介，不只是属于官吏和知识阶层，而且属于近五分之四的帝国民众……（埃德金斯先生）他把官话划分为三个主要系统：南方官话、北方官话和西部官话，他以南京、北京和成都——四川省省会，分别代表各个官话系统的标准，他认为南京官话在更大的范围被理解，尽管后者更为时髦；可是他又承认"那些想说帝国宫廷语言的人一定要学习北京话，而净化了它的土音的北京话，就是公认的'帝国官话'（kuanhua of the Empire）。"①

这里所说的"埃德金斯先生（Mr. Edkins）"指的是"北京官话"《圣经》的翻译者艾约瑟（Joseph Edkins），他于1857年出版了《官话口语语法》（*A Grammar of the Chinese Colloquial Language，Commonly Called the Mandarin Dialect*）。

在范礼安的安排下，罗明坚于1579年7月初到澳门，立即自觉而明确地把学汉语官话作为首要任务：

第一件事就是学中国话——宫廷里的官话，全中国所用的话。②

他们已很清楚地认识到中国的语言状况：

在中国的许多方言中，有一种称为官话，是为行政及法院用的，很容易学；无

---

① ［英］威妥玛：《语言自迩集——19世纪中期的北京话》，张卫东译，北京：北京大学出版社，2002年，第14页。
② 《利玛窦全集·中国传教史》，卷二，刘俊余、王玉川合译，台北：台北光启出版社，1986年，第114页。

论哪一省的人，只要常听就会；所以连妓女及一般妇女，都能与外省人交谈。①

据罗明坚后来讲述：

> 我在澳门度过了几年。在那里，葡萄牙人进行贸易活动，而我则学习他们叫作"官话"的中国语言。这种语言，是中国地方官员和朝臣都使用的，因为这种语言有着几乎无限的词汇，所以学会它是很困难的，即使是中国人自己，也要花费许多时间。②

### （二）何谓官话

官话一词含有官话方言的含义。

自春秋以来，中国就有一种较为统一的"共同语"。《论语·述而》载："子所雅言，诗书执礼皆雅言也。""雅"即"正"也，是庄重典雅的意思；"雅言"，指共同语的标准音，是春秋时期以中原音为标准音的华夏部族的共同语，为后来汉民族共同语的发展奠定了基础，其通行范围从秦晋到齐鲁（黄河中下游一带）。③ 王力先生指出：

> 远在两千年前，扬雄所著的《方言》里就有所谓"通语"。通语是指全国通行的语言，等于今天所谓民族共同语。普通话的原始意义也就是通语，即汉民族共同语。④

汉民族共同语，或称汉语标准语，也即中国的官方语言，早期称为雅言、雅音、通语、正音。明清称为官话，清末又开始称为国语，1956 年改称普通话。它的演变经历了一个漫长的过程。

早期，汉语以中原雅音为正音。"雅言"是中国最早的古代通用语，相当于现在的普通

---

① 《利玛窦全集·书信集》，第 446 页，罗明坚致总会长阿桂委瓦神父书。

② M. Howard Reinstra：（eds.）*Jesuit Letters From China 1583-1584*，p16. 转引自万明：《从八封信简看耶稣会士入华的最初历程》，《文献》，1993 年，第 3 期。参阅［法］裴化行：《天主教十六世纪在华传教志》，萧浚华译，北京：商务印书馆，1936 年，第 183 页。

③ 黎锦熙：《汉语发展过程和汉语规范化》，南京：江苏人民出版社，1957 年，第 17 页。

④ 王力：《现代汉语规范化问题（总论）》，《王力语言学论文集》，北京：商务印书馆，2000 年，第 571 页。

话。其音系为上古音系，至今已无方言可完整对应。《辞海·雅言》条说："雅言，古时称'共同语'，同'方言'对称。"孔颖达在《正义》中说："雅言，正言也。"《尔雅》是后代考证古代词语解释词义的著作，是中国最早的词典，其"雅"即指"雅言"，是某一时代官方规定的规范语言。

公元前770年，周平王迁都洛邑（今河南洛阳），洛邑语言遂成东周时期雅言的基础。孔子是用雅言给由四面八方汇聚至鲁国的三千弟子讲学的。关西秦声，在古代称作雅言并作为国语使用，《论语骈枝·释雅言》曰："夫子诵诗、读书、执礼必正言其音。"为了让天下读书人"达其志，通其欲"，王朝统一通用文字和发音标准，并定期进行语言文字教范和语音训练。

中原雅言的历史达一千五百多年。周以后，各朝随着国都的迁移，雅言的基础方言也随之修正，但历代王朝都不遗余力地推广雅言。中古汉语时期，雅言成为流行于中原汴、洛一带的通用语言。在唐宋时期，中原雅音发展到了最高峰，达到了一字一音，唐诗宋词作品大量涌现，各周边国家皆争相学习中原雅言。⑤

西晋末年，匈奴等五胡在晋室内乱之时攻陷洛阳，中原汉人纷纷南渡，越过淮河或更越过长江，落户在了现在的江苏、安徽、浙江等省，晋代迁都南京，汉族政权第一次转移到南方。史称"五胡乱华""衣冠南渡"。这些中原士族同时也把洛音也带到了江淮一带，与当地土著的吴语产生交融，此谓中原雅音南移。于是汉语正音分为南北两支，主流上以南方的金陵士音为正统，即以中原雅音为基础的金陵雅言成为中国的官方语言。东晋之后，南北朝对立，南京成为古汉语的遗留地带。

中国自此一分为二，形成了长达近三百年的南北朝对峙，中原汉语也"南染吴越，北杂夷虏"。以南京为中心的东晋南朝作为汉人的正统王朝，传承了中原的优秀文化，繁盛一时，史称"六朝文化"，而当时"南染吴越"的金陵音（南京音）成为中国的官话。

终于，隋统一了中国。与秦一样，这个伟大的统一王朝仅仅传了两代就覆灭了，取而代之的是一个强盛的唐朝。隋唐的首都都在北方的关中西安一带，故而华夏正统再次北归。金陵音与长安音则形成南北两大正统音系，最终长安音占据了上风。日本人在六朝的时候就输入了南京的"吴音"，到唐朝则重新把长安的"汉音"带回日本，渐渐形成现在的日语。

唐末北方战火纷飞，大量中原居民南迁，经历五代，宋一统天下。因宋都在开封，所以开封音就成为宋元明所称"宋音""雅言"或"中州音"。随后金灭北宋，宋迁至杭州，即南宋。

大量的中原人迁到杭州、南京、扬州一带。只剩下南京、扬州、镇江一带在一定程度上

---

⑤ 参考百度百科：https://baike.baidu.com/item/%E9%9B%85%E9%9F%B3/1055049?fr=aladdin.

保留了相对纯正的中原人的血脉和语音，并逐渐脱离吴语，慢慢形成了后来的"下江官话"。

随后蒙古灭南宋，建立元朝。蒙古人对中国北方实行种族灭绝式的屠杀，以至于秦岭淮河以北的平原地区几乎成了无人区，黄河中游的"中原音"也完全覆灭。

元代以元大都（今北京）汉语语音——北京音为标准音，称为"天下通语"。1998年，韩国发现了元代古本《老乞大》，里边的明以前"胡同"的写法，是汉语"胡洞"。该书都是地道的元代北方口语，证实元人用汉语说话，元人语是汉语，对研究元代汉语和社会具有重要价值。

元朝国运不到百年，就被明取代。明初，中国的人口分布极度不平衡。朱元璋就将地处山区而得以保存人口的大量山西人迁移到河南、河北、山东等省，又从江南迁移民众到江淮，并从湖广调人填四川。

明以中原雅音为正，南京地区的"中原之音"相对纯正，官话遂以南京官话为基础，南京官话为国家标准汉语语音。永乐年间明迁都北京，在各地移民中，南京移民约有40万，占北京人口的一半，南京话成为当时北京语音的基础，而南京官话则通行于整个明朝。明朝及清朝中叶之前中国的官方标准语一直是南京话。四百多年前，也就是明朝末年，意大利的传教士利玛窦记录了当时的北京话，当时的北京话有大量入声字，没有 zh、ch、sh 等翘舌音，这说明当时的北京话不是现在的北京话或者普通话。

清代，汉语官话成为国语。清初要求满人说满语写满文，并设立学校推广满语满文，但由于满语不够成熟，发音和语法都十分原始，词汇量少。满语难以满足日常交际的需要，在北京面临无法交流的语言危机，为了巩固统治，满足政治需要、工作需要、生活需要，学汉语成了满人唯一的选择。清朝以来，北京官话逐渐分化出来，作为汉语标准音的官话从而逐渐分为南京官话和北京官话两支。清代早期，南京官话仍为汉语主流标准语，雍正八年（1730年）清政府设立正音馆，推广以北京音为标准的北京官话；而北京音是在元时旧北平话与南京官话（明都北迁时北京城内南京移民过半）相融的基础上，融入了少许音译满语词汇而形成。

**（三）"官话"一词的由来**

关于"官话"形成的时间，叶宝奎指出，"官话"一词早就出现于域外文献——朝鲜《李朝实录·成宗四十一年九月》（1483年），一直沿用到20世纪40年代，民国时亦称"国语"（见叶宝奎《明清官话音系》）[①]：

---

[①] 叶宝奎：《明清官话音系》，厦门：厦门大学出版社，1999年。

头目葛贵见直解小学曰，反译甚好，而间有古语不合时用，且不是官话，无人认听。(《李朝实录·成宗四十一年九月》)

由此推测，"官话"一词在明初应已经在中国通行。

明人张位《问奇集·各地乡音》中的记载，也佐证了"官话"这一名称在明朝时就已采用，指汉语中不同于各地方言的通行语，这是目前所见中国本土文献中最早关于"官话"的记录：

大约江北入声多作平声，常有音无字，不能具载；江南多患齿音不清，然此亦官话中乡音耳。若其各处土语更末易通也。

一般认为，"官话"始自明代。明清时期流行的"雅言"，又称"官话"，大致相当于现代汉语的"普通话"，是在中国历史上大范围通行存在的一种口语。

在明朝的时候，官方的书面语言是文言文，官方的口头语言是以当时南京白话为基础的《洪武正韵》为参考。《洪武正韵》云：

何者为正声？五方之人皆能通解者斯为正音也。

复恐拘于方言。

一以中原雅音为定。

显然，《洪武正韵》的发音体系比当时任何一种方言都显得更加规范和严谨。这里的"汉音""雅音""正音"等，都是指"官话"的标准音。清人张祥晋《七音谱》卷三云：

庄重之音曰雅音，即正音也。今吾儒讽诵经典，肃对大宾，固必用庄重之音。

但在其他国家，"官话"一词的使用比较晚，主要是在晚清时期。日本汉学者牛岛德次解释说：

明治维新（1868年）以后，日本的新政府迫于政治、外交、通商，以至军事上与清朝往来急速扩大的需要，逐步地强化了中国语学习、教育的体制。这时使用的名称，最初幕府末期长崎通事用"唐话"，接着与和语、洋语相对叫"汉语"，后又以对方政府叫"清语"。1876年（明治九年）把以往的学习对象"南京语"改为"北京语"，以后，又以"北京官话"为代表性的称呼。有时也叫"清国官话""支那官话"等，单纯用"官话"指"北京官话"是"日俄战争"前后（1904［明治三十七年］）的事。这"官话"即"官吏说的话"，清朝末期是指"汉语"，特别是"北京语"。①

这反映了官话的成熟。

明朝末年，在意大利传教士罗明坚（Michele Ruggier）、利玛窦（Matteo Kicc）合编的《葡汉辞典》正文里，已有"官话"的条目："Falla Mandarin cuocuacin yin 官话正音。"

但也有不同见解。凌远征认为"官话"可能诞生于宋元时期，其命名最早文献出现在明代，以雍正上谕与宋元明清的文学创作为推行动力。（见凌远征《官话的形成和推行》②）

甚至，太田辰夫以语言接触的资料为依据，把"官话"的产生时间上溯至汉朝。他认为自汉代中国就有被异族学习的汉语口语，被称为"汉儿言语"。"汉儿言语"在明初消亡了，取代它的是"官话"，到了鸦片战争后"北京官话"形成并被作为通用语使用。他从音韵、语法的角度研究了"北京官话"的特点。（见太田辰夫《汉语史通考》③）

**（四）"官话"的使用范围**

关于"官话"的使用人群及区域，罗明坚和利玛窦合编的《葡汉辞典》正文里，关于"官话"的条目："Falla Mandarin cuocuacin yin 官话正音"，Falla 指语言，Mandarin 是指挥命令的意思。葡语 Falla Mandarin 意指"官员的语言"，用以指中国官员所使用的语言。但其实，"官话"使用并不只限于官员，而是通行范围极广：

官话方言也称官话或北方方言，官方方言通行范围很广，从东北三省到云贵高原，从江苏的连云港到新疆内陆的汉族居住区，都有官话分布。④

19世纪中前期，在广州的法国人观察到：

① ［日］牛岛德次：《日本汉语语法研究史》，甄岳刚编译，北京：北京语言学院出版社，1993年，第64页。
② 凌远征：《新语文建设史话》，郑州：河南大学出版社，1995年。
③ ［日］太田辰夫：《汉语史通考》，江蓝生、白维国译，重庆：重庆出版社，1991年。
④ 兰宾汉、邢向东：《现代汉语》，北京：中华书局，2011年，第9页。

有一种官方语言通行中国全国，即文人的语言，因此称为"官话"。对这两个字有一种错误的解释，让人误以为"官"所说的话和老百姓不同。其实这仅仅是国语（公众的，众人皆知的）和方言之间的一种区别，说方言的人被称为"鄙话"，简单的语言。①

"官话"作为口语媒介，不只是属于官吏和知识阶层，而且属于近五分之四的帝国民众……②

这里的所谓"官话"的"官"的意思，传教士和中国人的理解是一致的。王照在《官话合声字母》（1900）中认为："'官'者公也，'官话'者公用之话，自宜择其占幅员人数最多者"，这也正如威妥玛所言"'官话'作为口语媒介，不只是属于官吏和知识阶层，而且属于近五分之四的帝国民众……"，"官"者，其实指包括官僚阶层和知识分子的人民大众。所以，官话，其实就是近代对汉语普通话的称谓。

## 三、东西方二语学习者汉语普通话学习背景差异

### （一）汉字文化圈学习者擅长脱离语音的"笔谈"

#### 1. 汉字具有言文分离的优势

语言世界里充满着声音和语调，语音具有社会属性，在交际对话中能赋予语言一定的语义，口语交际则是运用这种语义达到促进沟通交流的目的。

其实如果放弃语音，不同国家和地区的人也是可以交流的。这种奇异的现象正与汉语言文分离的特点有关。

而清朝时，帝国疆域广大，历来就杂异的各地方言随着地域和时间的推移演化，差别日益加大，而历来就形态超级稳固的汉语书面语此时与方言形成格外鲜明的对比，言文分离、二者并存、异读难懂的现象日益突出。

因为汉字是一种象形表意文字，每个字符与它的发音之间没有天然的联系，音义分离是汉字最为重要和基础的特点。中国历史上，汉语的言文分离很早就已经出现了。言文分离肇始

---

① ［法］老尼克：《开放的中华：一个番鬼在大清国》，钱林森、蔡宏宁译，济南：山东画报出版社，2004 年，第 62 页。

② ［英］威妥玛：《语言自迩集——19 世纪中期的北京话》，张卫东译，第一版序言，北京：北京大学出版社，2002 年，第 14 页。

于何时，其实很难终其究竟。但正是由于各地方言不统一，所以"文体与语体已分开"。[①]

与具有多样性、多变性的口语方言迥然不同的是，传统汉语书面语的主要形式——文言文，却以稳定不变的态势屹立了数千年。自秦朝"书同文"的政策推行以来，汉语一直有稳定的书面表达形式——文言文，文言文这种书面语的基本词汇和语法结构，稳定地存续了近两千年。每个时期都有极其丰盛的文言文语篇产生，例如：

先秦庄周《庄子·养生主》：

为文惠君解牛，手之所触，肩之所倚，足之所履，膝之所踦，砉然向然，奏刀騞然，莫不中音。

宋代欧阳修《卖油翁》：

取一葫芦置于地，以钱覆其口，徐以杓酌油沥之，自钱孔入，而钱不湿。因曰："我亦无他，惟手熟尔。"

清代龚自珍《病梅馆记》：

予购三百盆，皆病者，无一完者。既泣之三日，乃誓疗之：纵之顺之，毁其盆，悉埋于地，解其棕缚；以五年为期，必复之全之。予本非文人画士，甘受诟厉，辟病梅之馆以贮之。

而这些语篇，无论产自哪个朝代，其用词和语法结构上的差别其实并不太大。从唐朝古文运动开始，发展到明朝，前后七子大喊"文必秦汉"。到了近代，传统文人笔下尤其追求古奥，桐城派挖空心思多用古字、古词语，句式避常而用变，章太炎等著述多用古字，最有意思的是翻译家林琴南用娴熟的文言翻译了 40 余种世界名著。可见，传统汉语书面语的特点就是坚持传统。

汉语书面语这一特点成就了以汉字为核心的中国文化。整个社会制度也配合着这种文化发展和传承。文言文虽然实现了跨时间跨地区的统一，但用各地方言读起来却易读难懂。历来识字的人都比较少，知识难以普及。

---

① 胡适：《国语文学史》，合肥：安徽教育出版社，1999 年，第 3—4 页。

所以，使用共同语不仅是二语学习者的需要，也不仅是部分知识分子的倡导，它还是一种国家治理的需要。西班牙传教士弗朗西斯科•瓦罗说：

> 并非任何一个中国人就能把音发好。只有那些资质好的说官话的人，例如南京地区的居民，以及来自其他操官话的省份的人，才能做到这一点。有些地区比如福建，那里的人们发音就很不准确，把 h 和 f 混淆在一起。其他省份也各有自己的语音毛病。一个中国人即使知识广博或学历很高，也并不意味着他就能说好官话；实际上有许多这样的人官话说得很糟。因此我们应该集中精力，只学那些以南京话或北京话为基础编纂的 cabegillas 或词汇表。①

由于言文分离，发音好不好跟知识渊博并不成正比，那些"即使知识广博或学历很高"，但是"官话说得很糟"的人是什么人呢？无疑，是虽然擅长书面语，但是方言浓重的知识分子。换句话说，在汉字文化圈，语音不影响求知。

可见汉语言文分离的事实是很严重的。

**2. 擅长汉字的二语学习者可以脱离语音进行书面语交际——"笔谈"**

不独在中国各方言区有言文分离的情况，在历史上，汉字圈二语学习者常用"笔谈"交际。东亚诸国知识分子虽然语言不通，但他们以汉字为媒介，通过汉字书写交流思想感情。为什么他们能够"以笔代舌"？

在相当长的时间里，汉字是日本、朝鲜半岛、越南等国家和地区的通用文字，因此，东亚文化圈又称为"汉字文化圈"。在汉字圈国家，由于汉字具有"书同文"②的特点，也由于汉字的巨大影响及其体现出的强劲稳定特点，顺应汉语具有言文分离的特点，汉字文化圈内很多汉语作为第二语言的学习者都能熟练地应用汉语进行读写。例如日本明治时期小说家夏

---

① [西] 弗朗西斯科•瓦罗：《华语官话语法》，马又清、姚小平译，北京：外语教学与研究出版社，2003 年，第 18 页。

② 在秦始皇统一中原之前，列国的文字也很不统一。就是一样的文字，也有好几种写法。殷商之后，文字逐渐普及。虽然作为官方文字的金文，形制比较一致。但是春秋战国时期的兵器、陶文、帛书、简书等民间文字，则存在着区域中的差异。这种状况妨碍了各地经济、文化的交流，也影响了中央政府政策法令的有效推行。于是，秦统一中原后，秦始皇下令李斯等人进行文字的整理、统一工作。从那时候起，采用了比较方便的书写方法，并规定了统一的文字。这样，各地的文化交流也方便多了。这叫作"书同文"。"同"，就是"统一"的意思。《礼记•中庸》第二十八章："今天下，车同轨，书同文，行同伦。"

目漱石（1867—1916），他的小说极具现代意识，但笔下的汉诗却是古雅的文言。他于 1898 年写的五古《春日静坐》：

> 青春二三月，愁随芳草长。闲花落空庭，素琴横虚堂。蟏蛸挂不动，篆烟绕竹梁。独坐无只语，方寸认微光。人间徒多事，此境孰可忘？会得一日静，正知百年忙。遐怀寄何处，缅邈白云乡。

从汉魏到明清，中国学校汉语文教育中"文言分离"、以儒学经典研读和培养书面表达为核心的教学模式，对古代的汉语国际教育产生了很大影响。特别是在 16、17 世纪以前，以诵读经书、诗文为主的汉语对外教学，脱离了生活中的汉语言环境，培养出的汉学名家大多只通晓中文，却不谙华言。

汉语文言早已深入日本知识分子骨髓，然而语音却渐行渐远，言文分离的特点在汉字文化圈体现尤为明显：

> 中世以后，宋学传入，京都和镰仓设立了五山十刹，以僧侣阶层为主体的宋学研究与汉诗文创作盛极一时。禅师讲解宋学时，完全放弃了音读，通过原文加注或直译原文等和式训读法，使不谙汉学者也可以读懂宋籍，汉学传播加速了，但中国语语音教学完全荒废。
>
> 从古代到近世，从公家教育到庶民教育，日本的中国语教育始终服务于汉学，从属于汉学。解读汉文经典的训读法不断发扬光大，而作为外语的中国语教育却始终淹没在汉字汉学教育中，未能独立出来。[①]

元明以前，在汉语国际教育中，对口语的重视程度远不及书面语。朝鲜、日本的汉语学习主要是汉字、汉语书面语的学习，教材主要是中国古代经典，重视阅读理解，轻视听说，对日常汉语交际没有多大帮助。《续急就篇》是 20 世纪初日本最为重要的汉语教科书，编者宫岛大八曾说：

> 阁下既学过官话四声什么的想必知道了。单是会话的书不下有百八十种，似乎得挑好的念。这才不枉费工夫。比方《水浒》《三国志》《红楼梦》《儿女英雄传》什

---

① 叶琼：《从"汉文"学习到日本近代中国语教育的成立》，《对外汉语研究》，2014 年，第 1 期。

么的，这些书文笔很好，话也适用。其中虽有不兴时的话，倒也没有什么妨碍。①

由此可见，由于汉语书面语在词汇和语法上不受各地口语方言的影响，"比方《水浒》《三国志》《红楼梦》《儿女英雄传》什么的"，即使有"不兴时的话"，也都能读懂。

然而，汉语口语却成了让二语学习者为难的事情。直到 18 世纪，即便是熟练掌握文言文的日本人，一般也并不掌握汉语口语。不仅中国各地人因方言互相听不懂对方的意思，外国人也觉得汉语的口语非常难学。从事日语教学研究的王顺洪先生说：

> 日本从公元 7—9 世纪的奈良、平安时代，到十七八世纪江户时代以前，除了汉文汉诗等文言的"直读"外，有没有专门的汉语口语方面的教习呢？目前还没发现有资料记载，即使有可能也不会多，因为那时候交通不便，除极少数使节、学问僧、游学生及商人外，其他人没有机会到中国，不可能接触中国人或直接与中国人交流。就是与中国往来比较频繁而且规模较大的遣隋使遣唐使时期，二百多年间也不过二十二次（其中有三次未获成功），而且遣隋使遣唐使到中国时，一般都有汉归化人随行做翻译。总之，在古代日本，对汉语口语的需求不大，也不十分迫切，所以汉语口语传习似乎尚未提上大和民族的教育日程。②

以笔代舌——盛行于汉字文化圈国家之间的"笔谈"交流，一方面反映了汉语作为二语学习者可以脱离语音开展跨文化交际的事实，另一方面也反映了汉语作为第二语言教学中语音严重受到忽视的问题。

然而，在世界风云变幻的近代，伴随口语交流的需要，笔谈已经不能满足汉字文化圈二语学习者的需求。汉字文化圈国家学习者迫切需要掌握汉语口语，对汉语口语教学的需求日益增强。

来自汉字文化圈和非汉字文化圈的学习者对汉语交际有不同的理解。来自汉字文化圈的学习者可以和中国各方言区的人一样，不依靠语音，用汉字进行交流；而对于来自非汉字文化圈的学习者而言，汉字太难了，更何况他们的母语是典型的拼音文字。想学会汉语，必然离不开语音的帮助。

---

① ［日］宫岛大八：《续急就篇》，善邻书院，昭和十七年，第 11—12 页。《急就篇》是 1904 年 8 月由日本善邻书院发行的汉语入门教材。该教材编者是日本人宫岛大八。

② 王顺洪：《日本人汉语学习研究》，北京：北京大学出版社，2008 年，第 11 页。

### （二）西方来华学习者对语音的敏感源于母语迁移

西方二语学习者为什么要抓语音作为"把手"？其实源于其母语迁移的意识。

首先是文字体系截然不同。

表音文字是用字母表示语言中的音位或音节，通过字母组合来表示词的意义，一般而言，只要掌握了这种文字所运用的字母和拼写规则，听到一个字就可以拼出来，看到一个词就可以读出来，所以学起来比较容易。而表意文字是用许多表意的符号来记录语言中的词或语素及其意义，从而整体代表了词或语素的读音。由于汉字表示词或语素的意义，不是固定地表示特定语音的字母，所以很有学问的人看到生字也可能读不出音来，听到生词的音也可能写不出字来。同一个汉字，古今的读音不同，在不同的方言和外族语言里往往也代表不同的读音，但它所代表的意义却相去不远。汉字的认读特点让来自西方的二语学习者深感困难。

其次，学习者的学习方式不同。

母语学习者自出生后一直在无意识地学习母语。因为本身就处于母语生活环境中，自己的生活需求及情感表达也都必须借助于这种语言。所以小学的孩子已掌握了母语的基本要素，十岁的孩子则掌握了较复杂的语法结构，可以运用语言进行日常交际、表述情感、描述事件等。

然而二语习得者则因为没有生活在二语语言环境内，必须以一种有意识的方式进行二语学习，通过教师、教材等渠道进行系统教育。对二语的掌握程度也因为学习者的动机、兴趣、家庭教育、认知方式等诸多因素的差异而不同。

另外，学习者在学习二语和母语时，选择的内容是不同的。

> 对母语学习者而言，他们关注的是意义而非结构，更注重意义间的差别，而非结构上的区分。孩子们出生后，父母总是拿实物给孩子看，同时告诉孩子："这是书，这是笔。"通过掌握意义间的差别，孩子认识了客观世界中事物的差别。二语习得则不然，学习者关注结构超过关注意义。学过了基本的字母和简单的单词后，学习者便开始反复操练句型：This is a book. This isn't a book. Is this a book? Yes, it is. No, it isn't. 在教学中，教师强调的也是句子结构和语法项目上的差异，如：肯定句、否定句、一般疑问句、特殊疑问句、一般现在时、现在进行时、一般将来时等之间的区分。这是因为，学习母语时，学习者随时能接触到结构，所以关注的是意义上的差异。①

---

① 黄丽茹：《母语习得与二语习得的异同》，《黑龙江教育学院学报》，2002 年，第 6 期。

学习外语则没有这种便利条件，所以需要不断地关注及演练这些结构。

再者，学习者的学习顺序不同。

母语习得者先拥有了听的环境，然后开始了说的历程，最后进入读和写阶段。所以，较小年龄的孩子们可以自由地运用母语交流沟通，在读和写上却可能存在困难。读和写受制于教育环境和条件，贫困地区的居民因为教育条件差，可能成为文盲和半文盲，但其听说能力却丝毫不受影响。

二语习得者的顺序则多半相反，不是听说读写，而是先读写、后听说。大多数系统的外语教育都从读开始，而后读写并重，或一开始就读写并行，然后听，最后才是写。这也是很多大学生经过十多年的外语学习后，会写能读，却不会运用语言进行面对面的交流沟通的原因。要改变这种状况，必须听说读写并重，边读写，边听说，从而达到不但学会了语言，而且会用语言进行交际的目的。

## 结　论

至此，可以进行如下小结：

**结论一：**

二语学习者对汉语标准音的推动源于交际目的。

"语言是接触世界的媒介"，存在于各行各业中的语际信息交流无处不在，"交际功能是一切语言存在的理由，因此它也应该是语言教学的终极目标"。

二语学习者学习第二语言往往源于复杂的功利动机。实用与交际才是他们的目的。沙特阿拉伯俗语曰："掌握敌人的语言就能保证自己的安全"，"求知哪怕远在中国"，捷克俗语说："掌握的语言越多，思维就越开阔"，蒙古俗语说："学会一门外语，就意味着开辟了一条新的道路。"上述格言道出了第二语言教学的真正本质——交际性质。无论是作为工具还是武器，二语学习者常为复杂的功利而进行二语书面语交际。

汉语作为第二语言教学的目的也是如此。第二语言作为传输信息的行为，信息自身的价值决定了信息载体的价值，第二语言教学活动的价值取向和价值评判往往要看在交际实践中是否具有某种效用。可见，汉语作为第二语言教学具有明确的为实际具体的交际性工作服务的目的和特点。

**结论二：**

不同的学习方式、学习习惯和习得顺序，是二语学习者产生主动改变目的语的动机之一。

近代英国驻广州领事馆译员密迪乐（Thomas T. Meadows，1815—1868）首先注意到二语学习者学汉语的目的和母语者不同：

> 西方人学习汉语大多始于用古文撰写的《四书》。……而当他完成学习时，他连一份中文的官方书信或商业合同都无法正确翻译。反过来也是一样，在《四书》中学到的知识对于一个想把商业文件从英文翻译成中文的人来说同样毫无用处。[①]

西方学习者觉得母语者的学习方式对他们不适合，不实用，他们想打破这种学习方式。学习汉字太难，而汉字又不具备语音特点，所以他们创造性地将其母语特征迁移到汉语学习上，结果对汉语标准音的演变起到了良好的促进作用。

**结论三：**

言文分离便于熟悉汉字地区的人"笔谈"，这是汉字的优点。

语音，曾经让一些人全盘否定汉字，但是当我们应当看到汉字的好处和不足。如果说注音反映了汉字的短处，那么，"笔谈"就反映了汉字的优点。由于汉字超稳定的特性，汉语产生言文分离的现象，汉字文化圈内的汉语学习者脱离语音，运用"笔谈"的方式进行交际。这一方面反映了汉语作为第二语言的学习者可以脱离语音开展跨文化交际的事实，另一方面也反映了汉语作为第二语言教学中语音严重受到忽视的问题。

**结论四：**

宗教传播是语言传播的重要途径，也是影响和改变语言的重要途径之一。在中国，前有佛教，后有基督教，都给汉语语音带来了新鲜血液。

综上所述，近代史上，汉语普通话"以北京语音为标准音"的发展和成熟，得益于汉语国际教育的促进和推动。二语学习者从异文化的眼光创造性地应用拼音来认读汉字，引发了汉语拼音文字改革运动，从而帮助了汉语的发展。正是汉语作为第二语言的学习者的主动学习精神，在一定意义上促使目的语发生了巨大变革，为汉语发展注入了新鲜血液。

---

①Thomas Meadows：*Desultory Notes on the Government and People of China*，London：Wm H. Allen & Co，1847，pp13-23.

【教学研究】

# 成果导向（OBE）视域下高校古典文学的美育问题探讨

孙志璞

**【摘要】**古典文学美育具有教育、电子媒介、世界文化交流多维度的现实意义。为此，需要在成果导向（OBE）视域下，明确古典文学美育的目标体系和实施路径。目标体系包括：高雅语言的熏陶、高尚情怀的陶冶、高深意境的感悟、高远境界的体认、高妙思想的领悟。依据古典文学体裁结构设计实施路径。

**【关键词】**成果导向；古典文学；美育；目标体系；实施路径

**【基金项目】**燕山大学校公共选修课教学研究与教改项目"通过美育进行德育的探索与实践"（2020TSK008）结项成果

**【作者简介】**孙志璞，燕山大学文法学院副教授（秦皇岛 066004）

成果导向教育理念，是为了迎接新工业革命对高等工程教育的挑战，人们更加关注教育投入的回报与实际产出的现实需要。OBE 是由美国首先提出来的。人们开始反思教育的实用性以及教育成果的重要性。

在这种背景下，成果导向教育（Outcome Based Education，简称 OBE，亦称能力导向教育、目标导向教育或需求导向教育）作为一种先进的教育理念，于 1981 年由 William Spady 等人提出后，很快得到了人们的重视与认可，并已成为美国、英国、加拿大等国家教育改革的主流理念，并将其贯穿于工程教育认证标准的始终。2013 年 6 月，我国被接纳为《华盛顿协议》签约成员。用成果导向教育理念引导工程教育改革，具有现实意义。

OBE 是指，教学设计和教学实施的目标是学生通过教育过程最后所取得的学习成果（Learning Outcomes）。OBE 强调如下 4 个问题：我们想让学生取得的学习成果是什么？为什么要让学生取得这样的学习成果？如何有效地帮助学生取得这些学习成果？如何知道学生已经取得了这些学习成果？在没探讨古典文学美育问题之前，先说明一下它的时代背景，进一步明确它的现实意义。

## 一、实施古典文学美育的时代背景

从教育背景来看，当下实施古典文学美育，是在高等教育以立德树人为根本教育任务，构建全员、全过程、全方位育人格局背景下展开的。作为大学阶段文学课之一的中国古典文学课，承载各个历史阶段的中华优秀传统文化。实施古典文学美育，使美育与思想政治教育相得益彰。

文化背景方面，当下实施的古典文学美育，是在西方文化从 20 世纪 80 年代大量引进，90 年代进行反思，再到 21 世纪追求平等对话，提出不忘本来，吸收外来，面向未来的文化自觉与文化自信背景下进行的。我们的文化发展方向就是以中国优秀传统文化为根基，充分吸取世界文化营养，建设有中国特色社会主义新文化。所以实施古典文学美育是世界文化交流与我国构建社会主义新文化的需要。

媒介背景方面，电子媒介时代的到来，使得媒介化的大众文化生产，不以审美作为导向，而是以收视率、点击率等市场导向作为文化生产的标准。使文化走向日常化、娱乐化、媚俗化和流行化。它倾向于感官释放，不能作为人的灵魂栖身的精神家园。影视作品靠图像吸人眼球，缺乏古典文学掩卷沉思、令人回味的艺术效果。实施古典文学美育可以弥补这一不足。

## 二、古典文学美育的基本内涵

中国古典文学美育的基本内涵，基于 OBE 教育理念，就是古典文学美育预期达成的能力及素养目标体系。

第一，高雅语言的熏陶。中国古典文学具有独特的语言美。首先是语言凝练，如《春秋》中有一篇叫《郑伯克段于鄢》，一个"克"字反映了作者的态度。其次具有独特的形式美，比如六朝时期的骈文，刘勰的《文心雕龙》就是用骈文写成的。如《文心雕龙·序志》中有句名言："形同草木之脆，名逾金石之坚。"通过中国古典文学的美育，能使人"腹有诗书气自华"，谈吐文雅。

第二，高尚情怀的陶冶。中国古典文学独特的情感美可分为亲情、友情、爱情、爱国。亲情篇，如王维的诗《九月九日忆山东兄弟》："独在异乡为异客，每逢佳节倍思亲。遥知兄弟登高处，遍插茱萸少一人。"友情篇，如韦应物的诗《秋夜寄丘二十二员外》："怀君属秋夜，散步咏凉天。空山松子落，幽人应未眠。"爱情篇，张若虚的《春江花月夜》："谁家今夜扁舟子，何处相思明月楼。"爱国篇，杜甫的《自京赴奉先县咏怀五百字》表达了杜甫忧国忧民的爱国情怀。文学关注的是生命的内在情感，通过实施中国古典文学美育，能使人"疏沦五藏，澡雪精神"（《文心雕龙·神思》）。

第三，高深意境的感悟。中国古典文学的意境美可从诗文中体现。如柳宗元的诗《江雪》通过意境美表达诗人遗世独立的士人品格。如欧阳修的词《蝶恋花》"庭院深深深几许"体现景深、情深、意境深。又老庄笔下的基本哲学范畴"道"也是一种意境。是宏大意境："大象无形。"（《道德经•四十一章》）是深邃意境："夫道者，……夫有天地，自古以固存。神鬼神帝，生天生地。在太极之上而不为高，在六极之下而不为深。先天地生而不为久，长于上古而不为老。"（《庄子•大宗师》）通过实施古典文学美育，能够超越人间日常，与道同一。

第四，高远境界的体认。如《论语》中孔子倡导的君子人格。"岁寒然后知松柏之后凋也。"通过古典文学的美育，可以实现内在的精神超越，提升人的思想境界。按照中国现代哲学大师冯友兰先生的见解，人生分四种境界。自然境界：像动物一样，饿了就吃，困了就睡。功利境界：言行举止的内在驱动力是对功名利禄的追求。道德境界：就是君子，他做事外无愧于人，内无愧于心。孔子讲："君子喻于义，小人喻于利"，其中"君子喻于义"就是道德境界。天地境界：就是圣人，心怀天下芸芸众生。范仲淹讲："先天下之忧而忧，后天之乐而乐。"就是天地境界。

第五，高妙思想的领悟。中国古典文学具有独特的哲理美。如《尚书•大禹谟》中的"人心惟危，道心惟微。"佛学中的"妄心"与"真心"。《礼记•乐记》："以道制欲，乐而不惑。以欲忘道，惑而不乐。"慧能的偈子："菩提本无树，明镜亦非台。本来无一物，何处惹尘埃"。王阳明："破山中贼易，破心中贼难"。这些思想都是针对人内心的物欲与情欲。实施古典文学美育，主要是安顿我们的心，最终达到成圣成贤的理想人格目标。

## 三、古典文学美育的实施路径

为了使 OBE 教育理念应用到人文学科的教学中，本课程实施项目式教学。具体的实施路径是：依据中国古典文学的体裁结构，设计四个教学模块作为对青年学生进行美育的实施路径。

第一模块：古典诗词美育的实施路径：（本部分对应美育目标 1、2、3、4、5）

以唐诗宋词鉴赏为主。按诗词六个主题进行研究：山水田园、边塞报国、忧时悯乱、羁旅行役、思亲还乡、爱情婚姻。

教学案例一：以赏析张若虚的《春江花月夜》为例。由于诗画同源，这一讲中在实施项目式教学的同时引入情景式教学。首先播放配乐诗朗诵《春江花月夜》，并配有相应的画面，把学生带入诗境。然后教师从景美、情美、哲理美进行赏析。教育学生，人之相处，不必朝朝暮暮，贵在相思。

最后布置项目选题：对以"月"为意象，以相思为主题的古典诗词进行赏析。（要求：学生根据要求自己选文定篇。字数：千字文。）

教学案例二：以赏析苏轼的《江城子·密州出猎》为例。词在人们心目中一般都是吟风弄月或表现私人情感的。即便像苏轼这样的豪放词人，以戎马报国、抵御外辱为主题的爱国壮歌也不多。只有到靖康国难和宋金对峙之际，词人的社会责任感和历史使命感才获得前所未有的释放和张扬。此词通过描写会猎习射的雄壮场面，抒发御敌报国的英雄襟怀。借此培养学生社会责任感和报国之志。

最后布置项目选题：赏析一到两篇忧时悯乱的诗词。字数：千字文。

第二模块：历史散文美育的实施路径：（本部分对应美育目标2、3、4）

讲战争，如《左传·郑伯克段于鄢》和《左传·秦晋殽之战》；讲谋划，如《战国策·冯谖客孟尝君》；讲成败，如《史记·项羽本纪》和《史记·高祖本纪》。通过展现历史人物形象美，使学生以史为鉴、以人为鉴，感悟做人的道理。

教学案例一：讲解《左传·秦晋殽之战》，教师首先解题，交代《秦晋殽之战》的时代背景和战争发生的原因。然后通过师生互动、生生互动概括段落大意、分析人物性格、联系生活实际感悟人生哲理。具体见表1：

表1 左传秦晋殽之战学习表

| 国别 | 主要人物 | 关键词 | 人物性格（师生共同完成） | 段落大意（师生共同完成） | 感悟人生哲理（师生完成） |
|---|---|---|---|---|---|
| 晋国 | 卜偃 | 必大捷焉 | 看问题前瞻性 | 卜偃预言 | 做事要未雨绸缪 |
| 秦国 | 秦伯 | 公辞焉 | 刚愎自用 | 蹇叔哭师 | 做人不能利令智昏 |
| 秦国 | 蹇叔 | 劳师以袭远 | 看问题深刻 | 蹇叔哭师 | 看问题要有洞察力 |
| 秦国 | 蹇叔 | 必死是间 | 看问题精准 | 蹇叔哭子 | 看问题要注意细微之处 |
| 周朝 | 王孙满 | 秦师轻而无礼，必败 | 聪慧 | 王孙满观师 | 环境对人的成长影响很大 |
| 郑国 | 弦高 | 犒师 | 机智勇敢、爱国 | 弦高犒师 | 要有政治意识、大局意识 |
| 郑国 | 皇武子 | 皇武子辞焉 | 善辞令 | 皇武子辞焉 | 要锻炼自己的口才 |
| 晋国 | 原轸 | 必伐秦师 | 果敢 | 原轸论战 | 做事要识机而动 |
| 晋国 | 栾枝 | 其为死君乎 | 看问题僵化 | 原轸论战 | 不要刻舟求剑 |
| 晋国 | 文嬴 | 请三帅 | 花言巧语 | 文嬴请三帅 | 人是社会动物 |
| 晋国 | 阳处父 | 释左骖 | 做事灵活 | 阳处父追秦囚 | 做事要见机行事 |
| 秦国 | 秦伯 | 孤之罪也 | 开明 | 秦伯自责 | 做领导要勇于承担责任 |

最后布置项目选题：选题一：为何说《秦晋殽之战》是《左传》中的一座微雕？选题二：由秦国失败想到的。分别由两组同学完成。字数：千字文。

教学案例二：讲解《战国策·冯谖客孟尝君》。教师首先介绍《冯谖客孟尝君》的时代背景：春秋战国时期的养士之风和"战国四公子"。并介绍范文澜先生在《中国通史简编》中对"士"这一阶层的分类：学士、策士（冯谖就属于这类士人）、方士、食客。最后结合课文概括段落大意，分析人物性格，感悟人生哲理。具体见表2：

表2 战国策·冯谖客孟尝君学习表

| 段落大意 | 主要人物 | 人物性格（师生共同完成） | 感悟人生哲理（师生共同完成） |
|---|---|---|---|
| 1、求职面试 | 冯谖 | 为人低调 | 做人有时需要"能而示之不能" |
| | 孟尝君 | 为人仁厚 | 做领导要宽以待人 |
| 2、弹铗而歌 | 冯谖 | 有心计，孝亲 | 做事需要创新思维。百善孝为先。 |
| | 孟尝君 | 为人仁厚 | 做人以慈悲为怀 |
| 3、焚券市义 | 冯谖 | 爱民 | 以民为本 |
| | 孟尝君 | 容人 | 做领导要用人之长，容人之短。 |
| 4、游说于梁 | 冯谖 | 善于炒作 | 做事有时需要曲线救国 |
| | 孟尝君 | 善纳谏 | 做领导要在善鉴言的前提下善纳言 |
| 5、立庙于薛 | 冯谖 | 有远见 | 人无远虑，必有近忧。 |

最后布置项目选题：成立剧组，将《冯谖客孟尝君》改写成剧本，并在课堂上进行展演。通过改写剧本，提高学生的写作能力。通过展演，锻炼学生的表演能力。同时，通过展演使学生（包括演员和观众）能够加深对冯谖忠君、爱民、孝亲主要性格的体验，从而达到自我教育的教学效果。

第三模块：诸子散文美育的实施路径：（本部分对应美育目标4、5）

本讲用比较法和专题研究法研究儒家与道家思想，充分展现中国古典文学的哲理美。在哲学中心上，儒家讲人道，道家讲天道。人在道的面前，儒家主张有为，道家主张无为。使学生深入领会儒家是进取哲学，道家是放松哲学。

教学案例一：《论语》选讲。首先本照知人论世，教师依托《史记·孔子世家》和电影《孔子》，介绍孔子的人生历程。在《论语》选讲时，将《论语》语录与《世说新语》小说结合起来讲。比如《论语·里仁》中："君子无终食之间违仁，造次必于是，颠沛必于是。"《世说新语·华歆 王朗》："华歆、王朗俱乘船避难，有一人欲依附，歆辄难之。朗曰：'幸尚宽，何为不可？'后贼追至，王欲舍所携人。歆曰：'本所以疑，正为此耳。既以纳其自托，宁可以急相弃邪！'遂携拯如初。世以此定华、王之优劣。"华歆做到了"君子无终食之间违仁，造次必于是，颠沛必于是。"

教学案例二：《道德经》选讲。如讲解老子的"知足不辱，知止不殆，可以长久。"（《道德经·第四十四章》）通过对《左传·郑伯克段于鄢》中共叔段命运的分析，使学生加深对此句的理解，领会到人生有尺，为人有度。

最后布置项目选题：选题一：梳理并论析孔子《论语》中所倡导的君子人格。选题二：

论析老子《道德经》的八大思维特征：（1）对立统一思维："祸兮福之所倚，福兮祸之所伏。"（《道德经·第五十八章》）（2）逆向思维："失道而后德，失德而后仁，失仁而后义，失义而后礼。"（《道德经·第三十八章》）（3）不争思维："夫唯不争，故天下莫能与之争。"（《道德经·第二十二章》）（4）利他思维："上善若水，水善利万物而不争。"（《道德经·第八章》）（5）战胜自己："胜人者有力，自胜者强。"《道德经·第三十三章》（6）守柔贵雌思维："天下莫柔于水，而攻坚强者莫之能胜。"《道德经·第七十八章》（7）重视无的价值："三十辐共一毂，当其无，有器之用；凿户牖以为室，当其无，有室之用；故有之以为利，无之以为用。"（《道德经·第十一章》）（8）守正出奇思维："以正治国，以奇用兵。"（《道德经·第五十七章》）字数：分别为千字文。

第四模块：明清小说美育的实施路径：（本部分对应美育目标1、3、4、5）

通过讲授明清四大名著《三国演义》《水浒传》《西游记》《红楼梦》，使学生增强对人的本质的认知，从而夯实人格修养的人性基础。这一讲依据中国古典文学"诗可以怨""发愤著书""不平则鸣""穷而后工"的文学思想传统，以《三国演义》是英雄的悲歌，《水浒传》是好汉的怒歌，《西游记》是师徒的苦歌，《红楼梦》是女儿的怨歌进行讲解。通过分析四大名著人物群像的性格与命运，使大学生从中感悟人生哲理。

教学案例一：关于《三国演义》中关羽的性格与命运分析——以失荆州为例。关羽失荆州除了双方力量差异悬殊外（指的是孙权与曹操联手攻打荆州），还取决于双方内部人心向背。对荆州起辅佐作用的公安傅士仁、南郡糜芳的背叛，以及上庸的刘封、孟达的见死不救，都是取决于关羽的管理策略和处事之道。本来荆州缺兵少将，但关羽却因糜、傅二人过失对其大加责罚，这便结下怨气，埋下仇恨的种子，因此才有以上事件的发生。由此证明性格与命运密切相关。从而教育学生要加强人格修养。

教学案例二：关于《红楼梦》中林黛玉的性格与命运分析。林黛玉是个悲剧人物。悲剧的根源主要是她的性格使然。她有绝世才华，与宝玉性格迥异，不屑人情世故。让学生结合《红楼梦》作品举例证明之。

最后布置项目选题：分析四大名著中某一典型人物形象，并根据其得与失做出评价。字数：千字文。

以上四个教学模块成果产出的检验途径是：（1）课堂师生互动的效果评价：是指教师对学生观点的点评。（2）项目论文的量化评价：是指学生项目论文获得的成绩（分数）。（3）教学成果达成情况反馈：通过燕山大学统一使用的教学系统软件"学习通"发放问卷，并对问卷进行统计和分析。

# 新文科背景下的古代汉语教学改革刍议

高迎泽　王　贺

【摘要】"新文科"是 2018 年以来高等教育发展和改革的重要理念和举措，高校汉语言文学专业课程的改革是"新文科"理念实现的重要平台。作为汉语言文学专业的传统基础课程，古代汉语的改革具有很强的代表性。古代汉语的改革要做到目标明确，要促使和引导学生进行探究式学习，要综合利用各种教学方式和手段，同时要能够充分利用慕课等平台进行相关的建设。古代汉语课程的教学改革效果显著，意义深远。

【关键词】新文科；汉语言文学；古代汉语；教学改革；慕课

【基金项目】河北省教育厅省级新文科研究与改革实践项目"地方高校汉语言文学专业多元创新人才培养体系探索与实践"（2021005JGXWK）

【作者简介】高迎泽，文学博士，燕山大学文法学院副教授（秦皇岛 066004）；王贺，燕山大学文法学院汉语国际教育专业硕士研究生（秦皇岛 066004）

## 前　言

2018 年 8 月，中共中央提出"高等教育要努力发展新工科、新医科、新农科、新文科"。2019 年 5 月，教育部、科技部等 13 个部门正式联合启动"六卓越一拔尖"计划 2.0，提出要全面推进新工科、新医科、新农科、新文科建设。2019 年 6 月，教育部高教司吴岩司长在讲话中进一步指出："我们一定要让新文科这个翅膀硬起来，中国高等教育才能飞得平衡、飞得高。"[①] 新文科是相对于传统文科而言的，其内涵是："各文科学科门类协同共创的学科共同体，是由中国价值串联而成的学科集成体，是兼容三大文科基本功能——求知、育人与社会服务功能而成的学科功能体"[②]。

---

① 吴岩：《在高等学校专业设置与教学指导委员会第一次全体委员会的讲话》，《光明校园传媒》，2019 年，第 6 期。

② 龙宝新：《中国新文科的时代内涵与建设路向》，《南京社会科学》，2021 年，第 1 期。

从高校汉语言文学专业课程的改革来看，要充分体现新文科的特色，就必须做到课程在融合性、创新性、发展性上进行认真谋划和实施。[①]

古代汉语是普通高校汉语言文学专业的专业必修课，一般要修习 2—3 个学期，是非常重要的一门课。古代汉语课程的内容既与语言学有关，又与古代文献有关，具有其特殊性。多年来，不论是老师的教，还是学生的学，都存在一定的难度。所以，在新文科建设的背景下，这门课程的改革是势在必行的。笔者根据学校和专业特点，结合古代汉语课程本身的规律，对古代汉语课程实施了课程教学改革，取得了一定的成效。下面结合实施情况，谈谈对古代汉语教学改革的一些认识。

## 一、为什么要进行古代汉语教学改革

21 世纪以来，随着电脑和多媒体的普及，古代汉语课程的教学也变得越来越便利，原来遇到的一些问题也得到了极大的改善。比如繁体字的呈现变得容易了，讲课当中需要的一些古代器物、文化类的图片不但容易获得，而且呈现起来也非常方便；甚至一些历史典故和历史故事也可以用视频和音频的方式展示，加上 PPT 的使用可以将很多烦琐的内容用图表或动画的方式展现，使得教师的教学和学生的学习都方便了很多。

但是，从整个古代汉语课程的教学来看，还存在着一些固有的问题无法得到很好的解决。总体来看有以下几个方面。

首先，最大的问题是"文选"和"通论"两张皮。众所周知，古代汉语课程的内容一般包括"通论"即古代汉语的理论知识和"文选"即一定数量的文言文。一般的教材都分为不同的单元，每个单元包括了"文选"和"通论"两部分内容。有的教材甚至直接将全书分为两个大的部分，一部分是文选，一部分是通论。在教学的过程中，理应结合理论知识讲明课文内容。但是，长期以来的问题是，"文选"和"通论"这两部分内容在讲解中各自为政，相互没有联系。这可能与部分教材的编写也有关系，但主要原因还是没有主动将两部分进行融合，也没有进行深入的思考和实践。

其次，在上述两张皮的基础上，学生掌握起来就没有条理，感觉知识都是一盘散沙。学起来费劲自不必说，考试的时候也是非常茫然，只是一味记诵，以求取得好成绩。于是，一门规律性极强、实践性极强的专业基础课，变成了一门需要死记硬背好多东西才能通过的难啃的课程。

---

① 赵鸣：《新文科视域下语言学专业人才培养模式的建议》，《黑龙江教育（高教研究与评估）》，2021 年，第 1 期。

再次，学完古代汉语后，学生没有感到明显的能力提升。学生感觉课文讲一篇会一篇，不讲的就不会。这是古代汉语课程教学的极大失败。究其原因，就是课程没有为学生的能力带来提升，学生没有获得必要的阅读古书的能力。也就是说，学生没有获得自学古文的能力和方法。这一点是最值得古代汉语教学和改革深入思考的。

可见，古代汉语教学改革已经势在必行了。古代汉语是专业基础课，是文化课，是语言课，是能力课。如果古代汉语课程长期维持在这样一个水平，是不能让人接受的。新时代新环境新技术，让我们有可能在便利的条件下对古代汉语教学进行进一步的改革。

## 二、怎样进行古代汉语教学改革

### （一）目标明确（OBE）

成果导向教育（Outcome Based Education，简称 OBE，亦称能力导向教育、目标导向教育或需求导向教育）理念 1981 年由 William Spady 率先提出，并逐渐成为欧美国家教育改革的主流理念，美国工程教育认证协会（ABET）已全面接受 OBE 理念，并贯穿于工程教育认证标准的始终。古代汉语虽然是文科类课程，但同样适用"能力导向"这一要求。

古代汉语课程的教学目标是提高学生阅读古书的能力。王力《古代汉语》"绪论"说："'古代汉语'是中国语言文学系的基础课之一，其教学目的是培养学生阅读中国古书的能力。我们必须明确地认识到：'古代汉语'是一门工具课；通过这一课程的学习，使我们能更好地掌握古代汉语，以便阅读古代文献，批判地继承我国古代的文化遗产。"当然，有人提出还有其他一些能力要求，比如提高古典文献阅读水平，为进一步学习和深入研究其他相关课程尤其是中国古代文学、古典文献学等奠定扎实的基础；能比较准确地解决中学文言作品的语言文字方面的问题，并顺利地进行中学语文尤其是文言文的教学。但总体的目标都是提高学生阅读古书的能力，这是本门课程教学及教学改革的出发点。如果原来的方法不能达成这一目标，就需要改革，直至成功为止。

基于这一目标，就要选用合适的教材。古籍或古文的原始载体都是竖版排列的，所以，为了能最大限度地接近古籍的原貌，就需要选取竖版教材。另外，必须训练学生认写繁体字。由于从小接受的是简体字，学生对繁体字有些畏难情绪。这就要求我们采用一定的方法让学生尽快能够认识并书写繁体字。笔者采用的方法是让学生每周抄写一定数量的繁体字，作为平时作业上交检查。原来都是交纸质版的，现在借助网络平台，学生可以手写后拍照上传至指定地方。通过一个学期的练习后，学生基本能够掌握繁体字的认写了。有的同学还能在社交平台上一直坚持使用繁体字，乐此不疲。

最难的是学生能力的培养。具体来说首先要做的就是在教学过程中做到"通论"和"文选"相结合。字面上看，就是讲"通论"的时候结合"文选"的内容，讲"文选"的时候结合"通论"。但具体如何实施却有些难度。

### （二）探究式学习（PBL）

以问题为导向的教学方法（Problem-Based Learning，简称 PBL，也称作问题式学习）是一种以学生为中心的教学方式。与传统的以学科为基础的教学法不同，PBL 强调以学生的主动学习为主，而不是传统教学中的以教师讲授为主；PBL 将学习与任务或问题挂钩，使学习者投入于问题中，通过学习者的自主探究和合作来解决问题，从而形成解决问题的技能和自主学习的能力。

限于条件，我们不能完全使用这种以学生为中心的教学方法，但是我们可以在教学中部分地使用它。以此为基础，笔者在教学中摸索出一套相关的教学方法，并进行了实践。这套方法可以称之为"分析式教学法"或"探究式学习"，其主导思想是在教学中通过分析提高学生的兴趣，并通过分析使学生获得解决问题的能力，克服前面提到的"通论"和"文选"两张皮的问题，提高学生的动手能力，真正做到学以致用。具体来说，这种方法包括以下几个方面。

#### 1. 提问式教学

提问是学习和思考的第一步。在教学中我们常常会遇到一些简单的例子，这时候如果能够借此提问，就能引发学生思考。再进一步提供分析方法，就可以极大地激起学生的学习兴趣，并能使学生在分析中获得解决问题的能力。《论语·学而》第一章："学而时习之，不亦说乎？有朋自远方来，不亦乐乎？人不知而不愠，不亦君子乎？"这个内容是初中一年级学生的课文，学生早已烂熟于胸，不但会背原文，而且会背译文，甚至句中的虚词用法都有标准答案。再单纯地讲这部分内容，学生自然没有兴趣。但是如果能够提出一些问题，学生的兴趣就会被激发出来。比如可以问，"学"和"习"有什么不同？学生可能会回答，"学"是学习，"习"是温习或者练习。此时如果再结合《说文解字》的解释"习，鸟数飞也"，说明"习"的意思是反复练习，会收到很好的效果。另外，可以引导学生思考："之"指的是什么？学生知道"之"是代词，但代替什么并不清楚。可以接着启发学生：在日常交际中，什么情况下可以用代词代替一个事物？此时，可以提醒学生：当我们谈论一个说话者和听话者都非常熟悉且清楚所指内容的事物时，会使用一个代词或相当于代词的名词。比如同学见面问：今天你去上课了吗？如果今天只有一门课，而且交际双方都知道是什么课，就不用说出那个课。再比如问：今天你见他了吗？交际双方都知道这个"他"指的谁，故而用一个代词代替就可以了。结合《论语》这句，"学"和"习"的内容"之"是交际双方都非常熟悉的内容，所以可以用一个代词代替。当然可以进一步引导学生思考这个"之"到底指什么，继而引发讨论。通过这样不断的提问，分析会不断深入，原来平淡无奇的内容逐渐变得生动起来，教学效果也会更好。在这个过程中，学生会掌握一种分析的方法，以后碰到类似的问题，他会用提问的方法来进行探究，从而获得自主学习的能力。

### 2. 对比式教学

吕叔湘《中国文法要略·上卷初版例言》："要明白一种语文的文法，只有应用比较的方法。拿文言词句和文言词句比较，拿白话词句和白话词句比较，这是一种比较。文言里一句话，白话里怎么说；白话里一句话，文言里怎么说，这又是一种比较。一句中国话，翻成英语怎么说；一句英语，中国话里怎么表达，这又是一种比较。只有比较才能看出各种语文表现法的共同之点和特殊之点。"对比是我们认识事物的方式，也是分析的基础，所以如果能在教学中经常使用对比的方法进行分析，会收到很好的效果。

《左传·僖公四年》记载了"齐桓公伐楚"这个故事，其中有一句"不虞君之涉吾地也"。这个句子里面的"之"学生都知道它的用法是"用在主谓之间，取消句子的独立性"，简称"取独"。这时要引导学生进行对比。这句话一般翻译为"（我）没料到您来到我的国土"，这是现代汉语。英文可以翻译为"I did not expect（that）you came to my land."，这样我们就得到了一句话的三个不同的版本：古代汉语、现代汉语、英语。从英语的句子来看，I did not expect 是主句，you came to my land 是宾语从句，其中的 that 被称为从句引导词，这个 that 可以省略。宾语从句就是一个句子作了另一个句子的宾语，英语中用 that 进行复指和标记。作了宾语之后可以称为主谓短语，现代汉语中的"您来到我的国土"就是一个主谓短语作了"我没料到"的宾语，所以被称为主谓短语作宾语。当然在现代汉语中，主谓短语作宾语不用任何像英语 that 那样的标记。古代汉语中的"君涉吾地"作了"（我）不虞"的宾语，而复指和标记的相当于英语 that 一样的成分是"之"，它要用在主谓之间，和 that 用在宾语从句的开头不同。一个句子单用的时候是独立的，当它作了别的句子的句子成分时就不独立了，这叫"取消句子的独立性"。在古代汉语中，一个句子作另一个句子的句子成分时，要在主谓之间加"之"来进行标记，这就是所谓的"用在主谓之间，取消句子的独立性"。通过比较，厘清了不同的术语，搞清了从句的实质内容，并充分了解了古代汉语、现代汉语和英语的不同。学生在以后的学习中如果能经常使用这一方法，会大大提高自己学习和研究古代汉语的能力。

### 3. 渐进式教学

"古代汉语"课一般从学生一入学就开始了，此时，学生没有学习语言学概论，也没有学习现代汉语，对语言学知识的了解比较少。而古代汉语课程涉及的大多数内容都是预设学生已经学习过现代汉语或语言学概论的，这就会带来很多问题。比如介绍"古代汉语词汇的特点"，但并不说"什么是词汇"；介绍"音韵学"，并不介绍"语音学"或者"现代汉语语音"的内容；介绍"古代汉语的词类活用"，并不介绍"什么是语法"或者"什么是词类"。所以在教学过程中，在讲解相关内容时，要充分尊重学习规律，努力做到循序渐进，由浅入深，由易到难，使学生易于掌握，有兴趣和能力掌握。

音韵学是古代汉语中一个比较难的内容，教学非常困难，所以在教学中必须从易到难，循序渐进。要从现代汉语的语音出发来逐渐过渡到古代汉语的语音。现代汉语的一个音节可以分为声母、韵母、声调，韵母又可以分为韵头、韵腹、韵尾三部分。这些内容学生比较熟悉。以此为出发点，古代汉语中与声母有关的概念有"字母""声纽""纽""五音""七音""清""浊"等概念。与韵母有关的概念有"韵""韵部""韵类""韵摄"，与韵头有关的概念有"等""呼"，与韵腹有关的概念有"等"，与韵尾有关的概念有"阴声韵""阳声韵""入声韵"。与声调有关的概念有"平上去入""平仄""舒促"等。在此基础上再依次学习韵书、上古音等知识，就容易多了。通过这种方法，由浅入深，逐步介绍音韵学的概念，使学生有章可循，音韵学的学习就显得不那么难了。

### 4. 综合式教学

综合一方面体现在上述各种方法的综合运用，另一方面体现在对某些有综合性特点的知识的学习和讲解上。

许慎"六书"包括象形、指事、会意、形声、转注、假借，每一种在讲解中都会举若干例子。比如"来"就是一个象形字，义为"麦子"。《诗经·周颂·思文》："贻我来牟，帝命率育。"《毛传》："牟，麦。"《经典释文》："来牟，牟《字书》作䥯，音同牟，字或作麰。"《广雅》云："䅘，小麦，麰，大麦也。"朱熹《诗集传》："来，小麦，牟，大麦也。"这样就会得到两组字。第一组：来—麦—䅘；第二组：牟—䥯—麰。这些字之间是什么关系呢？

先看第一组。"来"是象形字，意思是"麦子"。这个"来"既可以表示"麦子"，也可以表示"来去"，这是通假。"麦"是在"来"的基础上加了一个义符"止"，本义是来去之"来"，"麦"是一个形声字。后来"来"和"麦"发生了意思上的错位，用原来表示"麦子"的"来"表示来去的"来"，用原来表示来去的"麦"表示"麦子"的"麦"。"䅘"的意思来时"麦子"，是在"麦"的基础上增加了义符"来"形成的新的形声字。

再看第二组。"牟"本义为牛的叫声，是一个附加式象形字。这个字由于和"大麦"意思的词读音相同，被用为大麦的意思"牟"，这是假借。"䥯"是在"牟"的基础上增加义符

"麦"形成的新的形声字，义为"大麦"。"麳"是个形声字，意思是"大麦"，"麦"是义符，"秾"是声符。"麳"和"麳"除了写法不同外，读音和意思都相同，它们之间的关系是异体字。

通过这种综合式分析，使得原来零散的六书以及古书中用字的规律在几个字上面显示出极强的条理性，应用性也很强。在这个过程中，学生体会到的不只是知识的死记硬背，也不是简单的定义加例子，而是活生生的古代汉语文字知识的应用。这会极大地激发学生的学习兴趣和探索欲望。

上面的内容还可以和音韵学知识结合起来。"来"和"麦"声母不同，但它们可以假借，而且还可以组成新字"麳"。那么，这些字最初的读音是怎样的呢？比如声母，一般认为"来"的声母是 l- 或者 r-，"麦"的声母是 m-。但也有人认为这几个字都有复辅音声母 ml-或 mr-。如果这是真的，那么古代汉语和现代汉语的差别就很大了。而且，这种复辅音声母是如何演变为后代的声母的？这些诱人的问题都可以让学生兴奋不已。

### （三）充分利用慕课平台（MOOC）

网络教学平台的使用是新时代的特征，是教学改革发展的必然趋势。本课程在两个平台上进行了试运行，一个是学习通，一个是中国大学 MOOC。在运行过程中采用了线上线下结合的教学方法，运行效果良好，学生反馈也很好。线上教学平台具有一些天然的优势，可以实现线下教学不能或者很难实现的功能。这可以从以下几个方面体现出来。

预习。可以提前把一些资料和材料放到网络平台上，并按照课时设计出一些小问题，让学生预习完以后进行线上回答，系统自动评分。同时，可以把一些参考资料也放到网络平台上，供学生课下学习和参考。比如一些工具书，部头很大，搬动很不方便，把文件放到网络平台上，利用起来比较方便。

提问。提问是在课堂上进行的，但是可以提前把问题放到网上课程环节中。而且通过提问引发讨论，可以让学生输入简短的字句进行回答。最后可以选择有代表性的回答进行评述。同时，可以利用网络平台提供的关键词功能，对学生的理解倾向性进行把握，从而进行有针对性的分析和评论。学生对这一环节很期待，因为最后的结果用关键词的形式体现出来，可视感很强，大家的积极性都被调动了起来。

随堂测试。每个小节或者每个单元学习完后，如果能进行随堂的小测试比较好。以往只能用打印纸质测试纸的方式进行。有了网络平台后，可以提前将问题置入，到时候调出来随时进行测试，不仅方便，学生也乐于接受。

跟踪调查。学生意见和建议的收集最早是靠调查问卷，后来是靠网络评教。现在可以利用网络平台随时进行调查，非常方便。这一点其实对教学非常重要，因为要根据学生的反馈及时进行教学内容和教学计划的调整。学生可以不定期对教学进行反馈，使得这一工作变得丰富而机动，极富实践性和操作性。

## 三、古代汉语教学改革的成效

通过教学方法的改善和网络平台的使用，古代汉语课程的教学改革取得了可见的成效。具体来说有以下几点：

首先，学生的畏难情绪有所降低。中文系有两大类课程，文学类课程诸如古代文学、现当代文学、外国文学等，语言类课程诸如现代汉语、古代汉语、语言学概论等。在这两类课程里，语言类课程的受欢迎程度明显较低。语言类课程一般被贴上"枯燥""难"的标签，学生会望而生畏。古代汉语在"枯燥""难"的程度上又是相对较高的，所以在语言类课程里，古代汉语肯定受欢迎程度是较低的。通过探究式学习和网络平台的运用，学生的畏难情绪有所降低甚至消除了。学生会发现这个课程并不像想象中的那么难，而是有章可循的，有条理的，可以很有趣味并提高思辨能力。

其次，学生的学习兴趣有了很大提高。通过古代汉语课程的学习，学生会很积极地学习和使用繁体字，会提问题，会通过对比进行研究，会将各方面知识结合起来思考问题，会运用所学知识解决实际问题。总之，学生有了技能和方法，就能够也愿意去进行运用，解决问题的能力得到了很大提高。以前讲一篇会一篇的问题也没有了，学生感觉到了进步，兴趣就更大了。

最后，学生的研究能力有所提高。学生不但学习兴趣提高了，还可以对有些问题进行进一步研究。学生在课外学习古文的过程中，经常会碰到一些问题，除了利用书上所学外，他们还积极查阅工具书，还会利用学到的技能和方法对有些问题进行研究，有的同学还就相关问题写了研究性文章。

## 结　　语

古代汉语课程是汉语言文学专业的学科基础课，处在非常重要的位置。但长期以来，不论从教学的角度还是从学习的角度都存在不少问题。从教学的角度看，有"通论""文选"两张皮的问题，有难教的问题。从学习的角度看，有畏难的问题，有学不能致用的问题。通过教学改革，即探究式学习方法的使用和网络教学平台的利用，这些问题都得到了不同程度的解决，效果显著。

但是，也应该看到，有些问题还是不同程度地存在。这些问题要得到彻底地解决，还需要长期的坚持和努力。这其中，坚持教学方法、教学内容、教学方式的改革和创新是必不可少的。我们的做法只是一个尝试，还有很多工作需要在以后的工作中进一步挖掘和施行。

课程改革是新时代的要求，是新文科建设的重要组成部分，是高等教育发展的必然趋势。习近平总书记强调"当前中国处于近代以来最好的发展时期，世界处于百年未有之大变局"，[①] "要按照立足中国、借鉴国外，挖掘历史、把握当代，关怀人类、面向未来的思路，着力构建中国特色哲学社会科学，在指导思想、学科体系、学术体系、话语体系等方面充分体现中国特色、中国风格、中国气派"，[②] 樊丽明提出新文科建设的重点任务有四个方面：建设新专业或新方向、探索新模式、建设新课程、构建新理论，"建设新课程"是其中非常重要的一个方面，具体内容包括："一是要开发新课程，改造老课程。……二是要编写新教材，补充新内容。……三是要运用新手段，开发新思维。着力打造线下、线上、混合式、虚拟仿真、社会实践等 5 类'金课'，让文科的教育教学理念、内容、手段、方法、学生考查标准等发生一系列变化，切实提高课程质量和学习成效。"[③] 我们的古代汉语教学改革正是对新文科要求的实践，充分体现了时代的要求和高等教育发展的规律。

---

① 习近平：《习近平在中央外事工作会议上强调：坚持以新时代中国特色社会主义外交思想为指导努力开创中国特色大国外交新局面》，《人民日报》，2018 年 6 月 24 日。

② 习近平：《在哲学社会科学工作座谈会上的讲话》，《人民日报》，2016 年 5 月 19 日。

③ 樊丽明：《"新文科"：时代需求与建设重点》，《中国大学教学》，2020 年，第 5 期。